FUNDAMENTOS DEL MARKETING Y LAS VENTAS EN LA ERA DIGITAL

GERARDO ESCUDERO SAMARA

Copyright © 2024 por Gerardo Escudero Samara

Todos los derechos reservados.

Ninguna parte de este libro puede ser reproducida en ninguna forma ni por ningún medio electrónico o mecánico, incluyendo sistemas de almacenamiento y recuperación de información, sin el permiso escrito del autor, excepto para el uso de citas breves en una reseña de un libro.

A los soñadores que despiertan con una visión aún no realizada, a los incansables perseguidores de la innovación que ven el mundo no como es, sino como podría ser.

Este libro está dedicado a ustedes, las almas valientes que se atreven a embarcarse en el camino menos transitado, armados con nada más que coraje y la creencia inquebrantable en la posibilidad de lo que podría ser.

A los dueños de pequeñas empresas que se mantienen firmes contra los embates de la competencia, a los mercadólogos que pintan sueños con pinceles digitales, y a los vendedores cuyas narrativas impulsan el corazón mismo del comercio: su resiliencia escribe el futuro.

Este viaje también honra a cada mentor que ilumina el camino, no con respuestas, sino con preguntas que nos impulsan hacia adelante; a los maestros que creen en el poder de la curiosidad sobre la certeza, y a los padres cuyos sacrificios han pavimentado los caminos que ahora recorremos con esperanza.

Y a ti, el lector, que te encuentras al borde de tu próxima gran aventura.

Que este libro sirva no solo como una guía, sino como un compañero en tu búsqueda por forjar tu propio nicho en la vasta extensión digital.

Brindemos por el viaje que tenemos por delante, por las pruebas y triunfos que nos esperan, y por las historias que contaremos. Porque en el arte del marketing y las ventas, como en la vida, las victorias más profundas son aquellas nacidas de la pasión inquebrantable del corazón y la búsqueda incansable de la excelencia del espíritu.

Gerardo Escudero Samara

"Para llegar a las personas, debes hablarles a sus mentes. Pero para mover a las personas, debes tocar sus corazones. El marketing es el arte de narrar una historia genuina, hacer un impacto y enriquecer vidas."

— GERARDO ESCUDERO SAMARA

PREFACIO

Bienvenido a "Fundamentos del Marketing y las Ventas en la Era Digital," una guía diseñada para introducirte a los conceptos fundamentales y estrategias prácticas que conforman el emocionante mundo del marketing y las ventas. Ya sea que estés iniciando una nueva carrera, buscando mejorar tu negocio o simplemente sientas curiosidad por cómo las empresas alcanzan y persuaden a los clientes, este libro está destinado a proporcionarte un punto de partida sólido.

¿Por qué Marketing y Ventas?

El marketing y las ventas son los latidos de cualquier negocio. No solo impulsan los ingresos, sino que también crean y mantienen conexiones entre las empresas y los consumidores. En la era digital actual, las líneas entre estas disciplinas se están difuminando cada vez más, con nuevas plataformas y tecnologías que cambian la forma en que se comercializan y venden productos y servicios. Esta evolución presenta tanto desafíos como oportunidades.

PREFACIO

Este libro surgió del deseo de desmitificar el marketing y las ventas para aquellos que se sienten abrumados por el ritmo acelerado de los cambios en el campo. Está diseñado para hacer que el complejo mundo de las estrategias de marketing, técnicas de ventas, psicología del consumidor y herramientas digitales sea accesible para principiantes y para proporcionar un marco práctico que se pueda aplicar en diversas industrias.

Estructura del Libro

El libro está estructurado para llevarte en un viaje paso a paso a través de:

- **Comprender Conceptos Básicos**: Comenzando con los principios fundamentales del marketing y las ventas, definiendo terminología importante y explicando el papel de la investigación de mercado.

- **Desarrollar Estrategias**: Delineando estrategias para atraer a posibles clientes, desde la publicidad tradicional hasta el marketing digital moderno.

- **Implementar Técnicas**: Ofreciendo consejos prácticos sobre cómo aplicar estas estrategias de manera efectiva en escenarios del mundo real, incluyendo estudios de casos y ejemplos de la vida real.

- **Analizar y Adaptar**: Enseñándote cómo medir el éxito de tus campañas y hacer los ajustes necesarios utilizando análisis.

Audiencia a la que está Destinado

"Fundamentos del Marketing y las Ventas en la Era Digital" es ideal para propietarios de pequeñas empresas, aspirantes a especialistas en marketing, profesionales de ventas que buscan refrescar sus conocimientos y estudiantes en las primeras etapas de sus estudios de marketing o negocios. No supone ningún conocimiento previo de marketing o ventas, lo que lo hace accesible para cualquier persona interesada en estos campos.

Tu Viaje Comienza Aquí

A medida que pases las páginas de este libro, te animo a que pienses en el marketing y las ventas no solo como funciones empresariales, sino como habilidades esenciales para comprender los deseos humanos y crear valor. Ya sea que tu objetivo sea vender un producto, promocionar un servicio o simplemente entender la dinámica de las fuerzas del mercado, el viaje que estás a punto de emprender te proporcionará herramientas e ideas valiosas.

Gracias por elegir este libro como tu punto de entrada al mundo del marketing y las ventas. Que comience el viaje.

"El buen marketing hace que la empresa parezca inteligente. El gran marketing hace que el cliente parezca inteligente."
- Joe Chernov

CAPÍTULO 1

INTRODUCCIÓN AL MARKETING Y LAS VENTAS

El marketing y las ventas no son solo funciones auxiliares de un negocio; son su propio núcleo vital, cruciales para la supervivencia y el crecimiento. Este capítulo sienta las bases para los principiantes, delineando los roles integrales que ambas disciplinas juegan en el panorama empresarial actual.

Marketing y Ventas: Dos Caras de la Misma Moneda

Aunque a menudo se usan indistintamente, el marketing y las ventas cumplen propósitos distintos pero interconectados dentro de cualquier negocio. El marketing implica identificar las necesidades del cliente, crear valor y generar interés en un producto o servicio. Se trata de entender quiénes son tus clientes, qué quieren, cómo quieren enterarse de ello y cómo tomarán la decisión de compra.

Las ventas, por otro lado, son el proceso directo mediante el cual un cliente potencial se convierte en comprador. Involucra la interacción interpersonal —a menudo uno a uno—

entre un vendedor y un prospecto con el objetivo de cerrar un trato. Las estrategias de ventas efectivas aseguran que las promesas del marketing se cumplan en el proceso de ventas, culminando en el intercambio de bienes o servicios por pago.

La Importancia del Marketing y las Ventas

En la era digital, el panorama del marketing y las ventas ha evolucionado drásticamente. El auge de internet, las redes sociales y las plataformas móviles significa que los clientes están más informados y tienen más opciones que nunca. Este cambio ha transformado la forma en que las empresas abordan el marketing y las ventas, poniendo un énfasis significativo en construir una experiencia holística del cliente que alinee las estrategias de marketing y las tácticas de ventas de manera fluida.

¿Qué Esperar en Este Libro?

Este libro está diseñado como una guía paso a paso de los principios esenciales del marketing y las ventas. Cada capítulo se construirá sobre el anterior, proporcionando conocimientos fundamentales y consejos prácticos que te equiparán con las herramientas necesarias para tener éxito en estos campos. Al final, tendrás una comprensión completa de los conceptos básicos del marketing y las ventas, enriquecida con ejemplos del mundo real y estudios de casos que ilustran estos conceptos en acción.

A medida que avancemos, exploraremos diferentes estrategias, herramientas y técnicas utilizadas tanto en marketing como en ventas. Este viaje incluirá un análisis profundo del marketing digital, el mix de marketing, el branding, la gestión de relaciones con los clientes y mucho más. Además, aprenderás sobre los procesos de ventas que convierten prospectos en clientes, el arte de la negociación y la importancia de la retroalimentación del cliente.

Bienvenido a "Fundamentos del Marketing y las Ventas en la Era Digital." Ya sea que planees embarcarte en una carrera en estos campos o busques refrescar tus habilidades, este libro te proporcionará una base sólida sobre la cual construir tu conocimiento y experiencia.

Explorando la Investigación de Mercados

La investigación de mercados es la columna vertebral del marketing efectivo. Involucra la recopilación, el análisis y la interpretación de información sobre un mercado, incluidos los clientes potenciales dentro de ese mercado. Esta información es crucial para tomar decisiones informadas sobre el desarrollo de productos, precios, promociones y más. Para los principiantes, comprender los conceptos básicos de la investigación de mercados puede mejorar drásticamente la efectividad de los esfuerzos de marketing y ventas.

Pasos para Realizar una Investigación de Mercados Efectiva

1 Definir el Objetivo: Definir claramente qué se quiere aprender de la investigación de mercados es el primer paso. Ya sea entender las preferencias del cliente, determinar el tamaño del mercado o evaluar la competencia, un objetivo claro guía el proceso de investigación.

2 Recopilar Datos: Hay dos tipos de datos que puedes recopilar:

o **Datos Primarios**: Estos son datos que recopilas tú mismo a través de encuestas, entrevistas y grupos focales.

o **Datos Secundarios**: Estos datos ya están publicados y se pueden encontrar en informes de la industria, estudios de mercado y bases de datos en línea.

3 Analizar los Datos: Una vez recopilados los datos, deben ser analizados para extraer información significativa. Esto puede involucrar la observación de demografías de clientes, patrones de comportamiento o tendencias del mercado.

4 Informar los Resultados: El paso final es compilar los hallazgos en un informe que resuma las ideas obtenidas. Este informe debe ser accionable, guiando efectivamente las estrategias de marketing y ventas.

Identificando a Tu Público Objetivo

Conocer a tu público objetivo es crítico para adaptar tus enfoques de marketing y ventas. Un público objetivo es un grupo específico de personas que probablemente deseen tu producto o servicio. Se definen por características como edad, género, ingresos, educación y más.

Herramientas y Técnicas para el Análisis de Mercado

Varias herramientas pueden ayudar a los principiantes en el análisis de mercado:

• **Google Analytics**: Ofrece información sobre quién visita tu sitio web, cómo lo encontraron y qué hacen en tu sitio.

- **Análisis de Redes Sociales**: Plataformas como Facebook e Instagram proporcionan datos detallados sobre demografía e interacción de usuarios.

- **Herramientas de Encuestas**: Herramientas en línea como SurveyMonkey o Google Forms pueden ayudar a recopilar datos primarios directamente de clientes potenciales.

Estudio de Caso: "Revive and Thrive: La Investigación de Mercados como Catalizador de la Transformación del Producto"

NutriJuice, una vez una marca líder en la industria de bebidas saludables, comenzó a ver una disminución constante en sus ventas. Lanzada en 2015, NutriJuice fue inicialmente celebrada por su enfoque innovador, ofreciendo una gama de jugos con vitaminas y probióticos añadidos. Sin embargo, con el tiempo, las preferencias de los consumidores cambiaron hacia opciones más orgánicas y menos procesadas, y las ventas de NutriJuice sufrieron como resultado.

Objetivos

1 Identificar Problemas Clave: Entender por qué NutriJuice estaba perdiendo popularidad entre los consumidores preocupados por la salud.

2 Mejorar el Atractivo del Producto: Reformular el producto para alinearlo con las tendencias actuales del mercado y las preferencias del consumidor.

3 Reconstruir la Confianza del Cliente: Restablecer a NutriJuice como un nombre confiable en bebidas saludables.

Enfoque Estratégico

- **Iniciativas de Investigación de Mercados**: NutriJuice emprendió una campaña integral de investigación de mercados, empleando encuestas y grupos focales para recopilar información directamente de los consumidores. Esta investigación destacó una creciente preferencia por bebidas con ingredientes orgánicos y mínimos aditivos artificiales.

- **Desarrollo de Producto**: Armados con estos conocimientos, NutriJuice decidió renovar su línea de productos. La nueva línea de NutriJuice eliminó todos los sabores y conservantes artificiales, enfocándose en ingredientes simples y orgánicos. El producto también introdujo empaques ecológicos para atraer a los consumidores preocupados por el medio ambiente.

- **Branding y Marketing**: Para señalar estos cambios significativos, NutriJuice se rebrandeó con un nuevo logo y una fresca campaña de marketing titulada "Volver a lo Básico: Puro, Orgánico, NutriJuice". Esta campaña se lanzó en varias plataformas, incluidas las redes sociales, el marketing por correo electrónico y los canales de publicidad tradicionales.

Resultados

- **Mejora de las Características del Producto**: La reformulación de NutriJuice resonó bien con el público objetivo, ofreciendo la pureza y simplicidad que los consumidores preocupados por la salud buscaban.

- **Relanzamiento Exitoso**: El rebranding y los esfuerzos de marketing dirigidos llevaron a un aumento del 60% en las ventas dentro de los seis meses posteriores al relanzamiento.

- **Reputación de Marca Restaurada**: La retroalimentación del cliente fue abrumadoramente positiva, y NutriJuice se reposicionó efectivamente como una marca líder dentro del sector de bebidas saludables.

Desafíos y Soluciones

• **Superar Percepciones Negativas**: Inicialmente, los consumidores eran escépticos sobre los cambios. NutriJuice abordó esto ofreciendo muestras gratuitas y organizando eventos de degustación para interactuar directamente con los consumidores y demostrar las mejoras.

• **Equilibrar Calidad con Costo**: La actualización a ingredientes orgánicos y empaques ecológicos aumentó los costos de producción. NutriJuice mitigó esto optimizando su cadena de suministro e introduciendo estos cambios gradualmente para manejar los costos sin afectar significativamente el precio.

Lecciones Aprendidas

• **Innovación Centrada en el Cliente**: Este estudio de caso subraya la importancia de mantenerse en sintonía con las tendencias y preferencias del consumidor. La disposición de NutriJuice para adaptarse basándose en la retroalimentación del cliente fue crucial para recuperar su posición en el mercado.

• **Transparencia y Compromiso**: Interactuar directamente con los consumidores y ser transparente sobre los cambios en el producto fomentó la confianza y lealtad entre el público objetivo.

• **Agilidad en el Desarrollo de Productos**: La capacidad de pivotar rápidamente e innovar las ofertas de productos en respuesta a la investigación de mercados es una estrategia valiosa para mantener la relevancia en un mercado competitivo.

* * *

El Marketing Mix: Elaboración de la Combinación Perfecta

El marketing mix es un concepto fundamental en el marketing que describe los diferentes componentes que se pueden controlar para satisfacer las necesidades de un mercado objetivo específico. Estos componentes a menudo se conocen como las 4 Ps: Producto, Precio, Plaza y Promoción.

1 Producto: Esto se refiere a lo que estás vendiendo, incluyendo todas las características, ventajas y beneficios que tus clientes pueden disfrutar al comprar tus bienes o servicios. Para los principiantes, es crucial pensar en qué hace que tu producto sea único y cómo encaja en el mercado.

2 Precio: Las estrategias de precios son críticas ya que afectan cuánto valor sienten tus clientes que obtienen de tu producto. Tu precio debe reflejar el valor percibido del producto en los ojos de tus clientes, al mismo tiempo que asegura la rentabilidad.

3 Plaza: Esto implica los canales de distribución utilizados para llegar a tus clientes. Ya sea una tienda física o una tienda en línea, la plaza debe ser conveniente para tu audiencia objetivo y estar alineada con tus estrategias de marketing.

4 Promoción: La promoción abarca todas las formas en que informas a los clientes sobre tus productos y los animas a realizar una compra. Esto incluye publicidad, relaciones públicas, marketing en redes sociales y más. Una promoción efectiva aumenta la visibilidad y genera demanda.

Implementación del Marketing Mix

Cada elemento del marketing mix debe ser probado y optimizado basado en las respuestas del público objetivo. Aquí hay un enfoque paso a paso para implementar el marketing mix de manera efectiva:

- **Comprende la propuesta única de venta (USP) de tu producto.** ¿Qué lo distingue de los competidores?

- **Establece un precio que coincida con las expectativas del mercado y respalde la posición de tu marca.**

- **Elige una plaza que llegue a tu audiencia de manera eficiente, considerando los mejores canales para distribuir tu producto.**

- **Crea estrategias promocionales que resuenen con tu público objetivo.** Estas deben comunicar claramente y efectivamente los beneficios de tu producto.

Estudio de Caso: "The Cozy Bean: La transformación digital de una pequeña cafetería"

The Cozy Bean, una acogedora cafetería en una bulliciosa área del centro, disfrutaba de una leal base de clientes locales pero luchaba por atraer nuevos clientes y gestionar eficientemente el tráfico en horas pico. Con un aumento en la competencia de cadenas más grandes y nuevas cafeterías boutique, The Cozy Bean necesitaba una estrategia para destacarse y optimizar sus operaciones.

Objetivos

1 Mejorar la Experiencia del Cliente: Mejorar la velocidad del servicio y personalizar las interacciones con los clientes para aumentar la satisfacción.

2 Aumentar la Base de Clientes: Atraer nuevos clientes a través de esfuerzos de marketing digital dirigidos.

3 Optimizar la Eficiencia Operativa: Implementar soluciones tecnológicas para agilizar el procesamiento de pedidos y la gestión de inventarios.

Enfoque Estratégico

- **Iniciativas de Compromiso Digital**: The Cozy Bean desarrolló una robusta estrategia de marketing digital que incluyó un nuevo sitio web con capacidades integradas de pedidos en línea, una aplicación de programa de lealtad y un compromiso activo en redes sociales para conectarse con tanto nuevos como potenciales clientes.

- **Sistema de Gestión de Relaciones con Clientes (CRM)**: Implementaron un sistema CRM para recopilar datos de clientes, permitiendo marketing personalizado como ofertas de cumpleaños, descuentos estacionales y promociones basadas en el historial de compras.

- **Mejoras Tecnológicas Operativas**: Introdujeron un sistema de punto de venta (POS) que agilizó la toma de pedidos, mejoró la velocidad de las transacciones y mejoró el seguimiento de inventarios.

Resultados

- **Servicio al Cliente Mejorado**: El nuevo sistema POS redujo el tiempo de procesamiento de pedidos en un 30%, mejorando significativamente los tiempos de espera de los clientes durante las horas pico.

- **Mayor Compromiso del Cliente**: La aplicación del programa de lealtad y las campañas de correo electrónico dirigidas llevaron a un aumento del 25% en clientes recurrentes.

- **Crecimiento en la Base de Clientes**: Las campañas estratégicas en redes sociales y la presencia en línea atrajeron un aumento del 20% en nuevos clientes dentro de los primeros seis meses.

Desafíos y Soluciones

- **Adopción de Nueva Tecnología**: Inicialmente, el personal encontró desafiante adaptarse a los nuevos sistemas POS y CRM. The Cozy Bean abordó esto mediante sesiones de capacitación detalladas y fases de implementación gradual para asegurar una transición suave.

- **Equilibrio entre Interacciones en Línea y en Tienda**: Mantener la atmósfera acogedora y personal de la cafetería mientras promovían interacciones en línea fue un equilibrio delicado. Toques personales como notas de agradecimiento escritas a mano con los pedidos en línea ayudaron a cerrar la brecha entre la conveniencia digital y el servicio personal.

- **Restricciones del Presupuesto de Marketing**: Como un pequeño negocio, The Cozy Bean tenía fondos limitados para marketing. Maximizaron su presupuesto enfocándose en estrategias digitales de bajo costo y alto impacto y aprovechando influencers locales y eventos comunitarios para la promoción.

Lecciones Aprendidas

- **Importancia de la Integración Digital**: Integrar la tecnología no solo mejoró la eficiencia operativa, sino que también mejoró la interacción con el cliente, resultando vital para el crecimiento de pequeños negocios.

- **Utilización de Datos del Cliente**: Usar los datos de los clientes para adaptar los esfuerzos de marketing aumentó significativamente la lealtad y satisfacción del cliente.

- **Compromiso Comunitario**: El compromiso activo en eventos comunitarios locales y en redes sociales creó una fuerte presencia de marca y fomentó la lealtad del cliente.

* * *

Fundamentos del Branding : Creando una impresión duradera

El branding es más que un logotipo o un esquema de colores; es una estrategia integral para crear una impresión duradera en tus clientes. Se trata de construir una identidad única que conecte con tu audiencia y te diferencie de tus competidores.

La Importancia del Branding

Una marca fuerte aumenta el valor de una empresa, proporciona dirección y motivación a los empleados y facilita la adquisición de nuevos clientes. Así es como el branding ayuda a construir la reputación y la base de clientes de un negocio:

- **Reconocimiento**: Un logotipo bien diseñado, lo suficientemente simple para ser memorable pero lo suficientemente poderoso para dar la impresión deseada de tu empresa, es una parte esencial de la estrategia de branding.

- **Confianza**: La coherencia en el branding a través de todos los materiales de marketing y canales ayuda a construir credibilidad y confianza con los clientes, lo cual es crucial para fomentar la lealtad del cliente.

- **Publicidad**: El branding sirve como guía para tus estrategias publicitarias, asegurando que todos los mensajes sean cohesivos y estén alineados con lo que representa la marca.

Desarrollando una Identidad de Marca

Para desarrollar una identidad de marca fuerte, considera los siguientes elementos:

- **Misión de la Marca**: ¿Cuáles son los objetivos y valores de tu marca? ¿Qué promesas haces a tus clientes?

- **Audiencia Objetivo**: ¿Quiénes son tus clientes? ¿Cuáles son sus necesidades, preferencias y comportamientos?

- **Identidad Visual**: Esto incluye esquemas de colores, tipografía y diseño de logotipos que representan la personalidad de tu marca.

- **Voz de la Marca**: ¿Cómo se comunica tu marca? ¿Es profesional, amigable, autoritaria o juguetona? El tono debe reflejar los sentimientos que deseas transmitir a tu audiencia.

Estudio de Caso: "Sweet Success: Transformando un Local de Bakery (Panadería) en una Delicia Digital"

Sweet Harmony Bakery, una querida panadería local en un vecindario suburbano conocida por sus pasteles y panes caseros, enfrentó una disminución en el tráfico peatonal a medida que los comportamientos de los consumidores cambiaban hacia las compras en línea. La panadería necesitaba adaptarse a las dinámicas cambiantes del mercado para sobrevivir y prosperar.

Objetivos

1 Expandir la Presencia en Línea: Establecer y mejorar la huella digital de la panadería para alcanzar una audiencia más amplia.

2 Aumentar las Ventas a través de Canales en Línea: Desarrollar un sistema eficiente de pedidos en línea para impulsar las ventas.

3 Mejorar el Compromiso del Cliente: Crear contenido digital atractivo y programas de lealtad para mantener y aumentar las relaciones con los clientes.

Enfoque Estratégico

- **Plataforma de Sitio Web y Comercio Electrónico**: Lanzaron un sitio web fácil de usar con capacidades de comercio electrónico, permitiendo a los clientes ordenar productos horneados en línea para recoger o entregar.

- **Marketing en Redes Sociales**: Implementaron una estrategia de redes sociales dirigida usando plataformas como Instagram y Facebook para mostrar las ofertas diarias, contenido detrás de escena y reseñas de clientes.

- **Campañas de Marketing por Correo Electrónico**: Desarrollaron campañas de marketing por correo electrónico personalizadas usando un sistema CRM para enviar boletines, cupones de cumpleaños y anuncios de nuevos productos o artículos de temporada.

Resultados

- **Presencia en Línea Fortalecida**: El nuevo sitio web y el compromiso activo en redes sociales llevaron a un aumento del 50% en seguidores en línea y un incremento del 30% en el tráfico del sitio web dentro de los primeros tres meses.

- **Incremento en las Ventas en Línea**: Los pedidos en línea representaron el 40% de las ventas totales dentro de los seis meses posteriores al lanzamiento de la plataforma de comercio electrónico, compensando significativamente la disminución en el tráfico peatonal.

- **Mejora en la Retención de Clientes**: La introducción de un programa de lealtad y campañas de correo electrónico personalizadas resultó en un aumento del 35% en visitas y pedidos recurrentes de clientes.

Desafíos y Soluciones

- **Adopción Digital por Clientes Mayores**: Algunos de los clientes antiguos de Sweet Harmony eran inicialmente reacios a usar el nuevo sistema de pedidos en línea. La panadería abordó esto proporcionando instrucciones simples y claras y ofreciendo soporte telefónico para ayudar con los pedidos en línea.

- **Equilibrio entre Experiencia en Línea y en Persona**: Mantener el encanto y la experiencia personal de la panadería en línea fue un desafío. Sweet Harmony se aseguró de que su sitio web y canales de redes sociales reflejaran la calidez y el sentido de comunidad de su tienda física.

- **Gestión de la Cadena de Suministro para Pedidos en Línea**: Gestionar el inventario y el suministro para el aumento en el volumen de pedidos en línea fue inicialmente un desafío. La panadería implementó software de gestión de inventarios más sofisticado para predecir mejor la demanda y ajustar el suministro en consecuencia.

Lecciones Aprendidas

- **Importancia de las Herramientas en Línea Centradas en el Cliente**: Las herramientas y plataformas que mejoran la experiencia del cliente, como sitios web fáciles de usar y comunicación personalizada, son cruciales para el éxito de la transición digital.

- **Uso Efectivo de las Redes Sociales**: El contenido atractivo que conecta emocionalmente con los clientes puede mejorar significativamente la visibilidad en línea y la lealtad a la marca.

- **La Adaptabilidad es Clave**: La capacidad de adaptar las estrategias de marketing y ventas en función de la retroalimentación de los clientes y los datos de ventas es esencial para navegar eficazmente en el paisaje digital.

* * *

Desarrollar tu Estrategia de Marketing

Una estrategia de marketing bien definida es esencial para comunicarte eficazmente con tu mercado objetivo y lograr tus objetivos comerciales. Actúa como una hoja de ruta, guiando todos tus esfuerzos de marketing y asegurando que se alineen con tus objetivos generales.

Componentes de una Estrategia de Marketing Exitosa

1 Metas y Objetivos: Comienza definiendo metas claras y medibles. ¿Qué deseas lograr a través de tus esfuerzos de marketing? Esto podría incluir aumentar el reconocimiento de la marca, impulsar las ventas o expandir tu base de clientes.

2 Público Objetivo: Identifica claramente a quiénes estarán dirigidos tus esfuerzos de marketing. Comprender la demografía, la psicografía y los comportamientos de compra de tu audiencia es crucial para adaptar tus mensajes de marketing.

3 Canales de Marketing: Determina qué canales llegarán mejor a tu audiencia objetivo. Las opciones pueden incluir marketing digital, publicidad tradicional, redes sociales, marketing por correo electrónico y más.

4 Presupuesto: Especifica cuánto estás dispuesto a gastar en tus campañas de marketing. Un presupuesto bien planificado asegura que puedas maximizar tus recursos sin exceder el gasto.

5 Monitoreo y Evaluación: Establece métricas para medir la efectividad de tus actividades de marketing. Revisa regularmente estas métricas para entender qué está funcionando y qué no, lo que te permitirá ajustar tu estrategia en consecuencia.

* * *

Desarrollar un Plan de Marketing

Con una estrategia clara en su lugar, el siguiente paso es desarrollar un plan de marketing detallado. Este plan debe delinear acciones específicas, cronogramas y responsabilidades para asegurar que todas las actividades de marketing sean cohesivas y efectivas.

Elementos Clave de un Plan de Marketing

• **Plan de Acción**: ¿Qué se hará? Detalla las acciones específicas que se tomarán para cumplir con tus objetivos de marketing.

• **Cronograma**: ¿Cuándo se implementará cada acción? Un cronograma ayuda a mantener tus esfuerzos de marketing en el camino correcto.

• **Roles y Responsabilidades**: ¿Quién será responsable de cada acción? Asignar roles claros asegura responsabilidad.

Estudio de Caso: Mejorando la Presencia en Línea para un Pequeño Negocio

Considera una pequeña tienda artesanal que busca mejorar su presencia en línea para alcanzar una audiencia más amplia. La tienda decide:

- **Lanzar un Sitio Web Amigable para el Usuario**: Incluyendo una tienda en línea para facilitar las compras a los clientes.

- **Implementar Estrategias de SEO**: Para mejorar los rankings en los motores de búsqueda y atraer a más visitantes.

- **Participar en Redes Sociales**: Publicaciones regulares e interacciones con los seguidores para construir comunidad y lealtad a la marca.

A través de estas iniciativas, guiadas por un plan de marketing bien definido, la tienda no solo incrementa su visibilidad en línea, sino que también ve un aumento significativo en el tráfico y las ventas.

* * *

SEO: La Clave para la Visibilidad y el Crecimiento Orgánico

La optimización para motores de búsqueda (SEO) es un componente crítico del marketing digital que tiene como objetivo aumentar la visibilidad de un sitio web en las páginas de resultados de los motores de búsqueda (SERPs). Las estrategias de SEO efectivas pueden llevar a aumentos sustanciales en el tráfico y, por extensión, en las conversiones y ventas.

Entendiendo el SEO

El SEO implica varias técnicas y prácticas diseñadas para mejorar el ranking de las páginas web en los resultados de búsqueda. Se enfoca en mejorar tanto la calidad como la cantidad del tráfico del sitio web, así como la exposición de tu marca, a través de resultados de búsqueda no pagados (también conocidos como resultados de búsqueda "orgánicos").

Elementos Clave del SEO

1 Palabras Clave: Identificar y usar las palabras clave correctas que los clientes potenciales están buscando es fundamental para una estrategia de SEO efectiva.

2 Contenido: Crear contenido de alta calidad, relevante e informativo que responda a esas consultas de búsqueda ayuda a mejorar los rankings y atraer más visitantes.

3 SEO On-Page: Esto incluye la optimización de páginas web individuales para que clasifiquen más alto en los motores de búsqueda. Los factores clave incluyen etiquetas de título, encabezados, estructura de URL y texto alternativo para imágenes.

4 SEO Off-Page: Esto implica señales externas y enlaces a tu sitio. Construir backlinks de sitios reputados puede aumentar significativamente la autoridad y el ranking de tu sitio.

5 SEO Técnico: Asegurarse de que tu sitio web esté estructurado de manera que los motores de búsqueda puedan rastrear e indexar fácilmente también es crucial. Esto incluye mejorar la velocidad del sitio, la compatibilidad con dispositivos móviles y conexiones seguras (HTTPS).

Mejores Prácticas de SEO

• Actualiza regularmente tu contenido para mantenerlo fresco y relevante.

• Utiliza herramientas de análisis para rastrear tu rendimiento y entender dónde se pueden hacer mejoras.

• Asegúrate de que tu sitio web sea fácil de usar: una buena experiencia de usuario puede reducir las tasas de rebote y aumentar la probabilidad de que los visitantes regresen.

Estudio de Caso: "Optimizando Visibilidad: Estrategias de SEO para CloudTech Solutions"

CloudTech Solutions, un proveedor de servicios innovadores basados en la nube, luchaba por ganar visibilidad en los resultados de búsqueda, lo que afectaba su capacidad para atraer nuevos clientes y competir eficazmente en el concurrido mercado de tecnología en la nube. La empresa reconoció la necesidad de mejorar sus estrategias de optimización para motores de búsqueda (SEO) para mejorar su presencia en línea y atraer más tráfico orgánico a su sitio web.

Objetivos

1 Mejorar los Rankings en los Motores de Búsqueda: Elevar la posición de CloudTech Solutions en las páginas de resultados de los motores de búsqueda (SERPs) para términos clave relacionados con los servicios de tecnología en la nube.

2 Aumentar el Tráfico del Sitio Web: Atraer más tráfico orgánico al sitio web a través de prácticas de SEO mejoradas.

3 Mejorar el Compromiso del Usuario: Mejorar la calidad del sitio web para asegurar que el aumento en el tráfico lleve a mayores tasas de compromiso y conversión.

Enfoque Estratégico

- **Optimización de Palabras Clave**: Realizaron una investigación exhaustiva de palabras clave para identificar y dirigirse a palabras clave de alto valor relevantes para los servicios de CloudTech Solutions. Optimizó el contenido del sitio web, incluidos blogs, estudios de casos y descripciones de servicios, para incorporar estas palabras clave de manera efectiva.

- **Mejora del Contenido**: Desarrollaron una robusta estrategia de contenido centrada en crear contenido de alta calidad e informativo que abordara preguntas comunes de los clientes, tendencias de la industria y orientación técnica. Esta estrategia tenía como objetivo no solo mejorar el SEO, sino también establecer a CloudTech Solutions como líder de opinión en el espacio de la tecnología en la nube.

- **Mejoras de SEO On-Page**: Implementaron mejoras técnicas de SEO, como la optimización de etiquetas meta, la mejora de la estructura de URL y la garantía de la capacidad de respuesta móvil, para cumplir con las directrices de los motores de búsqueda y mejorar la experiencia del usuario.

- **Campañas de Construcción de Enlaces**: Participaron en esfuerzos estratégicos de construcción de enlaces colaborando con blogs y foros tecnológicos reputados para generar backlinks de alta calidad hacia el sitio web de CloudTech Solutions.

Resultados

- **Mejoras en los Rankings en los Motores de Búsqueda**: Dentro de seis meses de implementar las nuevas estrategias de SEO, CloudTech Solutions vio una mejora significativa en los rankings para términos de búsqueda clave, pasando de la página tres a la primera página en las SERPs de Google.

- **Aumento del Tráfico Orgánico**: Como resultado de la mejora en los rankings, el sitio web experimentó un aumento del 70% en el tráfico orgánico.

- **Mayor Compromiso y Tasas de Conversión**: El contenido mejorado y la usabilidad del sitio web llevaron a un aumento del 50% en métricas de compromiso del usuario, como el tiempo en el sitio y las páginas por sesión, y un aumento del 30% en las tasas de conversión de visitas al sitio a consultas de clientes.

Desafíos y Soluciones

- **Falta de Habilidades en SEO**: Inicialmente, el equipo interno carecía de la experiencia en SEO necesaria para ejecutar una estrategia sofisticada. CloudTech Solutions abordó esto proporcionando capacitación especializada a su equipo de marketing y asociándose con una consultoría de SEO experimentada.

- **Recursos para el Desarrollo de Contenido**: Crear contenido regular y de alta calidad requería recursos significativos. La empresa priorizó temas clave que podrían impulsar el tráfico y asignó presupuesto para creadores de contenido freelance que apoyaran sus esfuerzos.

- **Medición del Éxito del SEO**: Inicialmente, hubo un desafío en medir con precisión el impacto de los esfuerzos de SEO en los objetivos comerciales. CloudTech Solutions implementó herramientas avanzadas de análisis para rastrear mejor las métricas de rendimiento y el ROI de las actividades de SEO.

Lecciones Aprendidas

- **Adaptación Continua del SEO**: El SEO no es un esfuerzo de una sola vez, sino que requiere adaptación y refinamiento continuos basados en la evolución de los algoritmos de los motores de búsqueda y la dinámica del mercado.

- **Integración del SEO con el Marketing General**: El SEO es más efectivo cuando se integra con una estrategia de marketing digital más amplia, que incluye redes sociales, marketing de contenido y campañas de correo electrónico.

- **Importancia del SEO Técnico**: Junto con el contenido, los aspectos técnicos del SEO son cruciales para mejorar la visibilidad del sitio y la experiencia del usuario, impactando directamente en las tasas de compromiso y conversión.

"La mejor publicidad es la que hacen los clientes satisfechos."
- Philip Kotler

CAPÍTULO 2

MARKETING DIGITAL: CLAVE PARA LA VISIBILIDAD Y EL CRECIMIENTO ORGÁNICO

En el mundo actual, el marketing digital no es solo una opción; es esencial para alcanzar una audiencia amplia y comprometerse eficazmente con los clientes. Este capítulo ofrece una visión general del marketing digital, explorando sus componentes, beneficios y estrategias adecuadas para principiantes.

¿Qué es el Marketing Digital?

El marketing digital se refiere al uso de canales digitales para promocionar o comercializar productos y servicios a consumidores y empresas. Abarca una amplia gama de actividades, incluyendo la optimización para motores de búsqueda (SEO), marketing en redes sociales, marketing por correo electrónico y más.

Beneficios del Marketing Digital

1 Alcance: El marketing digital proporciona una capacidad inigualable para llegar a una audiencia global de manera rápida y eficiente.

2 Segmentación: Las opciones avanzadas de segmentación permiten a los mercadólogos llegar a audiencias específicas basadas en demografía, intereses, comportamientos y más.

3 Compromiso: Los canales digitales ofrecen formas únicas de interactuar con los clientes, fomentando mejores relaciones y lealtad.

4 Medición: A diferencia de los métodos de marketing tradicionales, el marketing digital ofrece análisis precisos para medir la efectividad de las campañas y ajustar las estrategias en tiempo real.

Componentes Clave del Marketing Digital

- **Optimización para Motores de Búsqueda (SEO)**: Optimizar tu sitio web para que clasifique más alto en los resultados de búsqueda, aumentando la visibilidad y el tráfico.

- **Marketing de Contenidos**: Crear contenido valioso diseñado para atraer y comprometer a audiencias específicas.

- **Marketing en Redes Sociales**: Utilizar plataformas como Facebook, Twitter e Instagram para conectarse con los clientes, promocionar tu marca y aumentar las ventas.

- **Marketing por Correo Electrónico**: Enviar mensajes dirigidos y personalizados para nutrir prospectos y promover ofertas.

- **Publicidad de Pago por Clic (PPC)**: Comprar visitas a tu sitio, donde los anunciantes pagan una tarifa cada vez que se hace clic en uno de sus anuncios.

. . .

Comenzando con el Marketing Digital

Para los principiantes, comenzar con el marketing digital puede parecer abrumador. Aquí hay algunos consejos para empezar:

• **Enfócate en Construir un Sitio Web Fuerte**: Tu sitio web es a menudo la primera interacción que un cliente potencial tendrá con tu negocio, por lo que es crucial causar una buena impresión.

• **Utiliza las Redes Sociales**: Comienza con una o dos plataformas de redes sociales donde tu audiencia objetivo sea más activa. La consistencia es clave para construir una base de seguidores comprometidos.

• **Experimenta con el Contenido**: El contenido está en el corazón del marketing digital. Experimenta con diferentes tipos de contenido, como blogs, videos e infografías, para ver qué resuena con tu audiencia.

• **Monitorea tu Progreso**: Utiliza herramientas como Google Analytics para rastrear tu progreso y aprender qué funciona y qué no. Estos datos guiarán tus futuras estrategias.

Transición a lo Digital: El Viaje de Transformación Digital de una Librería Local

Una acogedora librería local, enfrentada a los crecientes desafíos de la era digital y la creciente competencia de grandes minoristas en línea, emprendió un viaje transformador para digitalizar sus operaciones y marketing. Este estudio de caso explora cómo la librería aprovechó las herramientas digitales y la automatización del marketing para conservar su encanto mientras expandía su alcance.

Antecedentes y Objetivos

Los objetivos principales para la librería local en su transición digital fueron:

1 Expandir la Base de Clientes: Alcanzar nuevos clientes más allá de la comunidad local a través de una plataforma en línea.

2 Mejorar el Compromiso del Cliente: Aumentar el compromiso con los clientes existentes y nuevos utilizando estrategias de marketing digital.

3 Aumentar las Ventas a Través de Canales en Línea: Desarrollar una plataforma de comercio electrónico para complementar las ventas físicas.

Estrategias Empleadas

- **Desarrollo de Sitio Web e Integración de Comercio Electrónico**: Desarrollaron un sitio web fácil de usar que refleja la marca única y el encanto de la librería, integrado con una plataforma de comercio electrónico para pedidos en línea.

- **Compromiso en Redes Sociales**: Utilizaron plataformas de redes sociales para compartir reseñas de libros, eventos futuros y lanzamientos de libros destacados para mantener a la comunidad comprometida e informada.

- **Automatización del Marketing por Correo Electrónico**: Implementaron la automatización del marketing por correo electrónico para enviar recomendaciones de libros personalizadas, eventos promocionales y recompensas de lealtad basadas en el historial de compras y preferencias del cliente.

Resultados e Impacto

- **Mayor Alcance de la Audiencia**: La nueva plataforma en línea permitió a la librería alcanzar una audiencia más amplia, resultando en un aumento del 40% en la base de clientes dentro del primer año.

- **Mejor Interacción con el Cliente**: Las actualizaciones regulares y el contenido interactivo en las redes sociales llevaron a un aumento del 50% en las tasas de compromiso.

- **Crecimiento en las Ventas**: La introducción del sistema de pedidos en línea vio un aumento del 30% en las ventas totales, con las ventas en línea representando una parte significativa de los ingresos totales.

Desafíos y Soluciones

- **Mantener el Toque Personal en Línea**: Traducir el servicio al cliente personal y el ambiente acogedor de la librería a un formato digital fue un desafío. La librería abordó esto creando contenido en video que presentaba recomendaciones de libros del personal y recorridos virtuales de la tienda.

- **Curva de Aprendizaje del Marketing Digital**: El cambio al marketing digital requirió el desarrollo de nuevas habilidades para el personal de la librería. Se asociaron con expertos en marketing digital para la capacitación inicial y gradualmente construyeron sus capacidades internas.

- **Gestión de Inventario entre la Tienda en Línea y Física**: Balancear el inventario para las ventas tanto en línea como en la tienda presentó desafíos logísticos. La librería implementó un sistema de gestión de inventario integrado para rastrear los niveles de existencias en tiempo real.

Lecciones Aprendidas

- **Importancia de la Identidad de Marca**: Mantener una identidad de marca fuerte y coherente en todas las plataformas digitales fue crucial para atraer y retener clientes.

- **Utilización de Datos de Clientes**: Utilizar eficazmente los datos de los clientes para personalizar los esfuerzos de marketing mejoró significativamente la satisfacción y lealtad del cliente.

- **Adaptabilidad y Mejora Continua**: Ser adaptable y estar abierto a la mejora continua en las estrategias digitales fue clave para navegar con éxito los desafíos de la transformación digital.

* * *

Marketing en Redes Sociales: Conectando con tu Audiencia

El marketing en redes sociales se ha convertido en una parte vital de la estrategia de marketing digital para empresas de todos los tamaños. Proporciona una plataforma no solo para promocionar productos y servicios, sino también para interactuar con los clientes y construir relaciones duraderas.

El Poder del Marketing en Redes Sociales

Las redes sociales permiten a las empresas alcanzar una audiencia amplia con relativa facilidad y a un costo menor en comparación con los métodos de marketing tradicionales. También ofrecen oportunidades únicas para la interacción directa con los clientes, la construcción de la marca y la retroalimentación en tiempo real.

. . .

Plataformas Clave para el Marketing en Redes Sociales

• **Facebook**: Ideal para construir comunidad y publicitar a un demográfico amplio.

• **Instagram**: Perfecto para contenido visual y llegar a una audiencia más joven.

• **Twitter**: Mejor para comunicación en tiempo real y servicio al cliente.

• **LinkedIn**: Efectivo para marketing B2B y redes profesionales.

Desarrollar una Estrategia de Redes Sociales

1 Elegir las Plataformas Adecuadas: No todas las plataformas serán adecuadas para tu negocio. Elige las que tu audiencia objetivo use más activamente.

2 Crear Contenido Atractivo: El contenido debe estar adaptado a la plataforma y diseñado para atraer a tu audiencia a través de historias convincentes, publicaciones informativas o medios interactivos.

3 Horario de Publicación Consistente: Actualizaciones regulares mantienen tu marca en la mente de los consumidores.

4 Monitorear y Responder: Interactúa con tu audiencia respondiendo a comentarios y mensajes. El compromiso activo ayuda a construir una comunidad leal.

Momentos Dulces: Mejorando la Marca de una Panadería Boutique a través de Delicias Digitales

Sweet Moments, una panadería boutique conocida por sus pasteles artesanales y su servicio personalizado, adoptó el marketing digital para expandir su alcance y mejorar el compromiso con los clientes. Este estudio de caso explora cómo Sweet Moments utilizó la automatización del marketing y estrategias en redes sociales para transformar su modelo de negocio tradicional en una próspera presencia en línea.

Antecedentes y Objetivos

A medida que los comportamientos de compra de los consumidores se trasladaban cada vez más en línea, Sweet Moments tenía como objetivo:

1 Aumentar las Ventas en Línea: Impulsar más transacciones a través de sus canales digitales.

2 Aumentar el Reconocimiento de Marca: Mejorar su presencia de marca tanto localmente como en mercados más amplios.

3 Fortalecer la Lealtad del Cliente: Construir una base de clientes leales a través de un compromiso y experiencias personalizadas dirigidas.

Estrategias Empleadas

- **Marketing en Redes Sociales**: Aprovecharon plataformas como Instagram y Facebook para mostrar sus productos a través de imágenes de alta calidad e historias atractivas, destacando la artesanía y los ingredientes únicos.

- **Automatización del Marketing por Correo Electrónico**: Implementaron campañas de marketing por correo electrónico segmentadas por preferencias de los clientes para promocionar nuevos productos, ofertas especiales de temporada y recompensas de lealtad.

- **Integración de Retroalimentación del Cliente**: Utilizaron herramientas de retroalimentación del cliente para recopilar información directamente de los consumidores, lo que informó el desarrollo de productos y las estrategias de marketing.

Resultados e Impacto

- **Mejora en el Compromiso en Línea**: Las estrategias en redes sociales llevaron a un aumento del 60% en el compromiso de los seguidores y aumentaron significativamente el tráfico al sitio web.

- **Crecimiento en las Ventas**: La integración de un sistema de pedidos en línea, junto con campañas de correo electrónico dirigidas, resultó en un aumento del 40% en las ventas en línea.

- **Mejora en la Retención de Clientes**: El marketing personalizado y el servicio al cliente receptivo aumentaron las tasas de clientes recurrentes en un 30%.

Desafíos y Soluciones

- **Equilibrio entre Experiencias en Línea y en Tienda**: Asegurarse de que la experiencia en línea reflejara el toque personal y la calidad del servicio en la tienda fue un desafío. Sweet Moments logró esto proporcionando descripciones detalladas de productos, reseñas de clientes y servicio interactivo en línea.

- **Creación de Contenido para Plataformas Digitales**: Inicialmente, producir contenido consistentemente de alta calidad y atractivo que reflejara los valores de la marca fue un desafío. La panadería invirtió en fotografía profesional y se asoció con creadores de contenido digital para mantener una fuerte presencia en línea.

- **Gestión de Inventario y Pedidos**: Gestionar el inventario y los pedidos entre los canales de ventas en línea y físicos requirió una cuidadosa coordinación. Sweet Moments implementó un sistema de gestión unificado para rastrear el inventario en tiempo real y agilizar los procesos de pedidos.

Lecciones Aprendidas

- **Importancia del Atractivo Visual**: En el negocio de la panadería, el atractivo visual de los productos es fundamental. Invertir en imágenes de alta calidad para los esfuerzos de marketing en línea resultó crucial para atraer y retener a los clientes.

- **Importancia del Marketing Segmentado**: Las campañas de correo electrónico personalizadas que atendían los intereses específicos y los comportamientos de compra anteriores de los clientes mejoraron significativamente las tasas de respuesta y la satisfacción del cliente.

- **Estrategia Digital Adaptativa**: Adaptar continuamente la estrategia digital basada en la retroalimentación de los clientes y las métricas de compromiso fue clave para mantenerse relevante y cumplir eficazmente con las expectativas de los clientes.

* * *

Publicidad de Pago por Clic (PPC): Generando Resultados Inmediatos

La publicidad de pago por clic (PPC) es un modelo de marketing en Internet en el que los anunciantes pagan una tarifa cada vez que uno de sus anuncios es clicado. Esencialmente, es una forma de comprar visitas a tu sitio en lugar de intentar "ganar" esas visitas de manera orgánica a través del SEO.

Entendiendo el PPC

El PPC puede ser una estrategia de marketing increíblemente efectiva que ofrece visibilidad inmediata y dirige tráfico específico a tu sitio web. Es particularmente útil para lanzamientos de nuevos productos, promociones especiales y cuando las empresas desean obtener resultados rápidos.

Plataformas Clave para PPC

• **Google Ads**: El sistema de publicidad PPC más popular del mundo, Google Ads permite a las empresas crear anuncios que aparecen en el motor de búsqueda de Google y otras propiedades de Google.

• **Facebook Ads**: Ofrece opciones avanzadas de segmentación basadas en demografía, ubicación, intereses y comportamientos.

• **Bing Ads**: Una alternativa viable a Google Ads con menos competencia y, a menudo, un costo por clic más bajo.

Creación de una Campaña PPC Exitosa

1 **Investigación de Palabras Clave**: Identificar las palabras clave correctas es crucial para el éxito del PPC. Utiliza herramientas como Google Keyword Planner para encontrar palabras clave relacionadas con tu negocio.

2 Copia de Anuncio Atractiva: Escribe una copia de anuncio clara y concisa que incluya un llamado a la acción fuerte. Tu anuncio debe comunicar los beneficios de hacer clic.

3 Páginas de Aterrizaje: Dirige tu tráfico PPC a páginas de aterrizaje de alta calidad diseñadas específicamente para convertir visitantes en clientes. Asegúrate de que estas páginas sean relevantes para el contenido del anuncio.

4 Gestión del Presupuesto: Establece un presupuesto que te permita probar diferentes anuncios sin gastar de más. Monitorea tus campañas de cerca para asegurarte de que sean rentables.

5 Optimización Continua: Revisa regularmente el rendimiento de tus anuncios y realiza ajustes en las ofertas, la copia del anuncio y las páginas de aterrizaje para mejorar los resultados.

QuickFix Plumbing: Simplificando el Servicio con Marketing Digital y Automatización

QuickFix Plumbing, una empresa regional de servicios de plomería, ha empleado efectivamente el marketing digital y las tecnologías de automatización para simplificar sus operaciones y mejorar el compromiso con los clientes. Este estudio de caso explora cómo QuickFix Plumbing aprovechó estas herramientas para mejorar la eficiencia del servicio y expandir su base de clientes.

Antecedentes y Objetivos

En una industria a menudo caracterizada por llamadas de emergencia y la necesidad de respuestas rápidas, QuickFix Plumbing tenía como objetivo:

1 Mejorar los Tiempos de Respuesta: Utilizar la automatización para mejorar la velocidad y eficiencia del despacho de servicios y la comunicación con los clientes.

2 Mejorar la Satisfacción del Cliente: Implementar estrategias de marketing dirigidas para mejorar el compromiso y la satisfacción del cliente.

3 Expandir la Base de Clientes: Usar el marketing digital para atraer nuevos clientes y aumentar la cuota de mercado.

Estrategias Empleadas

- **Sistemas de Programación Automatizados**: Integraron un sistema de programación automatizado en su sitio web, permitiendo a los clientes reservar citas directamente en línea, lo que agilizó las operaciones y mejoró los tiempos de respuesta.

- **Campañas de Correo Electrónico Dirigidas**: Desarrollaron campañas de marketing por correo electrónico segmentadas basadas en el historial de clientes y las preferencias de servicio para promover servicios de mantenimiento estacional y ofertas especiales.

- **Compromiso en Redes Sociales**: Utilizaron plataformas de redes sociales para compartir consejos sobre mantenimiento de plomería, promover servicios y interactuar con la comunidad, mejorando la visibilidad de la marca y la confianza.

Resultados e Impacto

- **Reducción de Tiempos de Respuesta**: La implementación de un sistema de programación automatizado redujo los tiempos de espera promedio de los clientes en un 30%, mejorando significativamente la satisfacción del cliente.

- **Aumento en la Retención de Clientes**: Las campañas de correo electrónico personalizadas y las estrategias efectivas de seguimiento llevaron a un aumento del 25% en el negocio recurrente de clientes.

- **Crecimiento en la Adquisición de Nuevos Clientes**: La presencia mejorada en redes sociales y las campañas de publicidad digital dirigidas resultaron en un aumento del 20% en la adquisición de nuevos clientes.

Desafíos y Soluciones

- **Integración de Nuevas Tecnologías**: La integración de nuevo software con los sistemas existentes fue inicialmente un desafío. QuickFix Plumbing abordó esto trabajando con especialistas en TI para asegurar una integración fluida y proporcionar capacitación al personal.

- **Mantener el Toque Personal**: Balancear la automatización con el toque personal que es crucial en las industrias de servicios fue esencial. QuickFix Plumbing se aseguró de que los representantes de servicio al cliente estuvieran disponibles para manejar problemas complejos y proporcionar una conexión personal cuando fuera necesario.

- **Privacidad y Seguridad de Datos**: Con el aumento de las transacciones en línea y la recopilación de datos, asegurar la privacidad y la seguridad se convirtió en una prioridad. QuickFix Plumbing implementó medidas de seguridad estrictas para proteger los datos de los clientes.

Lecciones Aprendidas

- **La Educación del Cliente es Clave**: Educar a los clientes a través de redes sociales y correo electrónico sobre el mantenimiento de sus sistemas de plomería no solo generó confianza, sino que también redujo las llamadas de emergencia.

• **Importancia de la Retroalimentación del Cliente**: Solicitar regularmente y actuar según la retroalimentación de los clientes fue vital para la mejora continua y la satisfacción del cliente.

• **Adaptabilidad en Estrategias de Marketing**: Adaptar las estrategias de marketing basadas en análisis de rendimiento y condiciones de mercado cambiantes fue crucial para mantenerse competitivo.

"El marketing ya no se trata de las cosas que vendes, sino de las historias que cuentas."
- Seth Godin

CAPÍTULO 3

EL MARKETING EN REDES SOCIALES: CONECTANDO CON TU AUDIENCIA

Las redes sociales han revolucionado la forma en que las empresas se conectan con su audiencia, ofreciendo oportunidades incomparables para el compromiso, la construcción de marca y la comunicación directa. Este capítulo profundiza en los elementos esenciales del marketing en redes sociales, proporcionando a los principiantes las estrategias y herramientas necesarias para aprovechar las redes sociales de manera efectiva.

Por Qué las Redes Sociales Son Importantes para tu Negocio

1 Accesibilidad: Las plataformas de redes sociales brindan a las empresas de todos los tamaños acceso a una audiencia global.

2 Compromiso: Estas plataformas permiten a las empresas interactuar directamente con los clientes, fomentando relaciones y promoviendo la lealtad.

3 Rentabilidad: El marketing en redes sociales puede ser menos costoso que la publicidad tradicional, ofreciendo la capacidad de llegar a una audiencia específica.

4 Desarrollo de Marca: Una presencia regular y consistente en redes sociales ayuda a las empresas a construir su marca y establecer una voz en el mercado.

Elegir las Plataformas Adecuadas

La elección de la plataforma depende de dónde pasa su tiempo tu audiencia objetivo y la naturaleza de tus productos o servicios. Aquí hay una guía rápida:

• **Facebook**: Ofrece un alcance extenso y opciones de segmentación detallada. Ideal para construir comunidad y atraer a un demográfico amplio.

• **Instagram**: Mejor para contenido visual y marcas que buscan conectar con una audiencia más joven.

• **Twitter**: Excelente para actualizaciones en tiempo real y conversaciones. Útil para marcas que participan en discusiones tópicas y oportunas.

• **LinkedIn**: La plataforma ideal para el marketing B2B y la creación de redes profesionales.

• **Pinterest**: Efectiva para marcas con un fuerte atractivo visual, particularmente en industrias como la decoración del hogar, la moda y la cocina.

Desarrollar una Estrategia de Redes Sociales

Tu estrategia de redes sociales debe alinearse con tus objetivos generales de marketing. Debe ser específica, medible, alcanzable, relevante y basada en el tiempo (SMART). Aquí te mostramos cómo empezar:

1 Establecer Objetivos Claros: Define lo que quieres lograr, como aumentar el reconocimiento de la marca, dirigir tráfico a tu sitio web o generar ventas.

2 Entender a tu Audiencia: Conoce quiénes son, qué les gusta y cómo usan las redes sociales.

3 Planificación de Contenido: Planifica tu contenido para alinearlo con los intereses y comportamientos de los usuarios. Mezcla publicaciones promocionales con contenido atractivo, divertido e informativo.

4 Compromiso: Participa activamente con los seguidores respondiendo a comentarios, mensajes y participando en conversaciones.

5 Analítica: Utiliza herramientas de análisis de redes sociales para rastrear el rendimiento, entender qué funciona y refinar tu estrategia.

Bloom Boutique: Cultivando el Éxito en el Comercio Electrónico Floral con Marketing Digital Avanzado

Bloom Boutique, una próspera tienda de flores en línea conocida por sus exquisitos arreglos florales y servicio al cliente excepcional, ha aprovechado estrategias avanzadas de marketing digital y automatización del marketing para expandir su base de clientes y mejorar la eficiencia operativa. Este estudio de caso explora cómo Bloom Boutique utilizó estas tecnologías para optimizar sus esfuerzos de marketing y agilizar las interacciones con los clientes.

Antecedentes y Objetivos

Enfrentando los desafíos de un mercado floral competitivo y la necesidad de distinguirse de otras plataformas de comercio electrónico, Bloom Boutique tenía como objetivo:

1 Aumentar las Ventas en Línea: Impulsar las ventas de comercio electrónico a través de campañas de marketing digital dirigidas.

2 Mejorar el Compromiso del Cliente: Incrementar el compromiso a través de interacciones personalizadas con los clientes y contenido.

3 Agilizar los Procesos de Pedido y Entrega: Usar la automatización para mejorar la eficiencia del procesamiento de pedidos y la programación de entregas.

Estrategias Empleadas

- **Campañas Publicitarias Dirigidas**: Utilizaron marketing en redes sociales y motores de búsqueda para llegar a clientes potenciales con alta intención de compra. Las campañas fueron específicamente adaptadas a ocasiones clave y festividades cuando los regalos florales son populares.

- **Automatización del Marketing por Correo Electrónico**: Implementaron un sistema CRM que envía automáticamente correos electrónicos personalizados basados en el comportamiento del cliente y el historial de compras. Esto incluye recordatorios de cumpleaños, avisos de ocasiones especiales y correos de seguimiento post-compra para fomentar la repetición de negocios.

- **Gestión de Inventario en Tiempo Real**: Integraron los esfuerzos de marketing con un sistema de gestión de inventario en tiempo real para asegurar que los productos anunciados estén en stock y disponibles para la entrega, reduciendo la insatisfacción del cliente y las cancelaciones de pedidos.

Resultados e Impacto

• **Aumento en las Tasas de Conversión**: Los anuncios dirigidos y los esfuerzos de marketing personalizados llevaron a un aumento del 40% en las tasas de conversión de anuncios a compras.

• **Mejora en la Retención de Clientes**: Las campañas de correo electrónico automatizadas y los seguimientos personalizados resultaron en un aumento del 30% en la tasa de clientes recurrentes.

• **Eficiencia Operativa**: La integración de la gestión de inventario en tiempo real con los procesos de marketing y ventas redujo significativamente los errores en el procesamiento de pedidos y mejoró la satisfacción del cliente con los servicios de entrega.

Desafíos y Soluciones

• **Mantener una Voz de Marca Consistente en Todos los Canales**: Asegurar una voz de marca consistente en diferentes canales de marketing fue un desafío inicial. Bloom Boutique abordó esto desarrollando una guía de marca integral que se aplicó rigurosamente a todo el contenido digital.

• **Preocupaciones de Privacidad de Datos**: Con el aumento en la recopilación de datos de clientes para la personalización, asegurar la privacidad y proteger los datos se convirtió en una prioridad. Bloom Boutique fortaleció sus medidas de ciberseguridad y comunicó claramente sus políticas de privacidad a los clientes.

• **Adaptación a las Fluctuaciones Estacionales**: Gestionar el inventario y el marketing durante las temporadas altas requirió ajustes dinámicos. Bloom Boutique utilizó análisis predictivos para prever mejor la demanda y ajustar los niveles de marketing y stock en consecuencia.

Lecciones Aprendidas

• **Importancia del Marketing Basado en Datos**: Aprovechar los datos de los clientes para la publicidad dirigida y la comunicación personalizada es crucial para aumentar las ventas y la lealtad del cliente.

• **Necesidad de Estrategias de Marketing Ágiles**: La capacidad de adaptar rápidamente las estrategias de marketing en respuesta a los cambios en el inventario y la retroalimentación del cliente es esencial para mantener la calidad del servicio.

• **Valor de la Retroalimentación del Cliente**: Solicitar y responder activamente a la retroalimentación de los clientes ha sido vital para refinar las ofertas de productos y mejorar la experiencia del cliente.

* * *

Creación de Contenido: El Corazón del Marketing en Redes Sociales

El contenido es el rey en el ámbito de las redes sociales, y crear contenido de alta calidad y atractivo es esencial para cautivar a tu audiencia y promover tu marca.

Tipos de Contenido en Redes Sociales

1 Imágenes y Fotos: Las imágenes y fotos de alta resolución que son visualmente atractivas tienden a funcionar bien en plataformas como Instagram, Pinterest y Facebook.

2 Videos: El contenido de video, desde clips cortos en TikTok hasta videos explicativos más largos en YouTube, puede aumentar significativamente el compromiso.

3 Infografías: Combinan datos y diseño para informar a tu audiencia sobre un tema de manera fácil de digerir, adecuado para plataformas como LinkedIn y Pinterest.

4 Publicaciones de Blog y Artículos: Compartir blogs y artículos informativos en tus redes sociales puede dirigir tráfico de vuelta a tu sitio web.

5 Transmisiones en Vivo: Plataformas como Facebook Live e Instagram Live permiten la interacción en tiempo real con tu audiencia, proporcionando un toque personal.

Creación de Contenido Atractivo

- **Entender a tu Audiencia**: Conoce sus intereses, puntos de dolor y qué tipo de contenido es más probable que les atraiga.

- **Ser Auténtico**: La autenticidad ayuda a construir confianza con tu audiencia. Asegúrate de que tu contenido refleje los valores y la voz de tu marca.

- **Fomentar la Interacción**: Haz preguntas, incluye llamadas a la acción y crea contenido interactivo como encuestas o cuestionarios para fomentar que tu audiencia interactúe con tu marca.

- **La Consistencia es Clave**: Publicar regularmente ayuda a mantener a tu audiencia comprometida y tu marca en la mente de los consumidores.

Optimización del Contenido para Redes Sociales

- **Momento de Publicación**: Publica contenido cuando tu audiencia esté más activa para maximizar la visibilidad y el compromiso.

- **Hashtags**: Usa hashtags relevantes para ampliar tu alcance más allá de tus seguidores inmediatos.

- **Atractivo Visual**: Asegúrate de que tus visuales sean atractivos y estén alineados con la identidad de tu marca.

- **Adaptación**: Adapta tu contenido para que se ajuste al formato y la audiencia de cada plataforma de redes sociales.

TechGuru: Impulsando el Compromiso y el Crecimiento en Blogging Tecnológico con Automatización de Marketing Estratégica

TechGuru, una plataforma líder de blogs de tecnología, ha utilizado la automatización del marketing para maximizar su alcance, involucrar a su audiencia y aumentar sus ingresos publicitarios. Este estudio de caso explora cómo TechGuru aprovechó el poder de las herramientas de marketing digital para fomentar el compromiso de la comunidad y sostener su crecimiento en el competitivo paisaje de los medios tecnológicos.

Antecedentes y Objetivos

Con el objetivo de convertirse en un recurso principal para entusiastas y profesionales de la tecnología, TechGuru se centró en:

1 Expandir el Alcance de la Audiencia: Aumentar la visibilidad de la plataforma y atraer nuevos lectores a nivel global.

2 Mejorar el Compromiso de los Lectores: Mantener a la audiencia comprometida con contenido personalizado y características interactivas.

3 Monetizar Efectivamente el Contenido: Optimizar las estrategias publicitarias para aumentar los ingresos mientras se mantiene una experiencia de usuario positiva.

Estrategias Empleadas

• **Marketing por Correo Electrónico Segmentado**: Implementaron una segmentación avanzada en el marketing por correo electrónico para entregar recomendaciones de artículos personalizados, boletines y invitaciones a eventos basadas en las preferencias del usuario y las interacciones pasadas.

• **Entrega de Contenido Dinámico**: Utilizaron herramientas de automatización del marketing para ajustar el contenido del sitio web dinámicamente para diferentes segmentos de usuarios, mejorando la relevancia de los artículos y los anuncios mostrados a cada visitante.

• **Análisis de Comportamiento y Publicidad Dirigida**: Integraron análisis de comportamiento para entender los intereses y patrones de compromiso de los lectores, lo que informó las campañas publicitarias dirigidas y las estrategias de contenido.

Resultados e Impacto

- **Base de Lectores Ampliada**: A través de campañas de marketing dirigidas y la optimización de SEO, TechGuru logró un aumento del 50% en la audiencia global en un año.

- **Aumento en las Tasas de Compromiso**: La personalización y la entrega dinámica de contenido llevaron a un aumento del 40% en el tiempo promedio que los usuarios pasaban en el sitio por visita.

- **Incremento en los Ingresos por Publicidad**: Una segmentación y orientación más efectiva aumentó las tasas de clics en los anuncios en un 30%, incrementando significativamente los ingresos por publicidad.

Desafíos y Soluciones

- **Balancear la Calidad del Contenido con el SEO**: Inicialmente, el enfoque en el SEO comprometió la profundidad y calidad del contenido. TechGuru abordó esto refinando su estrategia de contenido para balancear el SEO con artículos tecnológicos profundos y de alta calidad.

- **Impacto de los Bloqueadores de Anuncios**: El uso creciente de bloqueadores de anuncios por parte de la audiencia redujo los ingresos por publicidad. TechGuru respondió mejorando su modelo de suscripción y ofreciendo experiencias sin anuncios para suscriptores premium.

- **Cumplimiento de la Privacidad de Datos**: Con una audiencia global, cumplir con regulaciones internacionales de privacidad de datos como GDPR y CCPA fue un desafío. TechGuru implementó medidas estrictas de protección de datos y políticas de privacidad transparentes.

Lecciones Aprendidas

- **Importancia de la Integridad de los Datos**: Datos fiables son cruciales para una segmentación y personalización efectivas. Auditorías regulares y actualizaciones en los procesos de recopilación de datos fueron necesarias para mantener la precisión de los datos.

- **Necesidad de Estrategias de Contenido Adaptativas**: La adaptación continua de las estrategias de contenido basadas en análisis y retroalimentación de los lectores es esencial para mantener el contenido atractivo y relevante.

- **Uso Estratégico de la Publicidad**: Balancear la publicidad con la experiencia del usuario es clave. Desarrollar formatos de anuncios no intrusivos y diversificar los ingresos a través de suscripciones y contenido patrocinado ayudó a mantener la satisfacción del usuario.

* * *

Aprovechando el Contenido Generado por el Usuario y las Asociaciones con Influencers

El contenido generado por el usuario (UGC) y las asociaciones con influencers son herramientas poderosas en el marketing en redes sociales. Ayudan a construir autenticidad, ampliar el alcance y mejorar el compromiso a través de voces confiables y cercanas.

Contenido Generado por el Usuario (UGC)

El UGC implica contenido creado por clientes, fans o seguidores que muestra sus experiencias con los productos o servicios de una marca. Actúa como una recomendación personal y puede ser más efectivo que la publicidad tradicional debido a su autenticidad.

Beneficios del UGC

• **Autenticidad**: El UGC se percibe como más genuino en comparación con el contenido creado por la marca.

• **Confianza**: Los clientes son más propensos a confiar en las recomendaciones de sus pares que en los anuncios.

• **Compromiso**: El UGC puede estimular más interacción y compromiso por parte de la audiencia.

Estrategias para Fomentar el UGC

• **Concursos en Redes Sociales**: Organiza concursos donde se anime a los clientes a publicar fotos o historias usando tu producto a cambio de un premio.

• **Campañas de Hashtags**: Crea un hashtag único para tu marca y anima a los seguidores a usarlo cuando publiquen sobre tus productos.

• **Reseñas de Clientes**: Anima a los clientes satisfechos a compartir sus experiencias positivas en las redes sociales.

Asociaciones con Influencers

Los influencers son personalidades en redes sociales con un seguimiento significativo que pueden influir en las decisiones de compra de sus seguidores. Asociarse con los influencers adecuados puede ayudar a las marcas a llegar a una audiencia más amplia.

Elegir los Influencers Adecuados

- **Relevancia**: El contenido del influencer debe alinearse con el nicho y los valores de tu marca.

- **Compromiso**: Busca influencers con altas tasas de compromiso, no solo grandes cantidades de seguidores.

- **Autenticidad**: Los influencers que mantienen autenticidad con su audiencia son más efectivos.

Outdoor Adventures Gear: Alcanzando Nuevas Alturas con la Excelencia en Marketing Digital

Outdoor Adventures Gear, un minorista especializado en equipos para actividades al aire libre de alta calidad, ha implementado con éxito una estrategia integral de marketing digital para mejorar la visibilidad de la marca, el compromiso del cliente y las ventas. Este estudio de caso explora cómo Outdoor Adventures Gear utilizó estrategias digitales dirigidas y la automatización del marketing para atender eficazmente a los entusiastas del aire libre.

Antecedentes y Objetivos

En un mercado cada vez más concurrido para equipos de actividades al aire libre, Outdoor Adventures Gear tenía como objetivo:

1 Impulsar las Ventas en Línea: Aumentar las ventas de comercio electrónico mediante esfuerzos mejorados de marketing digital y optimización de la experiencia del cliente en línea.

2 Fortalecer la Lealtad a la Marca: Desarrollar una base de clientes leales a través de contenido atractivo e iniciativas de construcción de comunidad.

3 Mejorar la Adquisición de Clientes: Atraer nuevos clientes a través de campañas dirigidas y asociaciones estratégicas.

Estrategias Empleadas

• **Mejora del SEO y Marketing de Contenidos**: Optimizaron el contenido del sitio web para SEO para mejorar la visibilidad en las búsquedas orgánicas. Implementaron una estrategia de marketing de contenidos que incluye blogs informativos, reseñas de equipos y guías de aventuras para atraer y comprometer a una audiencia específica.

• **Campañas Dirigidas en Redes Sociales**: Aprovecharon las plataformas de redes sociales para ejecutar campañas publicitarias dirigidas. Utilizaron contenido multimedia atractivo y publicaciones interactivas para aumentar el conocimiento de la marca y dirigir tráfico a su sitio web.

• **Automatización del Marketing para la Gestión del Ciclo de Vida del Cliente**: Emplearon herramientas de automatización del marketing para nutrir prospectos a través de campañas de correo electrónico personalizadas, anuncios de retargeting y programas de lealtad, asegurando interacciones oportunas y relevantes en cada etapa del ciclo de vida del cliente.

Resultados e Impacto

• **Aumento en las Tasas de Conversión de Comercio Electrónico**: A través del SEO mejorado y las campañas en línea dirigidas, Outdoor Adventures Gear vio un aumento del 30% en las tasas de conversión de comercio electrónico.

• **Mejora en el Compromiso del Cliente**: El contenido interactivo y el uso efectivo de las redes sociales llevaron a un aumento del 50% en el compromiso del cliente, medido por los likes, compartidos, comentarios y tiempo pasado en el sitio web.

- **Crecimiento en la Base de Clientes**: Los esfuerzos estratégicos de marketing digital ayudaron a expandir la base de clientes en un 40% en el primer año de implementación de las nuevas estrategias.

Desafíos y Soluciones

- **Integración de Canales de Marketing**: Inicialmente, hubo un desafío en integrar varios canales de marketing para proporcionar una experiencia del cliente sin fisuras. Outdoor Adventures Gear abordó esto adoptando plataformas de marketing integradas que permiten la gestión unificada de todos los canales digitales.

- **Mantener el Compromiso en Temporadas Bajas**: Comprometer a los clientes durante las temporadas bajas resultó ser un desafío. La empresa respondió diversificando su contenido para incluir actividades al aire libre fuera de temporada y consejos de uso de equipos durante todo el año.

- **Privacidad y Seguridad de Datos**: Con el aumento de las transacciones en línea, asegurar la privacidad y la seguridad de los datos de los clientes se volvió crucial. Outdoor Adventures Gear fortaleció sus medidas de ciberseguridad y aseguró el cumplimiento de las leyes de protección de datos.

Lecciones Aprendidas

- **La Optimización Continua es Clave**: Analizar y optimizar regularmente las campañas de marketing basadas en conocimientos impulsados por datos es crucial para mantenerse a la vanguardia de las tendencias del mercado y las preferencias de los clientes.

- **Importancia de la Construcción de Comunidad**: Crear un sentido de comunidad entre los clientes ha sido vital para fomentar la lealtad a la marca y alentar la promoción de boca en boca.

- **Adaptabilidad a las Necesidades del Consumidor**: Adaptar las estrategias de marketing para satisfacer las necesidades y comportamientos cambiantes de los consumidores es esencial para el crecimiento sostenido y la relevancia en el mercado.

* * *

Monitoreo y Análisis del Desempeño en Redes Sociales

Para maximizar la efectividad de tus estrategias en redes sociales, es crucial monitorear y analizar tu desempeño regularmente. Esto no solo ayuda a entender qué funciona, sino también a tomar decisiones informadas para mejorar futuras campañas.

Métricas Clave para Monitorear

1 Compromiso: Incluye likes, comentarios, compartidos e interacciones generales con tus publicaciones. Tasas altas de compromiso indican que el contenido resuena con tu audiencia.

2 Alcance: Mide hasta qué punto se está difundiendo tu contenido entre las audiencias, incluyendo cuántos usuarios únicos ven tus publicaciones.

3 Crecimiento de Seguidores: Rastrea el aumento de tus seguidores a lo largo del tiempo, lo cual ayuda a medir la popularidad y el atractivo de la marca.

4 Tráfico al Sitio Web: Analiza cuánto tráfico es dirigido a tu sitio web desde las redes sociales, crucial para calcular el ROI.

5 Tasas de Conversión: Rastrea cuántas interacciones llevan a acciones deseadas, como ventas o suscripciones, vital para medir el éxito de campañas específicas.

Herramientas para el Análisis de Redes Sociales

- **Google Analytics**: Ofrece herramientas completas para rastrear el tráfico del sitio web proveniente de las redes sociales y el comportamiento del usuario.

- **Hootsuite Insights**: Proporciona datos en tiempo real sobre el compromiso y desempeño en redes sociales.

- **Sprout Social**: Ofrece informes detallados sobre tendencias de compromiso y demografía de la audiencia.

- **BuzzSumo**: Útil para analizar el desempeño del contenido en redes sociales e identificar creadores de contenido influyentes.

Desarrollar una Estrategia de Análisis

Para analizar efectivamente el desempeño en redes sociales, sigue estos pasos:

- **Establecer Metas Claras**: Define qué significa el éxito para tus campañas (e.g., aumentar los seguidores en un 20%, un 30% más de tráfico al sitio web).

- **Monitoreo Regular**: Revisa estas métricas regularmente para identificar tendencias y realizar ajustes oportunos.

- **Informe de Resultados**: Compila los hallazgos en informes regulares para los stakeholders para demostrar el ROI y planificar futuras campañas.

FreshFoods Market: Nutriendo el Crecimiento con Automatización de Marketing Estratégico

FreshFoods Market, un prominente minorista de comestibles conocido por su compromiso con productos frescos, orgánicos y prácticas sostenibles, ha empleado eficazmente la automatización del marketing para mejorar las experiencias de los clientes y aumentar las ventas. Este estudio de caso explora cómo FreshFoods Market utilizó la automatización del marketing para optimizar sus esfuerzos de marketing y fomentar la lealtad entre su base de clientes.

Antecedentes y Objetivos

Con el creciente interés de los consumidores en la salud y la sostenibilidad, FreshFoods Market tenía como objetivo:

1 Aumentar la Retención de Clientes: Desarrollar estrategias de marketing personalizadas para mantener la lealtad del cliente en un mercado competitivo.

2 Mejorar la Experiencia de Compra: Usar tecnología para optimizar el proceso de compra y hacerlo más conveniente y personalizado para los clientes.

3 Impulsar las Ventas de Productos Estacionales y Locales: Promover productos estacionales y de origen local para capitalizar las preferencias de los consumidores por alimentos frescos y locales.

Estrategias Empleadas

- **Campañas de Correo Electrónico Personalizadas**: Implementaron herramientas de automatización del marketing para enviar comunicaciones por correo electrónico personalizadas basadas en el historial de compras y las preferencias del cliente, presentando recetas, recomendaciones de productos y ofertas especiales en artículos que compran con frecuencia.

- **Optimización del Programa de Lealtad**: Mejoraron el programa de lealtad con recompensas y notificaciones automáticas sobre puntos y beneficios, adaptados a los comportamientos y preferencias de compra individuales.

- **Automatización de Promociones Estacionales**: Utilizaron la automatización para gestionar y promover campañas estacionales, asegurando que los clientes estén informados sobre la disponibilidad de productos frescos de temporada y eventos o ventas especiales.

Resultados e Impacto

- **Mejora en el Compromiso del Cliente**: Los correos electrónicos personalizados y las recompensas de lealtad adaptadas llevaron a un aumento del 30% en el compromiso del cliente con las campañas de marketing.

- **Aumento en las Ventas de Productos Dirigidos**: Las promociones automatizadas de productos estacionales y locales resultaron en un aumento del 20% en las ventas de estos artículos.

- **Mejora en la Satisfacción del Cliente**: La conveniencia de las experiencias de compra personalizadas y las promociones relevantes mejoraron la satisfacción y la lealtad del cliente.

Desafíos y Soluciones

- **Integración de Diversas Fuentes de Datos**: Integrar datos de varios puntos de venta e interacciones en línea en una estrategia de marketing cohesiva fue un desafío inicial. FreshFoods Market abordó esto implementando un sistema CRM robusto capaz de manejar grandes conjuntos de datos y proporcionar información procesable.

- **Equilibrar Personalización con Privacidad**: Navegar por la delgada línea entre personalización y privacidad fue crucial. FreshFoods Market aseguró el cumplimiento de las regulaciones de protección de datos implementando medidas estrictas de seguridad de datos y comunicación transparente sobre cómo se utilizan los datos de los clientes.

- **Adaptarse a Cambios Rápidos en las Preferencias del Consumidor**: Mantenerse al día con las tendencias de consumo rápidamente cambiantes requería agilidad en las estrategias de marketing. FreshFoods Market utilizó análisis de datos en tiempo real para adaptar rápidamente sus mensajes de marketing y promociones.

Lecciones Aprendidas

- **Valor de los Datos en Tiempo Real**: Utilizar datos en tiempo real para adaptar las estrategias de marketing es esencial en un mercado dinámico como el minorista de comestibles, donde las preferencias de los consumidores pueden cambiar rápidamente.

- **Importancia del Marketing Centrado en el Cliente**: Enfocarse en las necesidades y preferencias del cliente en los esfuerzos de marketing es clave para construir y mantener la lealtad en un entorno competitivo.

- **Uso Estratégico de la Automatización**: El uso efectivo de la automatización del marketing no solo mejora la eficiencia, sino que también mejora significativamente la relevancia y oportunidad de las comunicaciones con los clientes.

* * *

Integración de Redes Sociales con Otros Esfuerzos de Marketing

Para una efectividad máxima, las redes sociales no deben operar de manera aislada, sino integrarse con otras estrategias de marketing. Esta integración asegura un enfoque de marketing cohesivo que mejora la consistencia de la marca y amplifica el alcance.

Estrategias para Integrar Redes Sociales

1 Cross-Promoción con Marketing por Correo Electrónico: Incluye tus enlaces de redes sociales en firmas de correo electrónico, boletines y correos promocionales para alentar a tus suscriptores de correo electrónico a seguirte en redes sociales.

2 Campañas Coordinadas en Varios Canales: Lanza campañas de marketing que abarquen múltiples canales, incluidas las redes sociales, para crear un mensaje unificado. Por ejemplo, alinea tus publicaciones en redes sociales con anuncios en TV o campañas impresas en curso.

3 Aprovechar los Insights de Redes Sociales para Otras Decisiones de Marketing: Utiliza los análisis y datos recopilados de las redes sociales para informar otras estrategias de marketing, como el desarrollo de productos y las mejoras en el servicio al cliente.

4 Sinergia de Contenidos en Plataformas: Asegúrate de que el contenido compartido en redes sociales complemente tus otros esfuerzos de marketing de contenidos, como blogs y artículos, para proporcionar un mensaje consistente.

Beneficios de la Comunicación de Marketing Integrada

- **Mejora en la Percepción de la Marca**: Mensajes consistentes en múltiples plataformas ayudan a reforzar la identidad de tu marca y aumentan el reconocimiento.

- **Mayor Eficiencia**: Al alinear estrategias en diferentes canales, puedes maximizar el impacto de tu contenido y reducir costos de marketing.

- **Mayor Alcance y Compromiso**: El marketing integrado expande tu alcance y aumenta la probabilidad de que los mensajes resuenen con una audiencia más amplia.

NexusTech Solutions: Dominando los Lanzamientos de Productos a Través de Estrategias Integradas de Redes Sociales

NexusTech Solutions, una firma líder en tecnología, aprovechó con éxito el poder del marketing integrado en redes sociales para amplificar el lanzamiento de su último producto. Este estudio de caso explora los enfoques innovadores tomados por NexusTech Solutions para sinergizar las plataformas de redes sociales y el marketing por correo electrónico, resultando en un lanzamiento de producto altamente exitoso.

Antecedentes y Objetivos

NexusTech Solutions tenía como objetivo maximizar el impacto de su lanzamiento anual de producto mediante:

1 Crear Expectativa Pre-Lanzamiento: Construir anticipación y emoción por el nuevo producto a través de teasers estratégicos y adelantos en varias plataformas de redes sociales.

2 Impulsar el Compromiso y el Tráfico: Usar contenido coordinado para dirigir tráfico a su transmisión en vivo del lanzamiento del producto, con el objetivo de obtener un alto compromiso y conversiones inmediatas.

3 Lograr Récords de Pre-Pedidos: Convertir el interés y el compromiso en pre-pedidos inmediatos y un interés sostenido post-lanzamiento.

Estrategias Empleadas

- **Teasers en Twitter**: Utilizaron Twitter para lanzar teasers cortos e intrigantes sobre las características del producto, generando curiosidad y discusión entre entusiastas de la tecnología y expertos de la industria.

- **Campañas Visuales en Instagram**: Implementaron adelantos visualmente atractivos en Instagram, mostrando el diseño y la estética del nuevo producto para captar la atención del mercado consumidor.

- **Artículos en LinkedIn**: Publicaron artículos detallados en LinkedIn para proporcionar información en profundidad sobre la tecnología detrás del nuevo producto, dirigidos a clientes profesionales y corporativos.

- **Cuenta Regresiva por Correo Electrónico Coordinada**: Enviaron una serie de correos electrónicos de cuenta regresiva a su lista de suscriptores, construyendo anticipación con cada correo e incluyendo llamadas a la acción claras que dirigían a los suscriptores al evento de transmisión en vivo.

Resultados e Impacto

- **Tasas de Compromiso Récord**: El enfoque integrado llevó a tasas de compromiso récord en todas las plataformas, con aumentos particularmente notables en interacciones en redes sociales y visualizaciones de la transmisión en vivo.

- **Tráfico Significativo al Lanzamiento del Producto**: La estrategia de contenido coordinado impulsó un número sustancial de espectadores a la transmisión en vivo del lanzamiento del producto, superando lanzamientos anteriores.

- **Pre-Pedidos Inmediatos Post-Lanzamiento**: La construcción y transición fluida de teasers a la revelación en vivo resultó en un aumento inmediato de pre-pedidos, superando cualquier lanzamiento de producto anterior de la compañía.

Desafíos y Soluciones

- **Sincronización de Contenido en Plataformas**: Gestionar contenido consistente, pero optimizado para la plataforma, en diferentes canales de redes sociales fue un desafío. NexusTech Solutions logró esto a través de una planificación meticulosa y utilizando un calendario de contenido centralizado.

- **Equilibrar Contenido Teaser e Informativo**: Encontrar el equilibrio adecuado entre crear intriga y proporcionar suficiente información fue crítico. Esto se abordó lanzando información detallada estratégicamente cerca de la fecha de lanzamiento.

- **Manejo del Aumento de Tráfico y Demanda**: El alto tráfico durante la transmisión en vivo requirió un soporte técnico robusto. NexusTech Solutions se preparó aumentando sus capacidades de servidor y teniendo soporte técnico en espera.

. . .

Lecciones Aprendidas

• **La Planificación Temprana e Integrada es Clave**: La planificación temprana y exhaustiva de estrategias de marketing integradas en varias plataformas fue crucial para un lanzamiento cohesivo e impactante.

• **Aprovechar las Fortalezas de las Plataformas**: Adaptar el contenido para aprovechar las fortalezas únicas de cada plataforma de redes sociales maximizó el compromiso y el alcance.

• **Ciclo de Retroalimentación para la Mejora**: El análisis post-lanzamiento y la retroalimentación fueron instrumentales para identificar estrategias exitosas y áreas de mejora, ayudando a refinar lanzamientos futuros.

"No busques clientes para tus productos, busca productos para tus clientes."
- Seth Godin

CAPÍTULO 4

MARKETING DE CONTENIDOS: ESTRATEGIA PARA ATRAER Y RETENER AUDIENCIAS

El marketing de contenidos es un enfoque estratégico de marketing enfocado en crear y distribuir contenido valioso, relevante y consistente para atraer y retener a una audiencia claramente definida y, en última instancia, impulsar acciones rentables de los clientes. Se trata de establecer autoridad, generar confianza y cultivar relaciones.

Por Qué el Marketing de Contenidos es Crucial

1 Aumenta el Reconocimiento de Marca: El contenido de alta calidad puede aumentar la visibilidad y establecer tu marca como un líder de pensamiento en tu industria.

2 Mejora el SEO: El contenido es un factor clave en los rankings de los motores de búsqueda. El contenido actualizado regularmente que la gente encuentra útil aumenta la visibilidad de tu sitio.

3 Genera Leads: El buen contenido puede generar leads al alentar a los lectores a registrar su información a cambio de contenido o ofertas más valiosas.

4 Convierte Leads en Clientes: A través de contenido informativo y persuasivo, los clientes potenciales son guiados a través del proceso de compra.

Desarrollar una Estrategia de Marketing de Contenidos

Una estrategia de marketing de contenidos exitosa implica varios pasos clave:

- **Definir tus Objetivos**: ¿Qué quieres lograr con tu contenido? Los objetivos comunes incluyen aumentar el tráfico, generar leads o mejorar el reconocimiento de la marca.

- **Conocer a tu Audiencia**: Desarrolla una comprensión clara de tu audiencia objetivo, incluyendo sus necesidades, desafíos y preferencias de contenido.

- **Tipos de Contenido**: Decide los tipos de contenido que producirás. Esto puede incluir blogs, videos, libros blancos, infografías, podcasts y más.

- **Calendario de Contenidos**: Planifica tu calendario de publicación de contenidos. Un calendario de contenidos ayuda a mantener tu estrategia organizada y consistente.

- **Creación de Contenido**: Produce contenido de alta calidad que sea atractivo y valioso para tu audiencia.

- **Distribución y Promoción**: Determina los mejores canales para distribuir y promover tu contenido. Esto puede ser a través de redes sociales, marketing por correo electrónico, tu sitio web o incluso publicaciones de terceros.

- **Medición y Análisis**: Utiliza herramientas de análisis para medir la efectividad de tu contenido. Observa métricas como visitas a la página, compartidos, tiempo en la página y generación de leads.

HealthFirst Wellness Blog: Fomentando la Conciencia de la Salud con Marketing Basado en Contenidos

HealthFirst Wellness Blog, una plataforma en línea prominente dedicada a promover la salud y el bienestar, emplea efectivamente estrategias de marketing basadas en contenidos para mejorar el compromiso y expandir su base de lectores. Este estudio de caso explora cómo HealthFirst ha aprovechado la automatización del marketing para distribuir contenido, interactuar con su audiencia y monitorear el impacto de sus esfuerzos.

Antecedentes y Objetivos

Con el objetivo de influir en una demografía más amplia hacia estilos de vida más saludables, HealthFirst Wellness Blog se enfocó en:

1 Aumentar el Compromiso del Lector: Profundizar la interacción del lector con contenido de alta calidad e informativo adaptado a diversos intereses en salud.

2 Expandir la Base de Suscriptores: Utilizar tácticas de marketing dirigidas para atraer y retener suscriptores interesados en temas de salud y bienestar.

3 Optimizar la Entrega de Contenidos: Implementar herramientas de automatización del marketing para asegurar que el contenido llegue a la audiencia correcta en el momento óptimo.

Estrategias Empleadas

• **Distribución de Contenidos Segmentados**: Utilizaron la automatización del marketing para segmentar la audiencia basada en sus intereses e historial de interacción, entregando contenido personalizado que se adapta a las preferencias individuales.

• **Campañas de Correo Electrónico Automatizadas**: Desarrollaron campañas de correo electrónico automatizadas que entregan artículos oportunos, actualizaciones del blog y consejos de salud a los suscriptores, aumentando los puntos de contacto y manteniendo a la audiencia comprometida.

• **Optimización de Contenidos Basada en Analíticas**: Emplearon análisis avanzados para rastrear el comportamiento y las preferencias de los lectores, utilizando estos datos para refinar las estrategias de contenido y mejorar el compromiso.

Resultados e Impacto

• **Aumento en el Compromiso del Lector**: Al entregar contenido personalizado, HealthFirst vio un aumento del 40% en la duración promedio de la sesión y un aumento del 25% en las vistas de página por visitante.

• **Crecimiento en el Número de Suscriptores**: Las campañas dirigidas y la entrega optimizada de contenido contribuyeron a un aumento del 30% en la base de suscriptores durante el año.

• **Mejora en la Eficacia del Contenido**: Los conocimientos impulsados por los análisis llevaron a una mejor comprensión de qué contenido funciona mejor, resultando en publicaciones de mayor calidad y una orientación de audiencia más efectiva.

Desafíos y Soluciones

• **Mantener la Relevancia del Contenido**: Mantener el contenido relevante y atractivo para una audiencia diversa fue un desafío. HealthFirst abordó esto actualizando regularmente sus estrategias de segmentación de contenido basado en los intereses evolutivos de los lectores.

• **Integración de la Automatización con la Personalización**: Equilibrar la automatización en las campañas de correo electrónico con un toque personal fue crítico. El blog mejoró la personalización incorporando bloques de contenido dinámico en los correos electrónicos que reflejan las interacciones recientes del lector.

• **Privacidad y Seguridad de Datos**: Con el aumento de la recopilación de datos para el marketing personalizado, asegurar la privacidad de los datos fue primordial. HealthFirst fortaleció sus medidas de seguridad y aseguró el cumplimiento de las regulaciones relevantes de protección de datos.

Lecciones Aprendidas

• **Valor del Contenido de Alta Calidad**: Producir continuamente contenido de alta calidad y relevante es crucial para mantener el compromiso y la confianza de la audiencia.

• **Importancia de los Datos en la Estrategia de Contenidos**: Utilizar análisis de datos para entender el comportamiento y las preferencias de la audiencia es clave para entregar contenido que resuene y comprometa.

- **Necesidad de la Optimización Continua**: La revisión y optimización constante de las estrategias de automatización del marketing basada en métricas de rendimiento y retroalimentación de los lectores son esenciales para el crecimiento sostenido y el compromiso.

* * *

Creación de Contenido que Compromete y Convierte

Crear contenido atractivo es tanto un arte como una ciencia. Requiere una comprensión profunda de los intereses y comportamientos de tu audiencia, así como la capacidad de crear historias y mensajes que resuenen e inspiren acción.

Elementos Clave del Contenido Efectivo

1 Valor: Tu contenido debe ofrecer un valor real a tu audiencia, ya sea resolviendo un problema, proporcionando información o entreteniendo.

2 Relevancia: Adapta tu contenido para satisfacer las necesidades e intereses de tu audiencia objetivo. Debe abordar sus preocupaciones o aprovechar las tendencias actuales que les importan.

3 Consistencia: Mantén una voz y un estilo consistentes que reflejen la personalidad de tu marca y resuenen con tu audiencia. La consistencia ayuda a construir confianza y reconocimiento.

4 Optimizado para la Conversión: Incluye llamados a la acción (CTAs) claros que guíen a los usuarios sobre qué hacer a continuación, ya sea suscribirse a un boletín, descargar un libro blanco o realizar una compra.

. . .

Formatos de Contenido que Funcionan

• **Publicaciones de Blog**: Ideales para exploraciones detalladas de temas que importan a tu audiencia, mejorando el SEO y estableciendo liderazgo de pensamiento.

• **Videos**: Excelentes para demostraciones, historias o conceptos complejos que se benefician de explicaciones visuales.

• **Infografías**: Perfectas para presentar datos o guías paso a paso en un formato visualmente atractivo y fácil de digerir.

• **Podcasts**: Efectivos para llegar a una audiencia durante su viaje o tiempo libre, proporcionando discusiones en profundidad sobre temas relevantes.

Consejos para Crear Contenido Atractivo

• **Entender el Viaje de tu Audiencia**: Mapea el viaje del cliente para crear contenido que atienda a las diferentes etapas del proceso de compra.

• **Usar Narración de Historias**: Incorpora narración de historias para hacer tu contenido más atractivo y memorable.

• **Incorporar Elementos Visuales**: Los elementos visuales pueden aumentar significativamente el compromiso y la comprensión, especialmente en redes sociales.

• **Aprovechar Datos e Investigación**: Respaldar tus afirmaciones con datos e investigación para construir credibilidad y confianza.

. . .

Rugged Range's Adventure Series: Marketing de Equipo de Exterior Sostenible a Través de Narración y Compromiso

Rugged Range, una compañía reconocida por su compromiso con productos de exterior sostenibles, lanzó la Adventure Series, una línea de equipos ecológicos dirigida a aventureros conscientes del medio ambiente. Este estudio de caso explora cómo Rugged Range aprovechó la automatización del marketing y la narración digital para promover efectivamente esta serie y comprometer a una audiencia específica.

Antecedentes y Objetivos

Con la Adventure Series, Rugged Range tenía como objetivo aprovechar el creciente mercado de entusiastas del exterior ecológicos ofreciendo productos que se alinearan con sus valores de sostenibilidad y responsabilidad ambiental. Los objetivos fueron:

1 Mejorar el Reconocimiento de Marca: Posicionar a Rugged Range como líder en equipos de exterior sostenibles a través de campañas de marketing dirigidas.

2 Impulsar el Compromiso del Producto: Utilizar la narración para conectar emocionalmente a los clientes con la Adventure Series, enfatizando el impacto de las elecciones sostenibles.

3 Aumentar las Conversiones de Ventas: Implementar una automatización de marketing estratégica para nutrir leads y convertirlos en clientes leales.

Estrategias Empleadas

- **Marketing Basado en Contenidos**: Desarrollaron una serie de publicaciones de blog, videos y contenido en redes sociales que narraban las historias detrás de la Adventure

Series, enfocándose en los esfuerzos de sostenibilidad y las experiencias al aire libre que mejoran.

• **Campañas de Correo Electrónico Dirigidas**: Utilizaron herramientas de automatización del marketing para enviar campañas de correo electrónico personalizadas a segmentos de la audiencia basados en sus compras anteriores y compromiso con contenido ecológico.

• **Experiencias Interactivas en Línea**: Crearon experiencias web interactivas donde los usuarios podían explorar los orígenes y características de los productos de la Adventure Series, mejorando el compromiso del usuario a través de cuestionarios, encuestas y recorridos virtuales.

Resultados e Impacto

• **Aumento en la Visibilidad de la Marca**: El enfoque de narración y marketing basado en contenidos llevó a un aumento del 50% en seguidores en redes sociales y un aumento del 45% en el tráfico del sitio web.

• **Mejora en el Compromiso del Cliente**: El contenido interactivo y las campañas personalizadas mejoraron las tasas de interacción del cliente en un 60%, con un crecimiento significativo en el tiempo pasado en el sitio web.

• **Incremento en las Ventas**: Los esfuerzos de marketing dirigidos y personalizados resultaron en un aumento del 30% en las ventas de la Adventure Series dentro de los primeros seis meses del lanzamiento.

Desafíos y Soluciones

• **Equilibrar Contenido Comercial y Educativo**: Encontrar un equilibrio entre el contenido promocional y educativo fue un desafío. Rugged Range abordó esto integrando mensajes educativos sutilmente dentro de historias atractivas sobre aventuras al aire libre.

• **Segmentación de Audiencias Diversas**: Segmentar efectivamente una audiencia diversa por nivel de interés y conciencia ambiental requirió análisis de datos sofisticados. Rugged Range mejoró sus sistemas CRM para categorizar y dirigir mejor a su audiencia.

• **Consistencia en el Mensaje de Sostenibilidad**: Asegurar que todas las comunicaciones reflejaran el compromiso de la marca con la sostenibilidad fue primordial. Rugged Range estableció pautas estrictas para mantener la consistencia en todos los canales de marketing.

Lecciones Aprendidas

• **Importancia de la Narración Auténtica**: La narración auténtica que resuena con los valores de la audiencia puede mejorar significativamente el compromiso y la lealtad a la marca.

• **Aprovechar la Interactividad para el Compromiso**: Los elementos interactivos pueden profundizar el compromiso del usuario y proporcionar experiencias más memorables que impulsen la afinidad con la marca.

• **Optimización Continua de Estrategias de Automatización**: El análisis y la refinación constantes de las estrategias de automatización del marketing son cruciales para adaptarse a los comportamientos y preferencias cambiantes de los consumidores.

* * *

Utilizando SEO para Amplificar el Alcance del Contenido

Integrar la Optimización de Motores de Búsqueda (SEO) con tu estrategia de marketing de contenidos es crucial para maximizar la visibilidad de tu contenido. El SEO efectivo asegura que tu contenido sea descubrible por los motores de búsqueda y alcance a tu audiencia objetivo.

Mejores Prácticas de SEO para Contenido

1 Investigación de Palabras Clave: Identifica palabras clave que tu audiencia objetivo está buscando e incorpora estas en tu contenido de manera estratégica.

2 Contenido de Alta Calidad: Crea contenido que sea informativo, atractivo y que responda a las preguntas que pueda tener tu audiencia. La calidad es un factor clave para un buen ranking.

3 Optimización para SEO en la Página: Asegúrate de que tu contenido incluya etiquetas de título, descripciones meta, encabezados e imágenes optimizadas.

4 Optimización Móvil: Con el uso creciente de dispositivos móviles para navegar por internet, asegúrate de que tu contenido sea amigable para móviles.

5 Construcción de Enlaces: Adquiere backlinks de alta calidad para tu contenido de sitios reputados. Esto no solo mejora el SEO, sino que también aumenta la credibilidad.

Técnicas de Integración de Contenido y SEO

- **Clústeres de Temas**: Organiza tu contenido alrededor de clústeres de temas donde una página "pilar" actúa como el núcleo principal del contenido para un tema general, y múltiples páginas de contenido relacionadas con el mismo tema enlazan de vuelta a la página pilar y entre sí. Esta estructura ayuda a los motores de búsqueda a conectar fácilmente los puntos entre contenido relacionado, mejorando la arquitectura de tu sitio.

- **Contenido de Larga Duración**: Desarrolla guías o artículos comprensivos que cubran temas de manera extensa. El contenido de larga duración tiende a tener un mejor ranking en los motores de búsqueda debido a su profundidad y riqueza.

- **Actualizaciones Regulares**: Mantén tu contenido fresco y actualizado. Las actualizaciones regulares indican a los motores de búsqueda que tu sitio es relevante, lo que puede mejorar los rankings.

FinTech Essentials: Revolucionando la Educación Financiera con Estrategias Digitales Dirigidas

FinTech Essentials, un proveedor líder de recursos educativos y capacitación en el sector de tecnología financiera, ha aprovechado exitosamente el marketing digital y la automatización para promover sus cursos y seminarios. Este estudio de caso explora cómo FinTech Essentials utilizó estrategias dirigidas para mejorar el compromiso de los alumnos e incrementar las inscripciones en los cursos.

Antecedentes y Objetivos

Para captar el creciente interés en fintech y expandir su alcance de mercado, FinTech Essentials tenía como objetivo:

1 Aumentar la Inscripción en Cursos: Utilizar campañas de marketing dirigidas para atraer a una audiencia diversa de profesionales interesados en fintech.

2 Mejorar el Compromiso de los Alumnos: Implementar estrategias de compromiso que fomenten la participación activa y la retención a largo plazo entre los alumnos inscritos.

3 Optimizar la Asignación de Recursos: Usar eficientemente los recursos de marketing para lograr el mayor retorno de inversión posible.

Estrategias Empleadas

- **Campañas de Marketing Segmentadas**: Implementaron segmentación basada en datos en el marketing por correo electrónico y la publicidad en redes sociales para dirigirse a grupos profesionales específicos y demografías con ofertas de cursos personalizadas.

- **Nurturing Automatizado de Leads**: Utilizaron la automatización del marketing para nutrir leads a través de correos electrónicos personalizados, proporcionando a los potenciales alumnos información relevante sobre los cursos, historias de éxito y ofertas promocionales.

- **Analíticas de Compromiso**: Emplearon herramientas de analíticas para monitorear el compromiso de los alumnos y ajustar las estrategias de marketing en tiempo real, asegurando la relevancia y efectividad del contenido.

Resultados e Impacto

- **Aumento en las Tasas de Inscripción**: Las campañas dirigidas y los caminos de nurturing personalizados llevaron a un aumento del 40% en las inscripciones en cursos año tras año.

- **Mejora en las Tasas de Compromiso y Finalización**: Las estrategias de compromiso mejoradas resultaron en una mejora del 30% en las tasas de finalización de cursos, con niveles más altos de satisfacción de los alumnos.

- **Mayor Eficiencia en el Gasto de Marketing**: Al optimizar la segmentación de campañas y aprovechar la automatización, FinTech Essentials logró una reducción del 25% en el costo por adquisición.

Desafíos y Soluciones

- **Adaptación de Contenido para Audiencias Diversas**: Crear mensajes que resuenen con una amplia gama de antecedentes profesionales requirió estrategias de contenido adaptativas. FinTech Essentials abordó esto creando mapas de contenido basados en personas que guían todos los esfuerzos de comunicación.

- **Integración de Herramientas de Marketing con Sistemas CRM**: Asegurar una integración fluida entre las herramientas de automatización de marketing y los sistemas CRM existentes fue un desafío inicial. Esto se superó seleccionando tecnologías compatibles e invirtiendo en soluciones de integración personalizadas.

- **Mantenimiento de la Privacidad de los Datos**: A medida que crecieron las preocupaciones sobre la privacidad de los datos, especialmente con el aumento de inscripciones internacionales, FinTech Essentials fortaleció sus protocolos de manejo de datos para cumplir con estándares globales como el GDPR.

Lecciones Aprendidas

- **La Precisión en la Segmentación es Clave**: Las estrategias de marketing altamente dirigidas son cruciales en sectores como fintech, donde las necesidades e intereses de la audiencia pueden variar ampliamente.

- **Valor de la Personalización**: La personalización en el nurturing de leads mejora significativamente las tasas de conversión, ya que construye una conexión más fuerte entre los posibles alumnos y las ofertas educativas.

- **Monitoreo y Adaptación Continuos**: La rápida evolución del fintech requiere ajustes continuos en las estrategias de marketing basadas en las últimas tendencias, tecnologías y retroalimentación del mercado.

* * *

Distribución de Contenido: Maximizando Tu Alcance
Crear contenido valioso es solo una parte de la ecuación. Igualmente importante es asegurar que este contenido llegue a la mayor audiencia posible. Las estrategias efectivas de distribución son clave para maximizar el impacto de tus esfuerzos de marketing de contenidos.

Canales Efectivos de Distribución de Contenidos

1 Redes Sociales: Utiliza plataformas como Facebook, Twitter, Instagram y LinkedIn para compartir y promocionar contenido. Adapta el contenido para que se ajuste al formato y la audiencia únicos de cada plataforma.

2 Marketing por Correo Electrónico: Envía contenido directamente a las bandejas de entrada de suscriptores que ya han mostrado interés en tu marca. Esto puede ser una forma muy efectiva de mantener a tu audiencia comprometida a lo largo del tiempo.

3 Publicaciones de Invitados: Escribir artículos para otros blogs o sitios web de renombre puede expandir tu alcance a nuevas audiencias y ayudar a construir backlinks.

4 Publicidad Pagada: Utiliza anuncios en redes sociales pagadas o anuncios en motores de búsqueda para promocionar piezas clave de contenido, especialmente aquellas que convierten bien o son cruciales para tus objetivos de marketing.

Estrategias para una Distribución de Contenido Efectiva

- **Entiende las Preferencias de tu Audiencia**: Distribuye contenido a través de los canales donde tu audiencia está más activa y comprometida.

- **Aprovecha las Herramientas de Automatización**: Herramientas como Hootsuite, Buffer y HubSpot pueden automatizar la publicación de contenido en múltiples canales, asegurando actualizaciones regulares y oportunas.

- **Repurpose Content**: Transforma una sola pieza de contenido en múltiples formatos. Por ejemplo, una publicación de blog puede convertirse en un video, un episodio de podcast o una infografía. Este enfoque aumenta el alcance y la vida útil del contenido.

- **Involúcrate con Comunidades**: Participa en foros, grupos en línea y discusiones relevantes para tu contenido. Esto puede dirigir tráfico orgánico a tu contenido y mejorar la autoridad de tu marca.

. . .

FinTech Essentials: Revolucionando la Educación Financiera con Estrategias Digitales Dirigidas Antecedentes y Objetivos

Para captar el creciente interés en fintech y expandir su alcance de mercado, FinTech Essentials tenía como objetivo:

1 Aumentar la Inscripción en Cursos: Utilizar campañas de marketing dirigidas para atraer a una audiencia diversa de profesionales interesados en fintech.

2 Mejorar el Compromiso de los Alumnos: Implementar estrategias de compromiso que fomenten la participación activa y la retención a largo plazo entre los alumnos inscritos.

3 Optimizar la Asignación de Recursos: Usar eficientemente los recursos de marketing para lograr el mayor retorno de inversión posible.

Estrategias Empleadas

- **Campañas de Marketing Segmentadas**: Implementaron segmentación basada en datos en el marketing por correo electrónico y la publicidad en redes sociales para dirigirse a grupos profesionales específicos y demografías con ofertas de cursos personalizadas.

- **Nurturing Automatizado de Leads**: Utilizaron la automatización del marketing para nutrir leads a través de correos electrónicos personalizados, proporcionando a los potenciales alumnos información relevante sobre los cursos, historias de éxito y ofertas promocionales.

- **Analíticas de Compromiso**: Emplearon herramientas de analíticas para monitorear el compromiso de los alumnos y ajustar las estrategias de marketing en tiempo real, asegurando la relevancia y efectividad del contenido.

Resultados e Impacto

• **Aumento en las Tasas de Inscripción**: Las campañas dirigidas y los caminos de nurturing personalizados llevaron a un aumento del 40% en las inscripciones en cursos año tras año.

• **Mejora en las Tasas de Compromiso y Finalización**: Las estrategias de compromiso mejoradas resultaron en una mejora del 30% en las tasas de finalización de cursos, con niveles más altos de satisfacción de los alumnos.

• **Mayor Eficiencia en el Gasto de Marketing**: Al optimizar la segmentación de campañas y aprovechar la automatización, FinTech Essentials logró una reducción del 25% en el costo por adquisición.

Desafíos y Soluciones

• **Adaptación de Contenido para Audiencias Diversas**: Crear mensajes que resuenen con una amplia gama de antecedentes profesionales requirió estrategias de contenido adaptativas. FinTech Essentials abordó esto creando mapas de contenido basados en personas que guían todos los esfuerzos de comunicación.

• **Integración de Herramientas de Marketing con Sistemas CRM**: Asegurar una integración fluida entre las herramientas de automatización de marketing y los sistemas CRM existentes fue un desafío inicial. Esto se superó seleccionando tecnologías compatibles e invirtiendo en soluciones de integración personalizadas.

• **Mantenimiento de la Privacidad de los Datos**: A medida que crecieron las preocupaciones sobre la privacidad de los datos, especialmente con el aumento de inscripciones internacionales, FinTech Essentials fortaleció sus protocolos de manejo de datos para cumplir con estándares globales como el GDPR.

Lecciones Aprendidas

• **La Precisión en la Segmentación es Clave**: Las estrategias de marketing altamente dirigidas son cruciales en sectores como fintech, donde las necesidades e intereses de la audiencia pueden variar ampliamente.

• **Valor de la Personalización**: La personalización en el nurturing de leads mejora significativamente las tasas de conversión, ya que construye una conexión más fuerte entre los posibles alumnos y las ofertas educativas.

• **Monitoreo y Adaptación Continuos**: La rápida evolución del fintech requiere ajustes continuos en las estrategias de marketing basadas en las últimas tendencias, tecnologías y retroalimentación del mercado.

* * *

Medición del Éxito del Marketing de Contenidos

Para entender la efectividad de tus esfuerzos de marketing de contenidos, es crucial medir el éxito utilizando las métricas y herramientas adecuadas. Esto te permite optimizar futuros contenidos y estrategias basándote en conocimientos derivados de los datos.

Métricas Clave para Medir el Éxito del Marketing de Contenidos

1 Tráfico: El número de visitantes a tus páginas de contenido. Esto incluye tanto tráfico orgánico como referido y ayuda a medir el alcance de tu contenido.

2 Compromiso: Métricas como el tiempo en la página, comentarios, compartidos y likes indican qué tan bien tu audiencia interactúa con tu contenido.

3 Leads Generados: El número de leads generados a partir de tu contenido, lo que puede rastrearse a través de registros, descargas de libros blancos u otros imanes de leads.

4 Tasa de Conversión: El porcentaje de visitantes que toman una acción deseada, como realizar una compra o llenar un formulario de contacto. Esto es crucial para entender el ROI de tu marketing de contenidos.

5 Rendimiento SEO: Qué tan bien tu contenido se posiciona en las páginas de resultados de los motores de búsqueda (SERPs) y el volumen de tráfico de búsqueda orgánica que atrae.

Herramientas para el Seguimiento y Análisis

- **Google Analytics**: Proporciona datos comprensivos sobre tráfico, comportamiento de usuarios y métricas de conversión.

- **BuzzSumo**: Útil para analizar el rendimiento de tu contenido en redes sociales, incluyendo compartidos y compromiso.

- **SEMRush o Ahrefs**: Estas herramientas ofrecen conocimientos sobre el rendimiento SEO, backlinks y rankings de palabras clave.

- **Hotjar**: Ayuda a visualizar el comportamiento del usuario en tu sitio a través de mapas de calor y grabaciones de visitantes, proporcionando conocimientos sobre cómo los usuarios interactúan con tu contenido.

Implementación de la Mejora Continua Basado en los datos recolectados, es importante refinar y ajustar continuamente tu estrategia de contenidos. Esto implica:

- **Pruebas A/B**: Regularmente prueba diferentes versiones de tu contenido para ver cuál resuena mejor con tu audiencia.

- **Recopilación de Retroalimentación**: Anima y analiza la retroalimentación de tu audiencia para entender sus preferencias y puntos de dolor.

- **Análisis de Tendencias**: Mantente actualizado con las últimas tendencias de marketing de contenidos e incorpora las relevantes en tu estrategia para mantenerla fresca y efectiva.

EcoTech Innovations: Liderando la Sostenibilidad con Tecnología Inteligente

EcoTech Innovations, un pionero en el desarrollo de soluciones tecnológicas ecológicas, ha aprovechado el poder del marketing digital para promover sus productos innovadores e impulsar su misión de sostenibilidad. Este estudio de caso examina cómo EcoTech Innovations utilizó varias estrategias de automatización de marketing para comunicar efectivamente su propuesta de valor y comprometerse con una audiencia global.

Antecedentes y Objetivos

Como una empresa a la vanguardia de la tecnología sostenible, EcoTech Innovations tenía como objetivo:

1 Expandir el Alcance Global: Ampliar su presencia en el mercado para incluir consumidores internacionales interesados en tecnologías sostenibles.

2 Mejorar el Compromiso del Cliente: Desarrollar contenido y campañas atractivas que eduquen a los consumidores sobre los beneficios de adoptar tecnologías ecológicas.

3 Optimizar la Eficiencia del Marketing: Utilizar herramientas de automatización para agilizar los procesos de marketing y rastrear la efectividad de diversas campañas.

Estrategias Empleadas

- **Marketing de Contenidos Dirigido**: Implementaron una estrategia de contenidos centrada en educar al mercado sobre los problemas ambientales y el papel de la tecnología para combatir estos desafíos. Esto involucró la creación de contenido de alta calidad y educativo distribuido a través de blogs, videos y plataformas de redes sociales.

- **Generación de Leads Automatizada**: Utilizaron herramientas de generación de leads que capturan el interés a través de webinars, libros blancos y demostraciones de productos, seguidas de secuencias de nurturing automatizadas adaptadas a los intereses específicos de los leads.

- **Conocimientos del Cliente Basados en Datos**: Integraron CRM y analíticas avanzadas para recopilar y analizar datos de los clientes, permitiendo campañas de marketing personalizadas y recomendaciones de productos basadas en el comportamiento y preferencias del usuario.

Resultados e Impacto

- **Aumento en la Penetración de Mercado**: A través de contenido dirigido y campañas de marketing global, EcoTech Innovations vio un aumento del 50% en leads internacionales.

- **Mejora en la Interacción del Cliente**: Las estrategias de compromiso automatizadas llevaron a un aumento del 30% en la interacción del usuario con el contenido digital, aumentando significativamente la conciencia de la marca y la educación del cliente sobre la sostenibilidad.

- **Mejora en el ROI del Marketing**: Al emplear conocimientos basados en datos para refinar las tácticas de marketing, EcoTech Innovations mejoró la eficiencia de su gasto en publicidad, resultando en una mejora del 20% en el retorno de inversión.

Desafíos y Soluciones

- **Diferencias Culturales y Regionales**: Adaptar mensajes de marketing a varios contextos culturales y regionales fue un desafío. EcoTech Innovations superó esto empleando equipos de marketing regionales que adaptan contenido y campañas a los idiomas locales, matices culturales y entornos regulatorios.

- **Integración de Analíticas Avanzadas**: La integración de analíticas avanzadas con las plataformas de marketing existentes inicialmente presentó desafíos técnicos. Estos se abordaron a través de asociaciones estratégicas con proveedores de tecnología y capacitación continua del personal.

- **Reporte de Sostenibilidad y Transparencia**: Como una empresa enfocada en la sostenibilidad, mantener la transparencia en el marketing y las operaciones fue crucial. EcoTech Innovations implementó un reporte de sostenibilidad integral y se comprometió con auditorías de terceros para validar sus afirmaciones.

Lecciones Aprendidas

• **Importancia del Marketing Educativo**: Educar al consumidor sobre la sostenibilidad y los beneficios específicos de sus productos fue clave para aumentar el compromiso y las ventas.

• **Necesidad de Estrategias de Marketing Localizadas**: Alcance global requiere estrategias localizadas que resuenen con las audiencias regionales y cumplan con las regulaciones locales.

• **Adopción Continua de Tecnología**: Mantenerse al día con las últimas tecnologías de marketing digital y herramientas de análisis es crucial para mantener una ventaja competitiva y optimizar las estrategias de marketing.

"Las marcas se construyen a través de mil pequeños gestos, no a través de una gran campaña."

- David Droga

CAPÍTULO 5

EMAIL MARKETING: EFECTIVIDAD Y ESTRATEGIAS

El marketing por correo electrónico sigue siendo una de las estrategias de marketing digital más efectivas, ofreciendo una línea de comunicación directa a la bandeja de entrada de tu audiencia. Combina personalización y relevancia para entregar mensajes que pueden impactar significativamente en las ventas y la retención de clientes.

Por Qué es Importante el Marketing por Correo Electrónico

1 Alto ROI: El marketing por correo electrónico ofrece uno de los mayores retornos de inversión de cualquier estrategia de marketing, con algunos estudios reportando un retorno promedio de $42 por cada $1 gastado.

2 Oportunidades de Personalización: Los correos electrónicos pueden personalizarse altamente basándose en datos del cliente, llevando a mejores tasas de compromiso y conversión.

3 Acceso Directo a los Clientes: A diferencia de las redes sociales, donde los algoritmos afectan quién ve tu contenido, los correos electrónicos llegan directamente a la bandeja de entrada del usuario.

4 Resultados Medibles: Las plataformas de marketing por correo electrónico proporcionan información detallada sobre cuántas personas abrieron un correo electrónico, hicieron clic en los enlaces y se convirtieron.

Construcción de una Lista de Correos Electrónicos El primer paso en el marketing por correo electrónico es construir una lista de suscriptores que hayan optado por recibir correos electrónicos de ti. Esto puede hacerse a través de:

- **Formularios de Inscripción en tu Sitio Web**: Ofrece a los visitantes un incentivo para suscribirse, como un código de descuento o acceso a contenido exclusivo.

- **Durante las Compras**: Anima a los clientes a suscribirse como parte del proceso de compra.

- **Imanes de Leads**: Proporciona recursos valiosos a cambio de direcciones de correo electrónico, como ebooks, webinars o pruebas gratuitas.

Segmentación y Dirección Una vez que tienes una lista, segmentarla en diferentes grupos basados en demografía, comportamiento o historial de compras puede ayudar a personalizar tus mensajes para satisfacer los intereses específicos de cada segmento. Esta personalización puede aumentar significativamente la efectividad de tus campañas.

. . .

Mega Boutique: Tejiendo Éxito con Estrategias de Marketing Basadas en Datos

Mega Boutique, una marca de ropa emergente conocida por su moda sostenible y a la moda, ha empleado exitosamente la automatización del marketing para mejorar el compromiso del cliente y optimizar sus procesos de ventas. Este estudio de caso explora cómo Mega Boutique utilizó técnicas avanzadas de marketing digital para aumentar su presencia de marca y base de clientes.

Antecedentes y Objetivos Como un nuevo participante en la competitiva industria de la moda, Mega Boutique buscó:

1 Construir Reconocimiento de Marca: Aumentar la visibilidad en un mercado saturado a través de campañas de marketing digital dirigidas.

2 Mejorar el Compromiso del Cliente: Aprovechar el marketing personalizado para construir una base de clientes leal.

3 Optimizar Procesos de Ventas: Implementar herramientas de automatización para agilizar el recorrido del cliente desde el descubrimiento hasta la compra.

Estrategias Empleadas

- **Campañas Publicitarias Dirigidas**: Utilizaron plataformas de publicidad en redes sociales y en línea para dirigirse a demografías específicas con alto potencial de compromiso, utilizando análisis de datos para refinar continuamente los criterios de segmentación.

- **Personalización del Marketing por Correo Electrónico**: Desplegaron herramientas de automatización del marketing para enviar contenido de correo electrónico personalizado basado en el comportamiento del cliente, como compras anteriores e historial de navegación.

• **Sistema Automatizado de Retroalimentación del Cliente**: Integraron un bucle de retroalimentación en el recorrido del cliente, utilizando las respuestas de los clientes para refinar las ofertas de productos y las estrategias de marketing.

Resultados e Impacto

• **Aumento en la Visibilidad de la Marca**: Las campañas dirigidas y el uso efectivo de influencers en redes sociales llevaron a un aumento del 50% en seguidores en línea y un aumento del 30% en el tráfico del sitio web.

• **Mejora en la Retención de Clientes**: Las estrategias de comunicación personalizada resultaron en una mejora del 40% en las tasas de retención de clientes.

• **Eficiencia Operacional Mejorada**: La automatización de los procesos clave de marketing y ventas redujo los costos de mano de obra manual y mejoró los tiempos de respuesta, llevando a un aumento del 20% en las tasas de conversión de ventas.

Desafíos y Soluciones

• **Equilibrio entre Alcance y Relevancia**: Inicialmente, las campañas digitales amplias carecían de suficiente personalización. Mega Boutique respondió mejorando sus capacidades de análisis de datos para segmentar y dirigir mejor a su audiencia.

• **Integración de Herramientas de Automatización de Marketing**: Integrar nuevas herramientas con los sistemas CRM existentes fue un desafío. La compañía abordó esto eligiendo soluciones de automatización de marketing flexibles y escalables, y proporcionando una capacitación integral a su equipo.

- **Mantenimiento de una Voz de Marca Consistente**: Asegurar un mensaje de marca consistente a través de varias plataformas y campañas requirió una planificación y ejecución meticulosas. Mega Boutique desarrolló un documento de guía de marca que se siguió rigurosamente en todos los esfuerzos de marketing.

Lecciones Aprendidas

- **Importancia de los Datos en la Estrategia de Marketing**: El uso estratégico de los datos de los clientes fue crucial para optimizar los esfuerzos de marketing y mejorar la relevancia de las comunicaciones.

- **Necesidad de Innovación Continua**: En la industria de la moda, las tendencias cambian rápidamente. La innovación continua en las estrategias de marketing y las ofertas de productos es necesaria para mantenerse relevante.

- **Valor de la Retroalimentación del Cliente**: Solicitar y actuar regularmente sobre la retroalimentación del cliente ayudó a Mega Boutique a adaptarse rápidamente a las necesidades y preferencias del mercado, mejorando la satisfacción del cliente.

* * *

Elaboración de Contenido Efectivo para Correos Electrónicos

Crear contenido atractivo para correos electrónicos es crucial para captar la atención de tus suscriptores y animarlos a interactuar con tus mensajes. Aquí hay componentes esenciales y estrategias a considerar al redactar tus correos electrónicos.

Componentes Esenciales de un Correo Electrónico Efectivo

1 Línea de Asunto: Esta es tu primera impresión. Hazla llamativa y clara para fomentar la apertura. Las líneas de asunto deben ser concisas y sugerir el valor del contenido del correo.

2 Personalización: Usa el nombre del destinatario y otros datos personales para que el correo se sienta adaptado a ellos. Esto puede aumentar las tasas de apertura y el compromiso.

3 Contenido Valioso: Ya sea un mensaje promocional, un boletín informativo o un artículo informativo, el contenido debe proporcionar valor al lector.

4 Llamada a la Acción (CTA): Cada correo electrónico debe tener una CTA clara, diciendo al lector exactamente qué deseas que haga a continuación, como "Comprar Ahora," "Más Información," o "Suscribirse."

Consejos para Redactar Correos Electrónicos Atractivos

• **Manténlo Conciso y Legible**: Usa párrafos cortos y puntos para hacer el correo fácil de leer.

• **Usa Visuales Atractivos**: Imágenes y videos pueden ayudar a ilustrar tu mensaje y dividir el texto.

- **Optimiza para Móviles**: Asegúrate de que tus correos electrónicos se vean bien en dispositivos móviles, ya que una parte significativa de los usuarios abre correos en sus teléfonos.

- **Pruebas A/B**: Regularmente prueba diferentes elementos de tus correos electrónicos, como líneas de asunto o CTAs, para ver qué funciona mejor con tu audiencia.

TechTools Newsletter: Optimizando el Compromiso de los Suscriptores a Través de la Automatización Avanzada de Marketing

TechTools Newsletter, una publicación digital líder que proporciona información y actualizaciones sobre las últimas herramientas en el sector tecnológico, ha aprovechado el poder de la automatización del marketing para mejorar el compromiso de los suscriptores y optimizar la entrega de contenido. Este estudio de caso explora cómo TechTools Newsletter utilizó la automatización del marketing para mantener su posición como un recurso primario para profesionales y entusiastas de la tecnología.

Antecedentes y Objetivos Para destacarse en el competitivo mercado del periodismo tecnológico y retener una audiencia dedicada, TechTools Newsletter se centró en:

1 **Maximizar el Compromiso del Lector**: Mejorar la relevancia y la puntualidad del contenido entregado a los suscriptores.

2 **Crecer la Base de Suscriptores**: Ampliar su audiencia dirigiéndose a suscriptores potenciales con campañas promocionales personalizadas.

3 Mejorar la Personalización del Contenido: Utilizar datos de los suscriptores para personalizar el contenido y asegurarse de que los lectores reciban artículos que coincidan con sus intereses específicos.

Estrategias Empleadas

• **Campañas de Correo Electrónico Segmentadas**: Implementaron una segmentación sofisticada en su plataforma de marketing por correo electrónico para entregar contenido basado en las preferencias de los suscriptores, el compromiso pasado y los intereses profesionales.

• **Optimización del Contenido a Través de la Segmentación por Comportamiento**: Utilizaron datos de interacción de los suscriptores para ajustar dinámicamente el contenido en los boletines, enfocándose en temas que generen el mayor compromiso.

• **Pruebas A/B Automatizadas**: Regularmente realizaron pruebas A/B en diferentes elementos del boletín, incluyendo líneas de asunto y diseños de correos electrónicos, para mejorar continuamente las tasas de clics y de apertura.

Resultados e Impacto

• **Aumento en las Tasas de Compromiso**: A través de contenido personalizado y dirigido, TechTools Newsletter vio un aumento del 40% en el compromiso promedio por edición.

• **Crecimiento de Suscriptores**: Las campañas dirigidas y la mayor relevancia del contenido contribuyeron a un crecimiento del 25% en la base de suscriptores durante el año.

• **Mejora en la Satisfacción del Lector**: La personalización mejorada del contenido llevó a tasas más altas de satisfacción, como lo indican los comentarios positivos y las tasas de cancelación de suscripción más bajas.

Desafíos y Soluciones

- **Relevancia del Contenido para una Audiencia Diversa**: Equilibrar el contenido para atender tanto a novatos tecnológicos como a expertos fue un desafío. TechTools abordó esto creando estrategias de contenido escalonadas que permitieron a los usuarios seleccionar su nivel de experiencia.

- **Integración de Herramientas de Automatización de Marketing**: La integración de herramientas de automatización de marketing con los sistemas de gestión de contenido existentes planteó desafíos técnicos iniciales. El equipo abordó esto desplegando middleware que pudiera conectar sin problemas sistemas dispares.

- **Mantener la Privacidad y Seguridad de los Datos**: Con un aumento en la recopilación de datos para la personalización, asegurar la privacidad y seguridad de la información de los suscriptores fue crucial. TechTools Newsletter implementó medidas estrictas de protección de datos y políticas de privacidad transparentes.

Lecciones Aprendidas

- **Experimentación y Adaptación Continuas**: El paisaje de las publicaciones digitales evoluciona rápidamente, requiriendo experimentación continua con contenido y estrategias de marketing para mantenerse relevante.

- **Uso Estratégico de Datos de Suscriptores**: El uso efectivo de análisis y datos de suscriptores puede mejorar significativamente la personalización del contenido y el compromiso, pero debe manejarse con estricta adherencia a los estándares de privacidad de datos.

- **Importancia de los Mecanismos de Retroalimentación**: Establecer mecanismos robustos de retroalimentación permitió a TechTools ajustar sus estrategias de contenido y marketing en función de las preferencias y comportamientos reales de los lectores.

***

utomatización de Campañas de Correo Electrónico La automatización del correo electrónico es una herramienta poderosa que ayuda a las empresas a enviar mensajes oportunos, relevantes y personalizados a sus clientes sin necesidad de intervención manual constante. Puede mejorar significativamente la eficiencia y efectividad de tus esfuerzos de marketing por correo electrónico.

Beneficios de la Automatización del Correo Electrónico

1 Oportunidad: Envía correos electrónicos automáticamente en el momento óptimo para cada suscriptor según sus patrones de compromiso pasados.

2 Personalización: Personaliza el contenido automáticamente basado en el comportamiento del usuario, preferencias e interacciones previas.

3 Escalabilidad: Gestiona grandes volúmenes de contactos de correo electrónico y personaliza mensajes sin aumentar la carga de trabajo.

Tipos de Campañas de Correo Electrónico Automatizadas

- **Correos de Bienvenida**: Envía un mensaje de bienvenida cálido a nuevos suscriptores o clientes, a menudo incluyendo una oferta especial.

- **Correos Transaccionales**: Se activan por acciones específicas, como compras o cambios de cuenta, e incluyen confirmaciones de pedidos, recibos y notificaciones de envío.

- **Campañas de Re-enganche**: Dirigidas a suscriptores que no han interactuado con tus correos electrónicos por un tiempo, con ofertas especiales o actualizaciones para reavivar su interés.

- **Correos de Hitos**: Celebra hitos como aniversarios o cumpleaños con ofertas o mensajes personalizados.

Configuración de la Automatización de Correos Electrónicos

- **Elige la Herramienta Adecuada**: Selecciona una plataforma de marketing por correo electrónico que soporte la automatización, como Mailchimp, HubSpot o ActiveCampaign.

- **Define los Desencadenantes**: Configura desencadenantes basados en acciones del usuario o intervalos de tiempo. Por ejemplo, envía un correo de abandono de carrito si un usuario deja productos en su carrito sin comprar.

- **Crea Plantillas de Correo Electrónico**: Diseña plantillas para diferentes tipos de correos electrónicos automatizados. Asegúrate de que se alineen con tu marca y mensaje.

- **Monitorea y Optimiza**: Revisa regularmente el rendimiento de tus correos electrónicos automatizados para optimizar las tasas de apertura, clics y conversiones.

. . .

Elite Fitness: Moldeando el Éxito a Través del Marketing Digital Dirigido

Elite Fitness, un centro de fitness de primera categoría conocido por sus programas de entrenamiento personalizados e instalaciones de alta gama, ha utilizado magistralmente el marketing digital y la automatización para aumentar sus tasas de membresía y mejorar el compromiso del cliente. Este estudio de caso explora la integración de estas tecnologías en la estrategia empresarial de Elite Fitness, destacando los métodos, resultados e ideas clave de su implementación.

Antecedentes y Objetivos Enfrentando los desafíos de un mercado de fitness competitivo y la necesidad de diferenciarse de los gimnasios tradicionales, Elite Fitness se centró en:

1 Aumentar las Inscripciones de Membresía: Utilizar campañas de marketing dirigidas para atraer nuevos miembros.

2 Mejorar la Retención de Miembros: Implementar automatización para mejorar el compromiso y la retención de miembros a través de comunicación y servicios personalizados.

3 Optimizar la Eficiencia Operativa: Aprovechar la tecnología para agilizar las operaciones y mejorar la experiencia de servicio al cliente.

Estrategias Empleadas

- **Publicidad Dirigida de Precisión**: Emplearon campañas publicitarias digitales basadas en datos en redes sociales y motores de búsqueda, dirigidas específicamente a demografías con alta probabilidad de estar interesadas en servicios de fitness premium.

- **Campañas de Compromiso Automatizadas**: Utilizaron herramientas de automatización del marketing para enviar consejos de entrenamiento personalizados, asesoramiento nutricional y mensajes motivacionales a los miembros según sus objetivos de fitness y niveles de actividad.

- **Integración de CRM**: Integraron un sistema CRM para gestionar la información de los miembros, rastrear el compromiso y automatizar tareas administrativas como renovaciones de membresía y facturación.

Resultados e Impacto

- **Aumento en la Adquisición de Membresías**: La publicidad dirigida y las promociones oportunas llevaron a un aumento del 30% en nuevas membresías en seis meses.

- **Mejora en el Compromiso y Retención de Miembros**: Las estrategias de compromiso personalizadas aumentaron las tasas de retención de miembros en un 25% año tras año.

- **Mayor Eficiencia Operativa**: La automatización de tareas rutinarias permitió al personal centrarse más en el servicio a los miembros y menos en tareas administrativas, mejorando la calidad del servicio general.

Desafíos y Soluciones

- **Equilibrio entre Personalización y Automatización**: Encontrar el equilibrio adecuado entre comunicaciones automatizadas e interacciones personales fue un desafío. Elite Fitness abordó esto estableciendo umbrales para cuando las comunicaciones automatizadas debían cambiar a un alcance personal.

- **Privacidad y Seguridad de Datos**: Manejar datos sensibles de los miembros, especialmente información relacionada con la salud, requería medidas de seguridad estrictas. Elite

Fitness mejoró sus protocolos de ciberseguridad y aseguró el cumplimiento de las regulaciones de protección de datos de salud.

• **Adaptación a las Preferencias Tecnológicas de los Consumidores**: Mantenerse al día con las cambiantes preferencias tecnológicas entre los miembros requirió ajustes continuos en las estrategias y plataformas de comunicación. Elite Fitness actualizó regularmente su stack tecnológico y optimizó los canales de comunicación basándose en comentarios y patrones de uso de los miembros.

Lecciones Aprendidas

• **Importancia de los Datos en la Personalización y Dirección**: El uso efectivo de los datos fue crucial para adaptar los mensajes de marketing y las ofertas de servicios para satisfacer las necesidades y preferencias específicas de los miembros.

• **Necesidad de Innovación Continua**: En la industria del fitness, mantenerse a la vanguardia en términos de innovación en marketing y servicios es clave para atraer y retener a los miembros.

• **Uso Estratégico de la Automatización**: La automatización, cuando se usa estratégicamente, puede mejorar significativamente la eficiencia operativa y la satisfacción de los miembros, pero requiere una planificación e integración cuidadosas en la estrategia general de experiencia del cliente.

* * *

Optimización de la Entregabilidad de Correos Electrónicos La entregabilidad de correos electrónicos se refiere a asegurar que tus correos lleguen realmente a la bandeja de entrada del suscriptor y no a la carpeta de spam. Esto es crítico porque incluso los correos mejor elaborados no tendrán impacto si no son vistos.

Factores que Influyen en la Entregabilidad de Correos Electrónicos

1 Reputación del Remitente: Los ISP juzgan la confiabilidad del remitente basado en el comportamiento previo de los correos electrónicos. Una mala reputación puede llevar a que los correos sean bloqueados.

2 Tasas de Compromiso: Altas tasas de apertura y clics indican a los ISP que los destinatarios valoran tus correos, mejorando la entregabilidad.

3 Contenido del Correo: Ciertas palabras clave y elecciones de formato pueden activar los filtros de spam.

4 Higiene de la Lista: Limpiar regularmente tu lista de correos eliminando suscriptores inactivos o no comprometidos puede ayudar a mantener una buena reputación del remitente.

Mejorando la Entregabilidad de Correos Electrónicos

- **Autenticar tus Correos**: Usa SPF (Sender Policy Framework), DKIM (DomainKeys Identified Mail) y DMARC (Domain-based Message Authentication, Reporting, and Conformance) para autenticar tus correos electrónicos. Esto ayuda a prevenir el spam y phishing demostrando que los correos provienen de una fuente legítima.

- **Evitar Disparadores de Spam**: Sé cauteloso con tu lenguaje. Palabras como "gratis," "garantizado" o el uso excesivo de signos de exclamación pueden activar los filtros de spam.

- **Optimizar los Tiempos de Envío**: Envía correos en momentos en que tus usuarios son más propensos a abrirlos, lo que puede mejorar las tasas de compromiso.

- **Mantenimiento Regular de la Lista**: Elimina suscriptores inactivos y facilita la opción de darse de baja, lo que puede ayudar a mejorar el compromiso general y la entregabilidad.

The Gourmet Kitchen: Cocinando el Éxito con Automatización Avanzada de Marketing

The Gourmet Kitchen, una marca culinaria reconocida por sus utensilios de cocina de alta calidad e ingredientes gourmet, ha aprovechado eficazmente la automatización del marketing para mejorar su presencia de marca, compromiso con el cliente y rendimiento en ventas. Este estudio de caso examina cómo The Gourmet Kitchen utilizó la automatización del marketing para cultivar una base de clientes leales y promover el crecimiento del negocio.

Antecedentes y Objetivos En un mercado saturado con productos culinarios y gustos variados de los clientes, The Gourmet Kitchen se propuso:

1 Mejorar el Compromiso del Cliente: Fomentar conexiones más profundas con los clientes a través de comunicación personalizada y estrategias de marketing adaptadas.

2 Impulsar las Ventas en Línea: Aumentar las ventas en línea mediante promociones dirigidas y campañas de marketing digital eficientes.

3 Fortalecer la Lealtad a la Marca: Construir y mantener la lealtad del cliente proporcionando valor más allá del punto de venta.

Estrategias Empleadas

- **Campañas de Marketing por Correo Electrónico Segmentadas**: Implementaron un sistema sofisticado de automatización de marketing por correo electrónico que segmenta a los clientes según su historial de compras, preferencias y niveles de compromiso.

- **Personalización Dinámica del Contenido**: Utilizaron herramientas de automatización de marketing para personalizar dinámicamente el contenido del sitio web y los mensajes de correo electrónico, asegurando que los clientes reciban recomendaciones de productos y contenido relevante.

- **Automatización del Programa de Lealtad**: Desarrollaron un programa de lealtad automatizado que recompensa a los clientes por compras repetidas y compromiso en redes sociales, mejorando la retención de clientes y fomentando la defensa de la marca.

Resultados e Impacto

- **Mejora en la Interacción del Cliente**: Las campañas de correo electrónico personalizadas y los ajustes dinámicos del contenido llevaron a un aumento del 40% en métricas de compromiso del cliente, como tasas de clics y tiempo en el sitio web.

- **Aumento en las Tasas de Conversión de Ventas**: Las promociones dirigidas y las experiencias de compra personalizadas contribuyeron a un incremento del 25% en las ventas en línea durante el primer año de implementación de la automatización del marketing.

- **Mejora en la Lealtad del Cliente**: El programa de lealtad automatizado aumentó significativamente las tasas de retención de clientes, con un incremento del 30% en transacciones de clientes repetidos.

Desafíos y Soluciones

- **Integración con Sistemas Existentes**: Integrar herramientas de automatización de marketing con las plataformas CRM y de comercio electrónico existentes fue inicialmente un desafío. The Gourmet Kitchen abordó esto seleccionando herramientas compatibles y proporcionando capacitación adecuada a su personal de TI.

- **Mantener un Toque Personal**: Equilibrar la automatización con un toque personal fue crucial, especialmente en la industria de productos gourmet. La marca se aseguró de que las interacciones clave con los clientes, especialmente aquellas relacionadas con consultas de productos y comentarios, fueran manejadas personalmente por personal capacitado.

- **Privacidad y Cumplimiento de Datos**: Con el aumento de las preocupaciones sobre la privacidad de los datos, The Gourmet Kitchen fortaleció sus políticas de manejo y privacidad de datos, asegurando el cumplimiento de las regulaciones internacionales de protección de datos.

Lecciones Aprendidas

- **La Optimización Continua es Clave**: Analizar y optimizar continuamente las campañas de marketing basadas en datos en tiempo real y comentarios de los clientes fue esencial para mantener la relevancia y maximizar el impacto.

- **Importancia de los Enfoques Centrados en el Cliente**: Mantener al cliente en el centro de las estrategias de automatización del marketing, enfocándose en la personalización y la entrega de valor, resultó crucial para mejorar la satisfacción y lealtad del cliente.

- **La Inversión en Tecnología da Resultados**: Invertir en la tecnología adecuada de automatización del marketing proporcionó retornos sustanciales a través de una mayor eficiencia operativa y mejores conocimientos sobre los clientes.

* * *

Análisis y Refinamiento de Campañas de Marketing por Correo Electrónico El paso final en la gestión de una campaña exitosa de marketing por correo electrónico es analizar los resultados y refinar tu estrategia basada en los conocimientos obtenidos. La mejora continua es clave para maximizar la efectividad de tus esfuerzos de marketing por correo electrónico.

Métricas Clave para Analizar

1 Tasa de Apertura: Mide el porcentaje de destinatarios que abrieron un correo electrónico. Esto indica qué tan bien están funcionando tus líneas de asunto.

2 Tasa de Clics (CTR): El porcentaje de destinatarios que hizo clic en uno o más enlaces dentro del correo. Esto mide la efectividad del contenido de tu correo y los CTA.

3 Tasa de Conversión: El porcentaje de destinatarios que completaron una acción deseada, como hacer una compra o registrarse para un seminario web. Esto es crucial para evaluar el ROI de tus campañas.

4 Tasa de Rebote: La tasa a la que tus correos son rechazados por los servidores de correo. Una alta tasa de rebote puede indicar problemas con la calidad de tu lista de correos o la reputación de envío.

Herramientas para el Análisis de Correos Electrónicos

- **Plataformas de Marketing por Correo Electrónico**: Herramientas como Mailchimp, Constant Contact y SendGrid ofrecen análisis integrados para monitorear estas métricas clave.

- **Google Analytics**: Al integrarlo con Google Analytics, puedes rastrear cómo se comporta el tráfico de correo electrónico en tu sitio web, entendiendo mejor el impacto de tus campañas.

Estrategias para el Refinamiento

- **Refinamiento de la Segmentación**: Basado en métricas de compromiso, refina tu segmentación para asegurar una comunicación más dirigida y relevante.

- **Pruebas A/B de Líneas de Asunto**: Realiza pruebas continuas con diferentes líneas de asunto para ver cuál resuena mejor con tu audiencia y genera mayores tasas de apertura.

- **Optimización del Contenido**: Ajusta el contenido de tus correos basado en los comentarios y métricas de compromiso para satisfacer mejor las necesidades e intereses de tu audiencia.

. . .

Book Lovers Club: Fomentando una Comunidad de Lectores a Través de la Automatización de Marketing Dirigida

Book Lovers Club, una organización centrada en la comunidad que reúne a ávidos lectores, ha empleado exitosamente la automatización de marketing para mejorar el compromiso de los miembros y aumentar su base de miembros. Este estudio de caso examina las estrategias implementadas por Book Lovers Club para fomentar una vibrante comunidad de entusiastas de la lectura mediante el uso de herramientas de marketing digital.

Antecedentes y Objetivos Frente al desafío de mantener el compromiso en un mundo cada vez más digital, Book Lovers Club se propuso:

1 Aumentar el Compromiso de los Miembros: Profundizar la participación y el involucramiento de los miembros en las actividades y discusiones del club.

2 Expandir Alcance y Membresía: Atraer nuevos miembros de diversos demográficos y ubicaciones geográficas.

3 Mejorar la Personalización de la Comunicación: Adaptar las comunicaciones para satisfacer los diversos intereses y preferencias de lectura de sus miembros.

Estrategias Empleadas

- **Campañas de Correo Electrónico Segmentadas**: Implementaron la automatización de marketing para enviar correos electrónicos segmentados basados en las preferencias de lectura de los miembros, participación en eventos pasados e historial de compras en librerías afiliadas.

- **Notificaciones y Recordatorios de Eventos Automatizados**: Utilizaron herramientas de automatización para gestionar notificaciones de eventos, asegurando que los miembros recibieran recordatorios oportunos sobre reuniones del club de lectura, sesiones de preguntas y respuestas con autores y eventos especiales.

- **Recomendaciones Personalizadas y Contenido**: Desarrollaron un sistema para proporcionar recomendaciones de libros personalizadas y contenido curado a los miembros basado en su historial de interacción y preferencias.

Resultados e Impacto

- **Mejora en el Compromiso de los Miembros**: Las comunicaciones dirigidas y el contenido personalizado llevaron a un aumento del 50% en la participación de los miembros en eventos del club y discusiones en línea.

- **Crecimiento en la Membresía**: El uso efectivo del marketing digital y las estrategias de alcance automatizadas resultaron en un aumento del 30% en la membresía del club en un año.

- **Mejora en la Satisfacción de los Miembros**: Las recomendaciones personalizadas de libros y las notificaciones relevantes de eventos mejoraron significativamente la satisfacción general de los miembros y su lealtad.

Desafíos y Soluciones

- **Gestión de Datos y Privacidad**: Gestionar una base de datos creciente de información de miembros mientras se asegura la privacidad fue un desafío. Book Lovers Club abordó esto implementando medidas robustas de seguridad de datos y cumpliendo con las regulaciones de privacidad.

- **Equilibrio entre Automatización y Toque Personal**: Mantener un toque personal en las comunicaciones mientras se usa la automatización era esencial. El club logró esto permitiendo la personalización en los mensajes automatizados y capacitando al personal para agregar notas personales cuando fuera apropiado.

- **Compromiso a Través de Diversas Plataformas**: Involucrar a los miembros efectivamente a través de varias plataformas digitales requería estrategias de contenido adaptativas. El club utilizó análisis para entender las preferencias de plataforma y adaptó el contenido en consecuencia.

Lecciones Aprendidas

- **Importancia de las Decisiones Basadas en Datos**: Utilizar datos para informar las decisiones de marketing mejoró significativamente la relevancia y efectividad de las comunicaciones.

- **Necesidad de Adaptación Continua**: Adaptar estrategias basadas en los comentarios de los miembros y las tendencias digitales cambiantes fue crucial para mantener el compromiso y el crecimiento.

- **Inversión en la Construcción de Comunidad**: Fomentar un sentido de comunidad entre los miembros no solo mejoró el compromiso, sino que también impulsó la promoción de boca en boca, crucial para el crecimiento orgánico.

"La gente no compra productos, compra soluciones."
- Eliyahu M. Goldratt

CAPÍTULO 6

CUSTOMER RELATIONSHIP MANAGEMENT / GESTIÓN DE RELACIONES CON CLIENTES (CRM)

La Gestión de Relaciones con Clientes (CRM) es un enfoque estratégico que utilizan las empresas para gestionar las interacciones con clientes actuales y potenciales. Al integrar tecnología, procesos y todas las actividades orientadas al cliente, los sistemas CRM ayudan a las empresas a optimizar relaciones, aumentar la lealtad y retención, y promover el crecimiento de las ventas.

Por Qué el CRM es Crucial para las Empresas

1 Datos Centralizados: Los sistemas CRM proporcionan una plataforma centralizada donde se almacena toda la información relacionada con los clientes. Esto facilita el acceso y la gestión de datos de clientes por parte de empleados de diferentes departamentos.

2 Mejora de Interacciones con Clientes: Al tener información detallada sobre las interacciones con los clientes, las empresas pueden ofrecer respuestas más personalizadas y efectivas.

3 Mejora en la Gestión de Ventas: Los CRM ayudan a optimizar el proceso de ventas, desde la generación de leads hasta el cierre de tratos, y proporcionan herramientas para el seguimiento del rendimiento y la previsión de ventas.

4 Aumento de la Satisfacción del Cliente: Con una mejor gestión de las interacciones con los clientes, las empresas pueden resolver problemas más rápidamente y satisfacer las necesidades de los clientes, lo que lleva a una mayor satisfacción y lealtad.

Componentes de un Sistema CRM

- **Gestión de Contactos**: Almacena información detallada sobre clientes y prospectos, incluida la historia de comunicaciones, preferencias y datos personales.

- **Automatización de Ventas**: Herramientas que automatizan procesos clave de ventas como el procesamiento de pedidos, el intercambio de información y el seguimiento de interacciones con clientes.

- **Automatización de Marketing**: Automatiza tareas repetitivas en campañas de marketing, desde el email marketing hasta las publicaciones en redes sociales.

- **Gestión de Servicio al Cliente**: Incluye herramientas para gestionar solicitudes de servicio al cliente y tickets de soporte de manera eficiente.

Implementación de un Sistema CRM

Implementar un sistema CRM implica varios pasos clave:

- **Evaluación de Necesidades**: Identificar qué necesita tu negocio de un CRM según su tamaño, base de clientes y objetivos.

- **Elegir el CRM Adecuado**: Seleccionar un CRM que se ajuste a las necesidades de tu negocio, considerando factores como escalabilidad, capacidades de integración y costo.

- **Capacitación y Adopción**: Capacitar exhaustivamente a tu personal sobre cómo usar el CRM para asegurar una adopción y utilización fluidas.

- **Migración de Datos**: Migrar los datos existentes de clientes al nuevo sistema CRM asegurando la integridad y seguridad de los datos.

- **Evaluación y Mejora Continuas**: Evaluar regularmente la efectividad del sistema y realizar ajustes para mejorar la funcionalidad y la experiencia del usuario.

Ornate Oak Interiors: Elevando las Ventas de Muebles de Lujo con Marketing Digital de Precisión

Ornate Oak Interiors, un minorista de muebles premium conocido por sus colecciones exquisitas y de alta gama, ha empleado efectivamente tecnologías de marketing digital y automatización para mejorar la experiencia del cliente y aumentar las ventas. Este estudio de caso explora cómo Ornate Oak Interiors utilizó estas herramientas para refinar sus estrategias de marketing, optimizar las interacciones con los clientes y expandir su presencia en el mercado.

Antecedentes y Objetivos Con el objetivo de consolidar su posición en el competitivo mercado de muebles de lujo, Ornate Oak Interiors buscó:

1 Mejorar la Presencia en Línea: Aumentar la visibilidad de la marca en línea y atraer más tráfico web a su sala de exposición digital.

2 Personalizar la Experiencia del Cliente: Ofrecer experiencias de compra personalizadas a los clientes en línea, igualando el servicio de lujo en la tienda.

3 Optimizar los Procesos de Marketing y Ventas: Utilizar la automatización para mejorar la eficiencia de las campañas de marketing y las operaciones de ventas.

Estrategias Empleadas

- **Campañas de Marketing Dirigido**: Implementaron campañas sofisticadas de marketing digital utilizando SEO, publicidad pagada y redes sociales para atraer a clientes acaudalados.

- **Integración de CRM con Automatización de Marketing**: Implementaron un sistema CRM de última generación integrado con herramientas de automatización de marketing para gestionar datos de clientes, personalizar comunicaciones y rastrear la efectividad de los esfuerzos de marketing.

- **Mejoras en la Sala de Exposición Virtual**: Desarrollaron una experiencia de compra en línea inmersiva a través de una sala de exposición virtual, con imágenes de alta definición, visualizaciones de productos en 3D y funciones de realidad aumentada (AR) que permiten a los clientes ver cómo se verían los muebles en sus propios hogares.

Resultados e Impacto

- **Aumento del Tráfico Web y el Compromiso del Cliente**: Las campañas digitales dirigidas y las características mejoradas de la sala de exposición en línea llevaron a un aumento del 40% en el tráfico del sitio web y un aumento del 35% en el tiempo promedio que los clientes pasaron en el sitio.

• **Mejora en las Tasas de Conversión**: Las estrategias de marketing personalizadas y los procesos de compra en línea optimizados resultaron en un aumento del 30% en las tasas de conversión de ventas en línea.

• **Aumento en la Satisfacción del Cliente**: La integración de herramientas de CRM y automatización de marketing mejoró el seguimiento con los clientes y la calidad del servicio, llevando a una mayor satisfacción y lealtad del cliente.

Desafíos y Soluciones

• **Altas Expectativas de Servicio al Cliente**: Satisfacer las altas expectativas de servicio de los compradores de lujo en línea fue un desafío. Ornate Oak Interiors abordó esto ofreciendo opciones de servicio al cliente de guante blanco, incluidos asistentes de compras personales disponibles a través de chat en vivo y consultas por video.

• **Integración de Tecnologías Avanzadas**: Incorporar tecnologías avanzadas como AR en la experiencia de compra en línea requirió una experiencia técnica significativa. Ornate Oak Interiors se asoció con proveedores de tecnología para asegurar una integración y operación sin problemas.

• **Mantener la Consistencia de la Marca en Todos los Canales**: Asegurar que la imagen de lujo de la marca se presentara consistentemente en todas las plataformas digitales fue crucial. La empresa realizó capacitaciones regulares para los gestores de contenido y utilizó guías de marca para mantener la coherencia.

Lecciones Aprendidas

- **Adaptación Continua a las Tendencias Tecnológicas**: Mantenerse al tanto de las últimas tendencias en marketing digital y comercio electrónico es crucial para mantener la competitividad en el mercado de lujo.

- **Inversión en Activos Digitales de Alta Calidad**: Invertir en activos digitales de alta calidad, incluidos el diseño de sitios web y las características de la sala de exposición virtual, es esencial para traducir la experiencia de lujo en tienda a un entorno en línea.

- **Uso Estratégico de Datos**: Aprovechar eficazmente los datos de los clientes para personalizar las experiencias y optimizar los esfuerzos de marketing mejora significativamente el compromiso del cliente y los resultados de ventas.

* * *

Mejorando la Participación del Cliente a Través de CRM

Los sistemas de Gestión de Relaciones con Clientes (CRM) efectivos no solo gestionan los datos de los clientes, sino que también mejoran la participación de los mismos al aprovechar esta información para construir relaciones más sólidas.

Estrategias para Mejorar la Participación

1 Comunicación Personalizada: Utiliza los datos del CRM para personalizar las comunicaciones en todos los canales. Los mensajes personalizados basados en el comportamiento del cliente, sus preferencias y sus interacciones pasadas pueden aumentar significativamente la participación.

2 Segmentación de Clientes: Segmenta a tus clientes en diferentes grupos según criterios como el historial de compras, los datos demográficos y el nivel de compromiso. Esto permite desarrollar estrategias de marketing más específicas y efectivas.

3 Servicio Proactivo: Utiliza las perspectivas del CRM para anticipar las necesidades del cliente y abordar posibles problemas antes de que surjan. Este enfoque proactivo puede mejorar enormemente la satisfacción y la lealtad del cliente.

4 Programas de Lealtad: Desarrolla y gestiona programas de lealtad para clientes a través de tu CRM. Estos programas pueden recompensar a los clientes recurrentes, fomentando un compromiso y una fidelización continuos.

Aprovechando el CRM para la Optimización de Ventas

- **Puntuación de Leads**: Utiliza el CRM para puntuar leads según su probabilidad de conversión. Esto ayuda a los equipos de ventas a priorizar sus esfuerzos en los leads más prometedores.

- **Pronósticos de Ventas**: Las herramientas de CRM pueden analizar datos de ventas pasados para predecir tendencias futuras, ayudando en la gestión de inventarios y la planificación de marketing.

- **Venta Cruzada y Venta Adicional**: Los CRM proporcionan información sobre las compras de los clientes, que se pueden usar para identificar oportunidades de venta cruzada y venta adicional de productos o servicios relevantes.

Servicio al Cliente y CRM

- **Información Centralizada**: Tener toda la información del cliente centralizada en un solo lugar permite a los equipos de servicio al cliente acceder a historiales completos, facilitando un servicio personalizado.

- **Automatización de Tickets**: Muchos sistemas CRM incluyen automatización de tickets de soporte, lo que ayuda a gestionar consultas y problemas de clientes de manera más eficiente.

- **Recopilación de Comentarios**: Los CRM pueden automatizar el proceso de recopilación y análisis de comentarios de clientes, lo cual es crucial para la mejora continua.

RapidTech Solutions: Innovando el Soporte IT con Plataformas de Servicio Automatizadas

RapidTech Solutions, un proveedor líder de soporte y servicios de TI, ha transformado drásticamente sus operaciones de servicio al cliente mediante el uso estratégico de tecnologías de automatización de marketing y gestión de relaciones con clientes (CRM). Este estudio de caso analiza cómo RapidTech aprovechó estas tecnologías para mejorar la satisfacción del cliente y optimizar la entrega de servicios.

Antecedentes y Objetivos Ante la creciente demanda de soporte TI eficiente y receptivo, RapidTech Solutions se propuso:

1 Mejorar los Tiempos de Respuesta: Mejorar la velocidad y eficiencia de los tiempos de respuesta a consultas de clientes y tickets de soporte.

2 Aumentar la Participación del Cliente: Desarrollar interacciones más significativas con los clientes a través de comunicaciones personalizadas.

3 Optimizar la Entrega de Servicios: Optimizar el proceso de servicio desde el contacto inicial hasta la resolución del problema.

Estrategias Empleadas

- **Sistema de Tickets Automatizado**: Implementó un sistema CRM avanzado con capacidades de ticketing automatizado para categorizar, asignar y responder rápidamente a los problemas de los clientes según su gravedad y tema.

- **Campañas de Comunicación Personalizada**: Utilizó herramientas de automatización de marketing para enviar seguimientos personalizados, actualizaciones de servicios y contenido educativo basado en el historial y preferencias del cliente.

- **Análisis Predictivo de Servicios**: Integró análisis impulsados por IA para predecir y abordar proactivamente posibles problemas de clientes antes de que se vuelvan críticos, basado en patrones de solicitudes de servicio y datos de rendimiento de productos.

Resultados e Impacto

- **Reducción de Tiempos de Respuesta**: El sistema de tickets automatizado redujo el tiempo promedio de respuesta en un 50%, mejorando significativamente la satisfacción del cliente.

- **Mejora en la Retención de Clientes**: Las comunicaciones personalizadas y las medidas proactivas de servicio llevaron a una mejora del 30% en las tasas de retención de clientes.

- **Mayor Eficiencia Operativa**: Los análisis predictivos y la automatización redujeron el número de problemas y tickets de servicio repetidos, llevando a una disminución del 25% en los costos generales de soporte.

Desafíos y Soluciones

- **Integración con Infraestructura Existente**: Integrar nuevas tecnologías de CRM y automatización con los sistemas existentes fue un desafío. RapidTech Solutions superó esto seleccionando plataformas altamente compatibles y realizando pruebas beta extensivas antes de la implementación completa.

- **Mantener un Toque Personal**: Equilibrar la automatización con el servicio al cliente personalizado fue crucial. RapidTech aseguró que los casos complejos fueran escalados a representantes humanos que pudieran proporcionar un toque más personal.

- **Privacidad y Seguridad de Datos**: Gestionar datos sensibles de clientes dentro de los sistemas automatizados requería medidas de seguridad estrictas. RapidTech siguió las mejores prácticas en seguridad de datos y actualizó regularmente su cumplimiento con regulaciones globales de protección de datos.

Lecciones Aprendidas

- **Capacitación y Adaptación Continua**: La capacitación continua del personal en los nuevos sistemas fue esencial para mantener altos estándares de servicio y aprovechar al máximo las capacidades de las herramientas de automatización.

- **El Feedback del Cliente es Invaluable**: Solicitar y analizar regularmente los comentarios de los clientes ayudó a refinar los procesos de automatización y asegurar que satisfagan las necesidades reales de los clientes.

- **La Inversión en Tecnología da Sus Frutos**: La inversión inicial en tecnología avanzada de CRM y automatización proporcionó beneficios sustanciales a largo plazo en términos de satisfacción del cliente y ahorros en costos operativos.

Integrar un CRM en la estrategia de negocio no solo mejora la gestión de datos de clientes, sino que también facilita una participación más significativa, optimiza las ventas y mejora el servicio al cliente. Las empresas que adoptan estas prácticas pueden esperar ver una mejora significativa en la satisfacción y lealtad del cliente, así como en el rendimiento general del negocio.

* * *

Integración de CRM con Otras Herramientas Empresariales

Para una efectividad máxima, un sistema CRM no debe funcionar de manera aislada, sino integrarse con otras herramientas empresariales. Esta integración puede optimizar procesos, mejorar la precisión de los datos y proporcionar una visión más holística de las interacciones con los clientes y las operaciones comerciales.

Beneficios de la Integración de CRM

1 Mayor Precisión de Datos: La integración ayuda a eliminar silos de datos y entradas duplicadas al sincronizar datos entre plataformas.

2 Mejora de la Eficiencia: Automatizar la transferencia de datos entre sistemas reduce la entrada manual de datos y aumenta la productividad.

3 Mejores Perspectivas del Cliente: Combinar datos de CRM con otras fuentes de datos, como sistemas ERP (Enterprise Resource Planning) o herramientas de automatización de marketing, proporciona una visión más profunda del comportamiento y las preferencias del cliente.

4 Flujos de Trabajo Optimizados: Los sistemas integrados permiten flujos de trabajo más fluidos y una mejor comunicación entre departamentos, mejorando la eficiencia operativa general.

Integraciones Clave para Sistemas CRM

• **Integración de Correo Electrónico y Calendario**: Sincronizar tu CRM con clientes de correo electrónico y calendarios facilita un mejor seguimiento de las comunicaciones y la programación de citas.

• **Herramientas de Automatización de Marketing**: Integrar CRM con herramientas como HubSpot o Marketo puede mejorar los procesos de generación y nutrición de leads al alinear campañas de marketing con los esfuerzos de ventas.

• **Plataformas de Redes Sociales**: Conectar tu CRM a las redes sociales puede ayudar a capturar interacciones y sentimientos de los clientes, proporcionando puntos de datos adicionales para el servicio al cliente y el marketing.

• **Software Financiero**: Vincular CRM con sistemas financieros puede proporcionar a los equipos de ventas información actualizada sobre historiales de pagos de clientes e información de facturación, ayudando en la gestión de cuentas.

. . .

Implementación de Integraciones CRM

- **Identificar Necesidades Clave**: Determina qué integraciones son más beneficiosas en función de tus procesos comerciales y puntos de interacción con los clientes.

- **Elegir Sistemas Compatibles**: Asegúrate de que el software CRM sea compatible con tus herramientas existentes o que ofrezca APIs (Interfaces de Programación de Aplicaciones) personalizables para la integración.

- **Planificar la Migración y Sincronización de Datos**: Desarrolla un plan para cómo se migrarán y sincronizarán los datos entre sistemas para asegurar consistencia y precisión.

- **Monitoreo y Optimización Continuos**: Revisa regularmente la efectividad de los sistemas integrados y realiza ajustes según sea necesario.

Caso de Estudio: GreenGrow Landscaping

GreenGrow Landscaping, un servicio de jardinería destacado por sus prácticas sostenibles y diseños de jardines innovadores, ha utilizado estratégicamente estrategias de marketing digital para mejorar su presencia en el mercado y el compromiso del cliente. Este estudio de caso examina cómo GreenGrow ha implementado la automatización de marketing para optimizar sus esfuerzos promocionales y mejorar la entrega de servicios.

Antecedentes y Objetivos

A medida que aumenta la demanda de espacios exteriores ecológicos, GreenGrow Landscaping se propuso aprovechar las herramientas digitales para llegar a una audiencia más amplia y optimizar sus procesos de servicio. Sus objetivos eran:

1 Mejorar la Visibilidad en Línea: Aumentar la visibilidad de la empresa a través de campañas de marketing en línea dirigidas.

2 Mejorar la Adquisición y Retención de Clientes: Utilizar la automatización de marketing para nutrir leads y mantener relaciones con los clientes existentes.

3 Optimizar la Programación de Citas y Seguimientos: Automatizar el proceso de programación y las comunicaciones de seguimiento para mejorar la satisfacción del cliente y la eficiencia operativa.

Estrategias Empleadas

- **Campañas Publicitarias Dirigidas**: Implementaron campañas publicitarias geo-dirigidas a través de redes sociales y Google Ads, enfocándose en áreas con alta demanda de servicios de jardinería.

- **Automatización de Marketing por Correo Electrónico**: Desarrollaron campañas de correo electrónico segmentadas basadas en los intereses de los clientes y las interacciones previas, entregando consejos de jardinería personalizados, ofertas especiales y recordatorios de servicio.

- **Sistema de Programación Automatizado**: Integraron un sistema de reservas en línea con recordatorios automatizados para simplificar el proceso de citas para clientes nuevos y recurrentes.

Resultados e Impacto

- **Aumento del Tráfico Web y Generación de Leads**: La publicidad digital dirigida llevó a un aumento del 50% en el tráfico del sitio web y un aumento del 40% en la generación de leads en seis meses.

- **Mejora del Compromiso del Cliente**: Las campañas de correo electrónico personalizadas mejoraron las tasas de apertura y clics en un 30%, fomentando un mayor compromiso y lealtad del cliente.

- **Optimización de Operaciones**: El sistema de programación automatizado redujo los errores de reserva en un 90% y ahorró tiempo administrativo significativo, permitiendo al personal centrarse más en la entrega de servicios.

Desafíos y Soluciones

- **Adaptación de Contenido para Audiencias Diversas**: Crear contenido que apelara a una base de clientes diversa fue inicialmente desafiante. GreenGrow superó esto utilizando datos de clientes para personalizar el contenido de manera más efectiva.

- **Integración de Herramientas de Marketing con Sistemas Existentes**: Integrar nuevas herramientas de marketing con el sistema de gestión de clientes existente de GreenGrow requirió una planificación y ejecución cuidadosas. Lograron una integración perfecta eligiendo plataformas de software compatibles y proporcionando una formación exhaustiva a su personal.

- **Mantener un Toque Personal**: Mantener el toque personal en las comunicaciones mientras se utilizaba la automatización era una preocupación. GreenGrow se aseguró de que las interacciones clave con los clientes, especialmente aquellas que involucraban discusiones y comentarios sobre proyectos, fueran manejadas personalmente por miembros del equipo.

. . .

Lecciones Aprendidas

• **Mejora Continua en Estrategias de Segmentación**: El análisis y ajuste continuos de las estrategias de segmentación fueron vitales para maximizar la efectividad de las campañas publicitarias digitales.

• **Valor de la Comunicación Personalizada**: Las comunicaciones personalizadas mejoraron significativamente las relaciones con los clientes, demostrando la importancia de comprender y abordar las preferencias y necesidades individuales de los clientes.

• **Importancia de la Capacitación y Adaptación**: La capacitación continua para el personal en nuevas herramientas digitales fue esencial para mantener la eficiencia operativa y asegurar una transición fluida a los sistemas automatizados.

Integrar CRM con otras herramientas empresariales no solo mejora la precisión de los datos y la eficiencia operativa, sino que también proporciona una visión más profunda de los clientes y una mejor gestión de los flujos de trabajo. Al aprovechar estas integraciones, las empresas pueden mejorar el compromiso del cliente, optimizar procesos y fomentar el crecimiento general.

* * *

Uso de CRM para Informes y Análisis Mejorados

Los sistemas CRM no solo ayudan a gestionar interacciones con los clientes, sino que también proporcionan capacidades de informes y análisis poderosos que pueden transformar datos en bruto en conocimientos accionables. Estos conocimientos pueden impulsar decisiones estratégicas empresariales y ayudar a entender la efectividad de diversas iniciativas.

Funciones Clave de Informes de CRM

1 Informes de Ventas: Rastrea tendencias de ventas, rendimiento contra objetivos y logros individuales de los vendedores. Esto ayuda en la previsión y asignación de recursos.

2 Análisis de Clientes: Analiza el comportamiento de los clientes, patrones de compra y segmentación. Esta información puede usarse para adaptar campañas de marketing y mejorar el servicio al cliente.

3 Métricas de Conversión: Monitorea la efectividad de diferentes canales de ventas y campañas de marketing en la conversión de leads en clientes.

4 Seguimiento de Ingresos: Mide los ingresos generados por varios segmentos de clientes o líneas de productos a lo largo del tiempo.

Beneficios de los Análisis de CRM

- **Mejora en la Toma de Decisiones**: Con acceso a datos y tendencias en tiempo real, los gerentes pueden tomar decisiones informadas que se alineen con los objetivos comerciales.

- **Aumento de la Capacidad de Respuesta**: Identifica y responde rápidamente a tendencias del mercado o problemas de clientes a medida que surgen.

- **Mejor Segmentación de Clientes**: Un análisis de datos más detallado lleva a una mejor segmentación de clientes, lo que puede mejorar los esfuerzos de targeting y personalización.

Estrategias para Maximizar el Valor de los Análisis de CRM

- **Revisar Informes Regularmente**: Establece un cronograma para revisar regularmente los informes y análisis de CRM para mantenerse actualizado sobre el rendimiento del negocio.

- **Capacitar a los Miembros del Equipo**: Asegúrate de que los miembros del equipo sepan cómo usar las herramientas de análisis de CRM de manera efectiva y comprendan cómo interpretar los datos.

- **Vincular Datos con Acciones**: Utiliza los conocimientos obtenidos de los análisis de CRM para impulsar acciones comerciales específicas, como ajustar estrategias de marketing o rediseñar procesos de ventas.

Caso de Estudio: Elite Home Decor

Elite Home Decor, un minorista especializado en muebles de lujo y decoración del hogar, ha implementado exitosamente la automatización de marketing para mejorar su presencia de marca y aumentar las ventas. Este estudio de caso explora cómo Elite Home Decor aprovechó la tecnología para atraer a clientes adinerados, personalizar experiencias y optimizar las operaciones de marketing.

Antecedentes y Objetivos

Enfrentando una intensa competencia en el mercado de decoración del hogar de lujo, Elite Home Decor buscaba elevar sus estrategias de marketing para atraer y retener a clientes de alto nivel. Sus objetivos principales eran:

1 Mejorar la Personalización del Cliente: Ofrecer comunicaciones de marketing altamente personalizadas para satisfacer las expectativas de una clientela exigente.

2 Aumentar las Conversiones de Ventas: Utilizar estrategias dirigidas para mejorar las tasas de conversión, especialmente para artículos de alto valor.

3 Fomentar la Lealtad del Cliente: Desarrollar relaciones sólidas con los clientes para fomentar negocios repetidos y referencias.

Estrategias Empleadas

- **Segmentación Avanzada de Clientes**: Empleó análisis de datos sofisticados para segmentar su base de clientes por preferencias, historial de compras y datos demográficos, permitiendo campañas de marketing altamente dirigidas.

- **Personalización Dinámica de Contenidos**: Implementó una plataforma de automatización de marketing que personalizaba dinámicamente el contenido del sitio web y las comunicaciones por correo electrónico basadas en el comportamiento del usuario y las interacciones pasadas.

- **Programas de Lealtad Automatizados**: Desarrolló sistemas automatizados para gestionar programas de lealtad, incluyendo recompensas personalizadas y ofertas exclusivas para clientes de primer nivel.

Resultados e Impacto

- **Mejora en el Compromiso del Cliente**: Los esfuerzos de marketing personalizados llevaron a un aumento del 35% en las métricas de compromiso del cliente, como el tiempo pasado en el sitio web y las tasas de interacción con campañas de correo electrónico.

• **Aumento en las Tasas de Conversión**: La focalización dirigida y el contenido personalizado resultaron en un aumento del 25% en las tasas de conversión para productos de alto valor.

• **Incremento en la Retención de Clientes**: El programa de lealtad mejorado ayudó a mejorar la retención de clientes en un 20% y aumentó significativamente las tasas de referencia.

Desafíos y Soluciones

• **Integración de Sistemas Complejos**: La integración de herramientas avanzadas de automatización de marketing con las plataformas de CRM y comercio electrónico existentes fue inicialmente desafiante. Elite Home Decor abordó esto contratando consultores de TI especializados para asegurar una integración sin problemas.

• **Mantener la Imagen de Marca de Lujo**: Balancear la automatización con el mantenimiento de una imagen de marca de lujo requirió una gestión cuidadosa del contenido. La empresa invirtió en la creación de contenido de alta calidad y mantuvo un estricto control de calidad sobre todas las comunicaciones automatizadas.

• **Privacidad y Seguridad de Datos**: Manejar datos sensibles de clientes, especialmente de individuos de alto patrimonio, requirió medidas de seguridad mejoradas. Elite Home Decor fortaleció sus protocolos de ciberseguridad y aseguró el cumplimiento de regulaciones de privacidad.

Lecciones Aprendidas

- **Importancia de la Calidad de los Datos**: Datos de alta calidad y precisos son cruciales para una segmentación y personalización efectivas. Las auditorías y actualizaciones de datos regulares eran necesarias para mantener la efectividad de las campañas de marketing.

- **Equilibrio entre Automatización y Contacto Humano**: Mientras que la automatización mejoró significativamente la eficiencia, el mercado de lujo requiere un toque humano. Elite Home Decor se aseguró de que las interacciones clave con los clientes incluyeran contacto humano personalizado.

- **Adaptación y Aprendizaje Continuos**: Las tendencias del mercado de lujo evolucionan rápidamente; el monitoreo continuo y la adaptación de las estrategias de marketing basadas en comentarios de clientes y tendencias del mercado fueron clave para mantenerse relevante.

El uso de CRM para informes y análisis mejorados proporciona a las empresas las herramientas necesarias para tomar decisiones informadas, mejorar la segmentación de clientes y optimizar procesos de ventas, lo que en última instancia conduce a un mayor éxito empresarial.

* * *

Mejores Prácticas de CRM para el Éxito a Largo Plazo

Implementar un sistema CRM puede ser transformador para una empresa, pero su éxito a largo plazo depende de cómo se gestione y utilice el sistema. Aquí tienes algunas mejores prácticas para garantizar que tu estrategia CRM siga siendo efectiva y continúe brindando un valor significativo para el negocio.

. . .

Mejores Prácticas de CRM

1 Capacitación y Soporte Continuo: Asegúrate de que todos los usuarios reciban capacitación continua sobre el sistema CRM. A medida que se lanzan actualizaciones y nuevas funciones, las sesiones de capacitación pueden ayudar a los usuarios a mantenerse competentes y maximizar el potencial de la herramienta.

2 Mantener Datos Limpios: Limpia y actualiza regularmente los datos dentro del CRM para evitar duplicados e inexactitudes que podrían llevar a una toma de decisiones deficiente y a ineficiencias.

3 Adopción del Usuario: Fomenta la adopción del usuario demostrando los beneficios del sistema CRM e integrándolo en los flujos de trabajo diarios. Tasas de adopción más altas conducen a una mejor calidad de datos y efectividad del sistema.

4 Mecanismo de Retroalimentación: Establece un mecanismo de retroalimentación donde los usuarios puedan informar problemas, solicitar funciones o proporcionar sugerencias sobre el sistema CRM. Esto puede ayudar a ajustar el sistema para satisfacer mejor las necesidades de los usuarios.

5 Integrar con Otras Herramientas: Evalúa continuamente e integra el CRM con otras herramientas utilizadas por el negocio, como plataformas de automatización de marketing y software financiero, para asegurar flujos de trabajo sin problemas y el intercambio de información.

Medición del Éxito del CRM

- **Satisfacción del Usuario**: Encuesta regularmente a los usuarios para medir su satisfacción con el sistema CRM e identificar áreas de mejora.

- **Impacto en el Negocio**: Mide el impacto del CRM en los resultados del negocio, como el aumento de ventas, la mejora de la satisfacción del cliente y la reducción de costos operativos.

- **Análisis de ROI**: Realiza un análisis de retorno de inversión para determinar los beneficios financieros derivados del sistema CRM en relación con su costo.

Caso de Estudio: Dynamic Solutions

Dynamic Solutions, un proveedor líder de software de gestión de proyectos, ha utilizado de manera efectiva la automatización de marketing para mejorar sus estrategias de adquisición y retención de clientes. Este estudio de caso explora el uso innovador de la automatización de marketing por parte de Dynamic Solutions, detallando las estrategias empleadas, los resultados logrados y las ideas obtenidas de su enfoque.

Antecedentes y Objetivos

En el competitivo mercado de herramientas de gestión de proyectos, Dynamic Solutions buscaba diferenciarse proporcionando experiencias excepcionales de usuario y aprovechando técnicas avanzadas de marketing para atraer y retener clientes. Sus objetivos principales eran:

1 Aumentar la Penetración de Mercado: Ampliar su base de usuarios tanto en mercados existentes como nuevos a través de campañas de marketing dirigidas.

2 Mejorar el Compromiso del Usuario: Impulsar un compromiso más profundo a través de interacciones personalizadas y contenido relevante.

3 Optimizar la Gestión del Ciclo de Vida del Cliente: Optimizar el viaje del cliente desde el interés inicial hasta la lealtad, utilizando sistemas automatizados.

Estrategias Empleadas

- **Campañas de Marketing Segmentadas**: Implementaron campañas segmentadas utilizando la automatización de marketing para dirigirse a clientes potenciales según la industria, el tamaño de la empresa y el comportamiento del usuario, asegurando que los mensajes fueran altamente relevantes y personalizados.

- **Onboarding Automatizado del Cliente**: Desarrollaron un proceso de onboarding automatizado que proporcionó a los nuevos usuarios materiales de capacitación personalizados, guías de configuración y mensajes de compromiso temprano para asegurar un inicio sin problemas y un compromiso continuo.

- **Esfuerzos de Retención Basados en Datos**: Utilizaron análisis para monitorear el comportamiento del usuario y activar estrategias de retención automatizadas, como ofertas dirigidas o contenido educativo en puntos críticos del ciclo de vida del cliente.

Resultados e Impacto

- **Aumento de la Adquisición de Clientes**: Las campañas de marketing dirigidas llevaron a un aumento del 25% en las inscripciones a pruebas y un aumento del 20% en las tasas de conversión de planes gratuitos a pagos.

- **Mejora en el Compromiso del Usuario**: Las estrategias de onboarding y compromiso personalizadas aumentaron el tiempo promedio de sesión del usuario en un 30% y redujeron la tasa de abandono en los primeros 90 días en un 15%.

- **Mejora de la Satisfacción del Cliente**: El soporte automatizado y los esfuerzos de compromiso proactivo resultaron en una mejora del 40% en las puntuaciones de satisfacción del cliente.

Desafíos y Soluciones

- **Integración con Sistemas Existentes**: La integración de herramientas de automatización de marketing con las plataformas CRM y de servicio existentes fue inicialmente desafiante. Dynamic Solutions superó esto eligiendo plataformas flexibles que permitían amplias integraciones API y soluciones personalizadas.

- **Mantener la Personalización a Escala**: Balancear la automatización con un toque personal fue crucial, especialmente a medida que crecía la base de usuarios. Dynamic Solutions empleó algoritmos de aprendizaje automático para refinar el análisis de datos de usuarios y mejorar la personalización de interacciones sin aumentar la carga manual.

- **Privacidad y Seguridad de Datos**: Con un aumento en la recolección de datos, garantizar la privacidad y seguridad se volvió primordial. La empresa implementó protocolos de seguridad mejorados y auditorías regulares para proteger los datos de los usuarios.

Lecciones Aprendidas

- **La Mejora Continua es Crucial**: El campo del software de gestión de proyectos evoluciona rápidamente, y la innovación continua en estrategias de producto y marketing es esencial para mantenerse competitivo.

• **El Poder de los Datos**: Aprovechar los datos de los usuarios para informar las estrategias de marketing y producto puede mejorar significativamente la efectividad, pero requiere capacidades robustas de gestión y análisis de datos.

• **La Educación del Cliente es Clave**: Proporcionar educación y recursos continuos ayuda a mantener altos niveles de compromiso y fomenta la lealtad a largo plazo del cliente.

Estas prácticas y estudios de caso ilustran cómo la implementación estratégica de un CRM puede transformar la gestión de relaciones con los clientes, mejorar las operaciones comerciales y fomentar el crecimiento sostenible a largo plazo.

"El objetivo del marketing es conocer y entender al cliente tan bien que el producto o servicio se venda solo."

- Peter Drucker

CAPÍTULO 7

NETWORKING Y CREACIÓN DE ASOCIACIONES ESTRATÉGICAS

En el mundo del marketing y las ventas, la creación de redes y el desarrollo de asociaciones estratégicas son estrategias invaluables que pueden amplificar el alcance, mejorar la credibilidad y abrir nuevas oportunidades de negocio. Este capítulo explora cómo crear redes de manera efectiva y desarrollar asociaciones que puedan impulsar el éxito empresarial.

Comprendiendo el Networking

El networking implica construir y mantener relaciones profesionales que puedan proporcionar beneficios mutuos a lo largo del tiempo. No se trata solo de intercambiar tarjetas de presentación en eventos; se trata de crear conexiones duraderas que fomenten la colaboración y el apoyo.

Beneficios del Networking Efectivo

1 Compartir Recursos: El networking puede llevar a compartir conocimientos, consejos y conocimientos de la industria que son beneficiosos para navegar desafíos y aprovechar oportunidades.

2 Referencias: Las redes sólidas a menudo resultan en negocios referidos, que pueden ser más creíbles y propensos a convertirse que otros prospectos.

3 Oportunidades de Colaboración: Las conexiones pueden llevar a colaboraciones en proyectos, eventos o promociones que pueden beneficiar a todas las partes involucradas.

Consejos para el Networking Efectivo

- **Sé Genuino**: Enfócate en construir conexiones reales en lugar de solo intentar obtener beneficios inmediatos.

- **Ofrece Valor**: Piensa siempre en cómo puedes ayudar a otros en tu red. Esto podría ser proporcionando información, apoyo o presentaciones.

- **Mantente Comprometido**: Mantén el contacto regularmente con tu red a través de correos electrónicos, redes sociales o reuniones cara a cara para mantener las relaciones fuertes y presentes.

Construcción de Asociaciones Estratégicas

Las asociaciones son acuerdos entre dos o más partes que trabajan juntas para alcanzar objetivos comunes. Estos pueden variar desde acuerdos de co-marketing simples hasta empresas conjuntas más complejas.

. . .

Pasos para Construir Asociaciones Exitosas

1 Identificar Socios Potenciales: Busca empresas o individuos cuyos productos, servicios o bases de clientes complementen los tuyos.

2 Definir Objetivos Comunes: Delinea claramente lo que cada parte espera lograr de la asociación.

3 Desarrollar un Acuerdo Formal: Establece un acuerdo formal que detalle los roles, responsabilidades y beneficios para todas las partes.

4 Ejecutar y Evaluar: Implementa la estrategia de asociación y evalúa regularmente su efectividad para asegurar beneficios mutuos.

Caso de Estudio: HealthHome Hardware

HealthHome Hardware, una empresa pionera especializada en la producción de dispositivos inteligentes para el cuidado de la salud en el hogar, ha utilizado de manera efectiva la automatización del marketing para mejorar el compromiso del usuario y agilizar la educación del cliente. Este estudio de caso investiga cómo HealthHome Hardware aprovechó la tecnología para impulsar la adopción y el uso de sus innovadores productos enfocados en la salud.

Antecedentes y Objetivos

Con el aumento de la demanda de soluciones de atención médica en el hogar, HealthHome Hardware tenía como objetivo capitalizar esta tendencia introduciendo una gama de dispositivos inteligentes diseñados para mejorar el monitoreo y la gestión de la salud en el hogar. Sus objetivos eran:

1 Educar a los Clientes Potenciales: Aumentar la conciencia y comprensión de los beneficios y funcionalidades de sus dispositivos inteligentes de atención médica.

2 Mejorar la Integración del Cliente: Agilizar el proceso de integración de nuevos usuarios en su sistema, asegurando que entiendan y utilicen el producto de manera efectiva.

3 Impulsar el Compromiso y la Retención del Usuario: Mantener a los usuarios comprometidos y comprometidos con su gestión de la salud utilizando los dispositivos.

Estrategias Empleadas

- **Campañas Educativas Dirigidas**: Implementaron la automatización del marketing para entregar contenido educativo adaptado a las necesidades y preguntas de los usuarios en diferentes etapas de su viaje de gestión de la salud.

- **Procesos de Integración Automatizados**: Desarrollaron flujos de trabajo automatizados para la integración del cliente, incluyendo instrucciones personalizadas de configuración, consejos de uso y soporte temprano de resolución de problemas.

- **Personalización Basada en Datos**: Utilizaron datos de uso del cliente para personalizar la comunicación, ofreciendo información y consejos de salud basados en los niveles de actividad individual y datos de salud.

Resultados e Impacto

- **Mejor Conocimiento y Satisfacción del Cliente**: Las campañas educativas mejoraron significativamente la comprensión del cliente sobre los productos, reflejada en mayores puntuaciones de satisfacción y disminución de llamadas de soporte.

- **Integración Simplificada**: La automatización redujo el tiempo promedio de integración en un 30%, facilitando a los clientes el inicio del uso de sus dispositivos de manera efectiva.

- **Aumento de las Tasas de Retención de Usuarios**: Los seguimientos personalizados y basados en datos ayudaron a mantener altos niveles de compromiso del usuario, resultando en un aumento del 40% en las tasas de retención en los primeros seis meses después de la compra.

Desafíos y Soluciones

- **Integración de Datos de Productos Complejos**: La gestión e integración de datos diversos de varios dispositivos inteligentes planteó desafíos iniciales. HealthHome Hardware invirtió en herramientas avanzadas de integración de datos para manejar esta complejidad de manera eficiente.

- **Mantener la Privacidad y Seguridad**: La gestión de datos de salud sensibles requirió medidas de seguridad rigurosas. La empresa fortaleció sus marcos de ciberseguridad y aseguró el cumplimiento de las regulaciones de protección de datos de salud.

- **Equilibrio entre Automatización e Interacción Humana**: Asegurar que las interacciones automatizadas se mantuvieran personales y amigables para el cliente fue crucial. HealthHome Hardware empleó un enfoque híbrido donde los sistemas automatizados manejaban las comunicaciones rutinarias y el soporte humano estaba disponible para problemas complejos.

Lecciones Aprendidas

- **Importancia de la Educación Continua**: La educación continua del cliente, especialmente en el contexto de productos tecnológicos en evolución, es clave para asegurar el compromiso a largo plazo del usuario.

- **Necesidad de Capacidades Robustas de Manejo de Datos**: Capacidades eficientes y seguras de manejo de datos son esenciales para gestionar interacciones personalizadas con el cliente en un espacio de productos impulsado por la tecnología.

- **Valor de los Ciclos de Retroalimentación**: Establecer ciclos efectivos de retroalimentación para recopilar y responder a las opiniones de los usuarios es crucial para refinar las ofertas de productos y mejorar la satisfacción del cliente.

Estas prácticas y estudios de caso ilustran cómo el networking y la creación de asociaciones estratégicas pueden transformar las relaciones empresariales, mejorar las operaciones comerciales y fomentar el crecimiento sostenible a largo plazo.

* * *

Aprovechando Plataformas en Línea para el Networking

En la era digital actual, las plataformas en línea se han vuelto cruciales para el networking. Permiten a los profesionales conectar, compartir ideas y construir relaciones sin limitaciones geográficas.

Principales Plataformas de Networking en Línea

1 LinkedIn: La principal red profesional, LinkedIn permite a los usuarios conectar con colegas de la industria, compartir contenido y unirse a grupos relacionados con sus intereses profesionales.

2 Twitter: Ideal para actualizaciones de formato corto, interactuar con líderes de opinión y participar en conversaciones específicas de la industria a través de hashtags.

3 Grupos de Facebook: Muchos grupos profesionales operan en Facebook, proporcionando una plataforma para discusión y networking dentro de industrias o áreas de interés específicas.

4 Foros Específicos de la Industria: Muchas industrias tienen foros en línea dedicados donde los profesionales pueden compartir consejos, discutir tendencias y resolver problemas juntos.

Consejos para el Networking en Línea

- **Sé Activo**: Publica actualizaciones regularmente, comparte ideas y contribuye a las discusiones para mantener la visibilidad dentro de tu red.

- **Sé Profesional**: Mantén siempre la profesionalidad en tus interacciones. Tu comportamiento en línea puede impactar significativamente tu reputación profesional.

- **Participa Reflexivamente**: Comenta en publicaciones, responde preguntas y participa en discusiones de manera significativa para construir relaciones y confianza dentro de tu comunidad.

Creación de Valor a Través de Asociaciones

Las asociaciones deben ser más que transaccionales; deben crear un valor significativo para todas las partes involucradas. Esto se puede lograr a través de marketing colaborativo, recursos compartidos o co-desarrollo de productos o servicios.

Estrategias Efectivas de Asociación

• **Campañas de Co-marketing**: Unir fuerzas en esfuerzos de marketing, como campañas compartidas en redes sociales, eventos co-patrocinados o promociones conjuntas, para maximizar el alcance y el impacto.

• **Compartir Recursos**: Compartir conocimientos, tecnología o incluso espacio físico para reducir costos y mejorar capacidades.

• **Ofertas de Productos Conjuntas**: Desarrollar productos complementarios o servicios agrupados que proporcionen un valor adicional a los clientes.

Caso de Estudio: EcoStyle y GreenGear

EcoStyle, una marca de moda, y **GreenGear**, un productor de equipos deportivos ecológicos, se asociaron para promover la sostenibilidad a través de sus líneas de productos. Este estudio de caso examina cómo ambas empresas utilizaron estrategias de marketing dirigidas y tecnologías de automatización para impulsar el interés del consumidor en productos y prácticas sostenibles.

Antecedentes y Objetivos

En una era donde las preocupaciones ambientales están influyendo cada vez más en las elecciones de los consumidores, EcoStyle y GreenGear se propusieron:

1 Aumentar la Conciencia de Marca: Elevar la conciencia del consumidor sobre sus marcas y la importancia de los productos sostenibles.

2 Impulsar Ventas a Través de la Educación: Usar contenido educativo para informar a los consumidores sobre el impacto ambiental de sus compras y promover alternativas sostenibles.

3 Fomentar el Compromiso Comunitario: Construir una comunidad de consumidores conscientes del medio ambiente que sean leales y defensores de las marcas sostenibles.

Estrategias Empleadas

- **Campañas de Marketing Colaborativo**: Lanzaron campañas de marketing conjuntas que aprovecharon las fortalezas de ambas marcas para alcanzar una audiencia más amplia. Estas campañas combinaron marketing digital, asociaciones con influencers y eventos en vivo.

- **Enfoque Basado en Contenido**: Utilizaron una estrategia basada en contenido que se centró en los beneficios de una vida sostenible, compartida a través de blogs, videos y publicaciones en redes sociales, todas coordinadas mediante una plataforma centralizada de automatización de marketing.

- **Segmentación y Personalización**: Emplearon técnicas avanzadas de segmentación para personalizar las comunicaciones y ofertas según las preferencias del cliente y las interacciones previas, mejorando el compromiso y las tasas de conversión.

Resultados e Impacto

- **Aumento de la Penetración de Mercado**: Las campañas colaborativas expandieron el alcance de ambas marcas, atrayendo a un número significativo de nuevos clientes interesados en la sostenibilidad.

- **Mayor Compromiso del Cliente**: El contenido educativo y los esfuerzos de marketing personalizados llevaron a tasas de compromiso más altas, con un aumento medible en las interacciones en redes sociales y el tráfico web.

- **Fidelización de Marca Fortalecida**: El énfasis en la construcción de comunidad y el compromiso regular a través de contenido enfocado en la sostenibilidad fomentó una base de clientes leal que promovió activamente ambas marcas dentro de sus redes.

Desafíos y Soluciones

- **Alinear los Mensajes de Marca**: Inicialmente, alinear los mensajes de dos marcas distintas fue un desafío. Las empresas superaron esto estableciendo un marco de comunicación compartido que destacó su compromiso mutuo con la sostenibilidad.

- **Gestión de Datos Entre Marcas**: Integrar y gestionar datos de clientes de dos fuentes diferentes requirió sistemas de gestión de datos robustos y acuerdos claros de compartición de datos para asegurar el cumplimiento de las regulaciones de privacidad.

- **Mantener el Compromiso a Través de Plataformas**: Mantener a los usuarios comprometidos a través de diversas plataformas digitales requirió una innovación continua en el contenido y pruebas. Las marcas utilizaron herramientas de automatización de marketing para monitorear el rendimiento y adaptar las estrategias de manera dinámica.

. . .

Lecciones Aprendidas

• **Poder de una Marca Unificada**: Una estrategia de marca cohesionada a través de diferentes líneas de productos puede amplificar el impacto y el alcance general de los esfuerzos de marketing.

• **Importancia del Marketing Educativo**: Educar a los consumidores puede ser una herramienta de marketing efectiva, especialmente cuando se promueven productos basados en valores como los bienes sostenibles.

• **Necesidad de Compromiso Comunitario**: Construir una comunidad en torno a valores compartidos puede llevar a una lealtad de marca más profunda y una mayor retención de clientes.

Estas prácticas y estudios de caso destacan cómo las plataformas en línea y las asociaciones estratégicas pueden transformar las relaciones empresariales, mejorar las operaciones y fomentar el crecimiento sostenible a largo plazo.

* * *

Maximizar Conferencias y Ferias Comerciales para el Networking

Las conferencias y ferias comerciales ofrecen oportunidades únicas para el networking que pueden llevar a asociaciones valiosas y al crecimiento del negocio. Estos eventos reúnen a líderes de la industria, expertos y profesionales en un entorno concentrado que favorece la creación de nuevas relaciones.

Estrategias para un Networking Efectivo en Eventos

1 Preparación: Antes de asistir a un evento, identifica qué oradores, expositores y asistentes serían más beneficiosos para conectarte. Planifica tu agenda para asegurarte de asistir a sesiones relevantes y eventos de networking.

2 Participación Activa: Participa activamente haciendo preguntas durante las sesiones, participando en discusiones y asistiendo a mezcladores o reuniones sociales.

3 Seguimiento: Después del evento, asegúrate de seguir en contacto con las personas que has conocido. Envía un correo electrónico personalizado o una solicitud de conexión en LinkedIn mencionando detalles específicos de tu conversación para reforzar la conexión.

Aprovechando las Ferias Comerciales para Oportunidades de Asociación

- **Stands de Expositores**: Si eres expositor, asegúrate de que tu stand sea atractivo y esté atendido por miembros del equipo bien informados que puedan articular el valor de tus productos o servicios y explorar posibles asociaciones.

- **Oportunidades de Patrocinio**: Patrocinar partes del evento puede aumentar la visibilidad de tu marca y posicionarte como un jugador clave en la industria, atrayendo posibles socios.

- **Oportunidades para Hablar**: Asegurar una oportunidad para hablar puede establecer tu experiencia y atraer a asistentes interesados en tu campo o que podrían ser socios potenciales.

Caso de Estudio: Tech Innovators Expo

Tech Innovators Expo es una de las conferencias más destacadas en la industria de la tecnología, conocida por reunir a innovadores y líderes de opinión de todo el mundo. En este caso de estudio, analizaremos cómo una empresa, **NextGen Solutions**, maximiza su participación en Tech Innovators Expo para establecer conexiones valiosas y crear oportunidades de asociación.

Antecedentes y Objetivos

NextGen Solutions, una empresa de tecnología emergente, busca aumentar su presencia en el mercado y establecer asociaciones estratégicas para expandir su oferta de productos. Sus objetivos para participar en Tech Innovators Expo incluyen:

1 Generar Visibilidad de Marca: Aumentar el reconocimiento de la marca NextGen Solutions entre los líderes de la industria y los asistentes al evento.

2 Establecer Conexiones Clave: Conectar con potenciales socios comerciales, inversores y clientes.

3 Mostrar Innovaciones: Presentar sus últimas innovaciones y obtener retroalimentación valiosa.

Estrategias Empleadas

1 Preparación Previa al Evento:

o **Investigación**: Identificaron a los oradores clave, expositores y asistentes con quienes querían conectarse.

o **Agenda**: Planificaron una agenda detallada que incluía sesiones relevantes, eventos de networking y reuniones preestablecidas.

2 Participación Activa:

- **Expositor Destacado**: Diseñaron un stand atractivo y lo dotaron con personal capacitado que podía comunicar efectivamente el valor de sus productos.

- **Patrocinio de Eventos**: Patrocinaron un panel de discusión sobre innovación tecnológica, aumentando su visibilidad.

- **Oportunidades para Hablar**: Uno de sus ejecutivos presentó una conferencia sobre las tendencias futuras en tecnología, destacando la experiencia de la empresa.

3 Seguimiento Posterior al Evento:

- **Contactos Personalizados**: Enviaron correos electrónicos personalizados a los contactos hechos durante el evento, mencionando detalles específicos de sus conversaciones.

- **Redes Sociales**: Utilizaron plataformas de redes sociales para mantenerse conectados con nuevos contactos y compartir contenido relacionado con el evento.

Resultados e Impacto

- **Mayor Reconocimiento de Marca**: La combinación de un stand atractivo, patrocinio de eventos y oportunidades para hablar resultó en un notable aumento del reconocimiento de la marca NextGen Solutions.

- **Nuevas Asociaciones**: Establecieron varias asociaciones estratégicas con otras empresas tecnológicas y obtuvieron contactos valiosos para futuras colaboraciones.

- **Retroalimentación Valiosa**: Recibieron retroalimentación directa sobre sus productos e innovaciones, lo que ayudó a ajustar y mejorar sus ofertas.

Desafíos y Soluciones

- **Competencia Intensa**: Con tantas empresas compitiendo por la atención, NextGen Solutions se aseguró de destacar mediante un diseño de stand innovador y personal bien capacitado.

- **Manejo del Tiempo**: Gestionar eficientemente su agenda durante el evento fue crucial. Utilizaron aplicaciones de gestión de tiempo y programación para asegurarse de no perder ninguna oportunidad importante.

- **Seguimiento Eficaz**: Asegurarse de que el seguimiento fuera personalizado y relevante fue fundamental. NextGen Solutions utilizó una plataforma de CRM para gestionar y automatizar este proceso, garantizando que cada contacto recibiera una atención adecuada.

Lecciones Aprendidas

- **Preparación Meticulosa**: La preparación detallada antes del evento maximiza las oportunidades durante el mismo.

- **Compromiso Activo**: Participar activamente y destacarse es crucial en entornos competitivos como conferencias y ferias comerciales.

- **Seguimiento Consistente**: El seguimiento eficaz y personalizado es esencial para convertir contactos en relaciones duraderas y oportunidades de negocio.

Maximizar las conferencias y ferias comerciales para el networking requiere una combinación de preparación meticulosa, participación activa y seguimiento efectivo. Al emplear estrategias como la investigación previa al evento, la participación destacada y el seguimiento personalizado, las empresas pueden establecer conexiones valiosas, crear asociaciones estratégicas y alcanzar sus objetivos de negocio.

* * *

Mantener y Desarrollar Relaciones Profesionales

Construir una red es solo el comienzo; mantener y desarrollar estas relaciones es crucial para el éxito a largo plazo. La interacción regular, compartir recursos útiles y ofrecer asistencia sin expectativas inmediatas de retorno son claves para nutrir estas conexiones.

Consejos para Sostener Relaciones

1 Revisiones Regulares: Programa correos electrónicos o llamadas regulares para ponerte al día con contactos clave y compartir actualizaciones o información relevante.

2 Proveer Valor: Busca continuamente formas de agregar valor a tus contactos, como compartir informes de la industria, presentarlos a otros profesionales u ofrecer tu experiencia.

3 Celebrar Éxitos: Reconoce y celebra los logros de tus contactos. Esto puede fortalecer tu relación y mantenerte en su mente.

Caso de Estudio: Tech Innovate Conference

La **Tech Innovate Conference**, un evento anual que reúne a líderes e innovadores del sector tecnológico, utilizó exitosamente la automatización de marketing para mejorar la participación de los asistentes y optimizar las operaciones del evento. Este caso de estudio explora la integración de la automatización de marketing en el proceso de planificación y ejecución del evento, destacando las estrategias empleadas, los resultados logrados y las implicaciones más amplias para la industria de eventos.

Antecedentes y Objetivos

Organizar conferencias de gran escala en la industria implica logística y comunicaciones complejas. Los organizadores de la Tech Innovate Conference se propusieron:

1 Maximizar la Participación de los Asistentes: Utilizar la automatización de marketing para personalizar las comunicaciones con los asistentes y aumentar la participación antes, durante y después de la conferencia.

2 Optimizar los Procesos de Registro y Asistencia: Automatizar los procesos de registro y seguimiento para mejorar la experiencia de los asistentes y reducir la carga de trabajo manual.

3 Optimizar los Esfuerzos de Marketing y Promoción: Aprovechar los conocimientos basados en datos para adaptar las campañas de marketing y maximizar la asistencia al evento y la satisfacción de los patrocinadores.

Estrategias Empleadas

1 Campañas de Correo Electrónico Automatizadas: Implementaron campañas de marketing por correo electrónico dirigidas, personalizadas en función de la asistencia pasada, intereses y antecedentes profesionales para impulsar el registro y la participación.

2 Entrega de Contenidos Dinámicos: Utilizaron herramientas de automatización de marketing para ajustar dinámicamente el contenido del sitio web y los materiales promocionales según el comportamiento y las preferencias del usuario.

3 Analíticas en Tiempo Real para la Gestión del Evento: Integraron analíticas en tiempo real para monitorear las interacciones de los asistentes durante el evento, permitiendo ajustes rápidos en horarios, recomendaciones de sesiones y oportunidades de networking.

Resultados e Impacto

• **Mejora en la Experiencia del Asistente**: Las comunicaciones personalizadas y la entrega dinámica de contenido resultaron en un aumento del 40% en la participación de los asistentes, medido a través de interacciones en la aplicación y comentarios de las sesiones.

• **Mayor Eficiencia en el Registro**: La automatización del proceso de registro redujo errores y tiempos de espera, mejorando la satisfacción general de los asistentes.

• **Mejora Basada en Datos del Evento**: Las analíticas postevento proporcionaron conocimientos valiosos sobre las preferencias y comportamientos de los asistentes, ayudando a refinar y mejorar la planificación de futuras conferencias.

Desafíos y Soluciones

• **Integración de Varias Tecnologías**: Integrar herramientas de automatización de marketing con el software de gestión de eventos y los sistemas CRM existentes fue inicialmente un desafío. Los organizadores de la conferencia colaboraron con proveedores de tecnología para asegurar una integración sin problemas.

• **Mantener la Personalización a Escala**: Equilibrar la automatización de la comunicación manteniendo un toque personal fue crucial. El equipo utilizó segmentación avanzada e información impulsada por IA para crear interacciones altamente personalizadas.

- **Privacidad y Seguridad de los Datos**: Con un enfoque aumentado en la recopilación de datos, asegurar la privacidad y seguridad de la información de los asistentes fue primordial. Los organizadores implementaron medidas de seguridad estrictas y cumplieron con las regulaciones de privacidad para proteger los datos de los asistentes.

Lecciones Aprendidas

- **La Adaptación Continua es Esencial**: La flexibilidad para adaptar las estrategias de marketing basadas en datos en tiempo real y comentarios durante el evento fue clave para mantener la relevancia y la satisfacción de los asistentes.

- **Importancia del Compromiso Pre-Evento**: Involucrar a los asistentes a través de comunicaciones personalizadas antes del evento mejoró significativamente su experiencia general y participación en el evento.

- **Seguimiento Post-Evento**: Los seguimientos automatizados post-evento, incluidos encuestas y correos electrónicos de agradecimiento, fueron cruciales para recopilar comentarios y mantener el compromiso con la comunidad de la conferencia.

Mantener y desarrollar relaciones profesionales es vital para el éxito a largo plazo. Utilizar la automatización de marketing en eventos puede mejorar significativamente la participación y la eficiencia operativa. La clave está en la preparación detallada, la participación activa y el seguimiento personalizado, lo que permite convertir contactos en relaciones duraderas y oportunidades de negocio.

* * *

Utilización de Herramientas Digitales para Mejorar la Creación de Redes y Alianzas

En la era digital, aprovechar las herramientas y plataformas en línea es esencial para una red efectiva y la construcción de alianzas. Estas herramientas pueden mejorar su capacidad para conectarse con otros, gestionar relaciones y facilitar la colaboración.

Herramientas Clave para la Creación de Redes Digitales

1 LinkedIn: La plataforma de redes profesionales más utilizada, LinkedIn permite la creación de un perfil profesional, conectarse con colegas de la industria y compartir y consumir contenido profesional.

2 Meetup: Útil para encontrar y organizar eventos y reuniones locales relacionadas con intereses profesionales específicos o industrias.

3 Eventbrite: Proporciona una plataforma para descubrir eventos profesionales, como talleres y seminarios, o para organizar los propios.

4 Zoom y Google Meet: Estas herramientas de videoconferencia son vitales para mantener relaciones a través de reuniones virtuales, especialmente cuando las reuniones presenciales no son factibles.

Estrategias para la Creación de Redes Digitales

• **Compromiso Regular**: Participa activamente en discusiones, contribuye a publicaciones y comparte tus conocimientos en plataformas como LinkedIn para mantener la visibilidad en tu red.

- **Webinars y Conferencias Virtuales**: Organiza o participa en webinars y conferencias virtuales para demostrar tu experiencia y conocer nuevos contactos.

- **Tarjetas de Visita Virtuales**: Utiliza servicios de tarjetas de visita digitales para compartir fácilmente información de contacto en entornos virtuales.

Mejora de la Gestión de Alianzas con Herramientas CRM

Las herramientas de CRM (Customer Relationship Management) también pueden ser cruciales para gestionar y fortalecer las alianzas. Permiten rastrear interacciones, establecer recordatorios para seguimientos y gestionar tareas relacionadas con las alianzas.

- **Seguimiento de Alianzas**: Utiliza sistemas CRM para registrar el progreso y el estado de cada alianza, incluidos los objetivos, contactos clave y resultados.

- **Plataformas Colaborativas**: Herramientas como Slack o Microsoft Teams pueden facilitar la comunicación y colaboración diaria con los socios, manteniendo los proyectos en camino y alineados.

Caso de Estudio: Iniciativa Global Connect

La **Iniciativa Global Connect**, un proyecto ambicioso destinado a mejorar el comercio global y la comunicación a través de soluciones digitales avanzadas, aprovechó la automatización de marketing para llegar y comprometer efectivamente a diversos interesados internacionales. Este estudio de caso examina la aplicación estratégica de herramientas de automatización de marketing en la facilitación de la cooperación internacional y la promoción de relaciones comerciales a través de fronteras.

Antecedentes y Objetivos

Frente al desafío de conectar múltiples mercados internacionales y promover oportunidades comerciales transfronterizas, la Iniciativa Global Connect se propuso:

1 Mejorar el Compromiso Internacional: Implementar herramientas de automatización de marketing para personalizar las comunicaciones para diversos contextos culturales y económicos.

2 Optimizar los Procesos de Comunicación: Automatizar los flujos de trabajo de comunicación para garantizar interacciones consistentes y oportunas con los interesados internacionales.

3 Facilitar la Investigación y Análisis de Mercados: Utilizar análisis de datos para comprender las necesidades del mercado y adaptar las iniciativas a los requisitos regionales específicos.

Estrategias Empleadas

1 Automatización de Marketing Multilingüe: Implementaron un sistema de automatización de marketing capaz de manejar múltiples idiomas y campañas de marketing regionales, asegurando que el contenido sea culturalmente relevante y apropiadamente dirigido.

2 Compromiso Segmentado de Interesados: Utilizaron técnicas sofisticadas de segmentación dentro de la plataforma de automatización para categorizar a los interesados por país, industria y nivel de interés, facilitando comunicaciones más personalizadas y efectivas.

3 Perspectivas del Mercado Basadas en Datos: Integraron análisis avanzados en el sistema de marketing para recopilar y analizar datos de mercados internacionales, proporcionando información que guía decisiones estratégicas y ajustes de campañas.

Resultados e Impacto

- **Aumento del Alcance Global**: Las campañas automatizadas y multilingües expandieron significativamente el alcance de la iniciativa, aumentando el compromiso en un 50% en los mercados objetivo.

- **Mejora en la Colaboración de los Interesados**: Los flujos de trabajo optimizados y las estrategias de comunicación personalizadas mejoraron la eficiencia de la colaboración y la satisfacción de los interesados.

- **Decisiones Estratégicas Informadas**: El uso de análisis de mercado proporcionó valiosas ideas que ayudaron a refinar el enfoque de la iniciativa, llevando a una asignación de recursos y desarrollo de estrategias más efectivos.

Desafíos y Soluciones

- **Variaciones Culturales y Lingüísticas**: Abordar las diversas matices culturales y lingüísticas en el contenido de marketing fue un desafío. La iniciativa invirtió en expertos locales para la creación y traducción de contenido para asegurar precisión y relevancia.

- **Integración de Diversas Fuentes de Datos**: Integrar datos de varias fuentes internacionales presentó desafíos significativos. Global Connect implementó herramientas robustas de gestión e integración de datos para consolidar y analizar esta información de manera efectiva.

• **Mantenimiento de la Privacidad de Datos a Través de Fronteras**: Navegar por el complejo panorama de las regulaciones internacionales de privacidad de datos requirió una planificación cuidadosa. La iniciativa adoptó una estrategia de cumplimiento integral para asegurar que todas las actividades de marketing cumplieran con las normativas locales e internacionales de protección de datos.

Lecciones Aprendidas

• **Importancia del Conocimiento Local**: Aprovechar el conocimiento del mercado local fue crucial para elaborar mensajes que resuenen con diversas audiencias.

• **Adaptabilidad en la Estrategia**: La flexibilidad para adaptar las estrategias de marketing basadas en análisis continuos y retroalimentación resultó esencial para gestionar un proyecto internacional dinámico.

• **Inversión en Tecnología y Cumplimiento**: La inversión significativa en tecnologías avanzadas de marketing y mecanismos de cumplimiento fue necesaria para apoyar los requisitos complejos del compromiso internacional.

Utilizar herramientas digitales para mejorar las redes y asociaciones es crucial en el mundo empresarial actual. La combinación de estrategias de creación de redes digitales y herramientas CRM puede optimizar significativamente las relaciones profesionales y las colaboraciones, impulsando así el éxito y el crecimiento empresarial.

* * *

Evaluación y Renovación de Alianzas

Un aspecto crucial para mantener alianzas exitosas es la evaluación regular y, cuando sea necesario, la renovación o reestructuración de estas relaciones para asegurar que sigan cumpliendo con los objetivos evolutivos de cada parte.

Consideraciones Clave para la Evaluación de Alianzas

1 Alineación de Objetivos: Asegúrate de que los objetivos de ambas partes sigan alineados. Los cambios en la estrategia comercial u objetivos pueden requerir una reevaluación de la alianza.

2 Desempeño Contra los Objetivos: Revisa regularmente el desempeño de la alianza contra los objetivos predefinidos. Esto incluye analizar el ROI, la retroalimentación del cliente y otras métricas relevantes.

3 Beneficio Mutuo: Evalúa si la alianza sigue proporcionando beneficios mutuos. Las alianzas efectivas deben crear valor para ambas partes.

Pasos para Renovar Alianzas

- **Comunicación Abierta**: Mantén líneas de comunicación abiertas para discutir el estado de la alianza y cualquier problema u oportunidad potencial.

- **Negociación**: Prepárate para negociar términos que se alineen mejor con los objetivos comerciales actuales y las condiciones del mercado.

- **Formalización de Cambios**: Cualquier cambio acordado debe actualizarse en el acuerdo de alianza para reflejar los nuevos términos.

Estrategias para Terminar Alianzas

Si una alianza ya no sirve a su propósito previsto o se vuelve insostenible, puede ser necesario disolver la relación. Aquí se explica cómo hacerlo de manera profesional:

- **Comunicación Transparente**: Discute abiertamente y con honestidad las razones para terminar la alianza.

- **Transición Gradual**: Si es posible, desfasar la alianza gradualmente para minimizar la disrupción en ambos negocios.

- **Mantener la Profesionalidad**: Incluso si se termina una alianza, mantener la profesionalidad puede ayudar a preservar una reputación positiva y potencialmente abrir oportunidades futuras.

Caso de Estudio: TechWave Software

TechWave Software, una empresa líder en desarrollo de software, ha integrado hábilmente la automatización de marketing para mejorar sus estrategias de compromiso y agilizar sus procesos de ventas. Este estudio de caso explora cómo TechWave Software utilizó la automatización de marketing para segmentar clientes específicos, optimizar la generación de leads y fomentar la lealtad del cliente.

Antecedentes y Objetivos

En la competitiva industria del software, TechWave Software buscó maneras innovadoras de comercializar efectivamente su diversa gama de productos mientras gestionaba eficientemente las relaciones con los clientes. Sus objetivos incluían:

1 Campañas de Marketing Dirigido: Implementar herramientas de automatización para crear campañas de marketing altamente dirigidas que lleguen a la audiencia correcta con mensajes personalizados.

2 Generación y Nutrición de Leads: Desarrollar un sistema automatizado para la generación y nutrición de leads que agilice el embudo de ventas y mejore las tasas de conversión.

3 Retención de Clientes y Venta Incremental: Utilizar insights basados en datos para retener clientes existentes e identificar oportunidades de venta incremental.

Estrategias Empleadas

- **Automatización de Marketing Segmentado**: TechWave Software desplegó una plataforma de automatización de marketing que les permitió segmentar su base de clientes con precisión, basándose en patrones de uso, historial de compras y niveles de compromiso.

- **Sistema Automatizado de Gestión de Leads**: Introdujo un sistema automatizado para capturar, calificar y nutrir leads a lo largo del recorrido del cliente, asegurando que los clientes potenciales reciban comunicaciones oportunas y relevantes.

- **Insights del Cliente Basados en Análisis**: Utilizó análisis avanzados para recopilar insights sobre el comportamiento del cliente, que informaron el desarrollo de productos y estrategias de marketing.

Resultados e Impacto

- **Mayor Compromiso**: Las campañas dirigidas llevaron a un aumento del 45% en el compromiso del cliente, ya que los mensajes eran altamente relevantes para las necesidades e intereses de cada segmento.

- **Mejora de las Tasas de Conversión**: El eficiente sistema de gestión de leads contribuyó a un aumento del 35% en las tasas de conversión, con los leads recibiendo seguimientos más personalizados.

- **Aumento del Valor de Vida del Cliente**: Al identificar oportunidades de venta cruzada y upselling, TechWave Software pudo aumentar el valor de vida promedio del cliente en un 25%.

Desafíos y Soluciones

- **Integración de Múltiples Fuentes de Datos**: Combinar datos de diversas fuentes en un sistema coherente de automatización de marketing fue un desafío. TechWave Software invirtió en soluciones de middleware que facilitaron la integración de datos sin problemas.

- **Equilibrio entre Automatización y Personalización**: Encontrar el equilibrio adecuado entre interacciones automatizadas y un toque personal fue crucial. TechWave Software aseguró que los puntos de contacto clave con los clientes involucraran interacciones personales del equipo, mejorando la experiencia del cliente.

- **Adaptación a Tecnologías en Rápida Evolución**: Mantenerse al día con los rápidos avances en la tecnología de automatización de marketing requirió capacitación continua y actualizaciones del sistema. TechWave Software se comprometió a una cultura de aprendizaje continuo dentro de su equipo de marketing.

. . .

Lecciones Aprendidas

• **Optimización Continua es Clave**: Revisar y optimizar regularmente las estrategias de automatización de marketing basadas en datos en tiempo real y retroalimentación resultó esencial para mantenerse relevante y efectivo.

• **Invertir en la Gestión de Datos de Calidad**: Las prácticas robustas de gestión de datos son cruciales para el éxito de la automatización de marketing, permitiendo una segmentación y direccionamiento más precisos.

• **Mejorar la Experiencia del Cliente**: Incluso en un entorno automatizado, el objetivo final debe ser siempre mejorar la experiencia del cliente, asegurando que la tecnología sirva para aumentar en lugar de restar valor a la relación personal con el cliente.

Evaluar y renovar regularmente las alianzas es esencial para mantener relaciones exitosas y asegurar que sigan cumpliendo con los objetivos de todas las partes involucradas. Al integrar estrategias como la automatización de marketing y el uso de herramientas digitales para la gestión de relaciones, las empresas pueden optimizar sus esfuerzos de creación de redes y alianzas, impulsando el crecimiento y el éxito empresarial a largo plazo.

"En lugar de interrumpir a las personas con tus mensajes, el marketing de permiso se trata de atraer a aquellos que realmente están interesados en lo que tienes que decir."
- Seth Godin

CAPÍTULO 8

NEGOCIACIÓN EN MARKETING Y VENTAS

La negociación es una habilidad crucial en marketing y ventas que implica alcanzar un acuerdo que beneficie a todas las partes involucradas. Este capítulo profundizará en las técnicas y estrategias para mejorar tus habilidades de negociación, vitales para cerrar acuerdos, formar alianzas y resolver conflictos.

Comprender los Fundamentos de la Negociación

La negociación va más allá de solo ganar o conseguir el mejor trato posible; se trata de encontrar una solución que satisfaga las necesidades de todas las partes. Requiere preparación, comunicación efectiva y la capacidad de persuadir y escuchar.

Elementos Clave de las Negociaciones Exitosas

1 Preparación: Conoce tus objetivos, las necesidades de la otra parte y tus límites. Entender lo que puedes ofrecer y aceptar realísticamente es crucial.

2 Comunicación: La negociación efectiva depende de una comunicación clara. Sé directo sobre lo que quieres, pero también escucha las necesidades y preocupaciones de la otra parte.

3 Flexibilidad: Esté dispuesto a adaptar tu enfoque basado en la discusión. La flexibilidad puede llevar a soluciones más creativas y acordes.

4 Respeto: Mantén el respeto hacia la otra parte durante todo el proceso de negociación. Un tono respetuoso puede fomentar la cooperación y un resultado más favorable.

Técnicas para una Negociación Efectiva

- **BATNA (Best Alternative to a Negotiated Agreement)**: Conoce tu mejor alternativa si la negociación no llega a un acuerdo. Esta comprensión te da una base y más confianza para negociar.

- **Anclaje**: Comienza con una oferta inicial que marque el tono de la negociación. Este punto puede anclar el resto de la negociación a tu favor si se establece adecuadamente.

- **Ganancia Mutua**: Apunta a soluciones que ofrezcan beneficios para ambas partes. Este enfoque, a menudo llamado "negociación ganar-ganar", ayuda a construir relaciones a largo plazo.

Caso de Estudio: Estate Developers Ltd.

Estate Developers Ltd., una destacada empresa de desarrollo inmobiliario, ha empleado hábilmente herramientas de marketing digital y soluciones CRM para optimizar las operaciones y mejorar las interacciones con los clientes en sus proyectos residenciales y comerciales. Este estudio de caso explora la implementación estratégica de estas tecnologías, evaluando los resultados y el impacto en su modelo de negocio.

Antecedentes y Objetivos

Ante la expansión rápida de su cartera y la necesidad de gestionar eficientemente las diversas expectativas de los clientes, Estate Developers Ltd. buscó:

1 Mejorar la Gestión de Relaciones con Clientes: Integrar un sistema CRM integral para gestionar las interacciones con los clientes y agilizar los procesos de ventas.

2 Optimizar los Esfuerzos de Marketing: Utilizar la automatización del marketing para dirigirse efectivamente a compradores potenciales y mejorar las tasas de conversión.

3 Mejorar la Eficiencia en la Gestión de Proyectos: Implementar herramientas digitales para mejorar la coordinación de las fases de desarrollo del proyecto y la comunicación con las partes interesadas.

Estrategias Empleadas

- **Integración del Sistema CRM**: Implementaron un sistema CRM avanzado diseñado para desarrolladores inmobiliarios, que facilitó el seguimiento detallado de las interacciones con los clientes, preferencias e historiales de transacciones.

- **Automatización del Marketing Dirigido**: Desplegaron herramientas de automatización de marketing que permitieron la creación y gestión de campañas publicitarias dirigidas basadas en datos de clientes recopilados a través del CRM.

- **Tableros Digitales de Proyectos**: Desarrollaron tableros digitales que proporcionaban actualizaciones en tiempo real sobre el estado de los proyectos, el inventario disponible y las consultas de los clientes para asegurar que todos los miembros del equipo tuvieran acceso a información actualizada.

Resultados e Impacto

- **Mejora en la Gestión de Clientes**: El sistema CRM mejoró la satisfacción del cliente a través de seguimientos oportunos y servicios personalizados, resultando en un aumento del 20% en la retención de clientes.

- **Aumento de las Conversiones de Ventas**: La automatización del marketing llevó a procesos de generación y nutrición de leads más efectivos, logrando una mejora del 30% en las tasas de conversión de ventas.

- **Operaciones Optimizadas**: Los tableros digitales facilitaron una mejor gestión de proyectos, reduciendo demoras y mejorando la coordinación entre los equipos de ventas, marketing y desarrollo.

Desafíos y Soluciones

- **Integración de Sistemas**: Integrar nuevas herramientas digitales con los sistemas de software existentes fue inicialmente desafiante. Estate Developers Ltd. abordó esto eligiendo plataformas flexibles capaces de integración sin problemas y proporcionando capacitación integral a su personal.

- **Seguridad y Privacidad de los Datos**: Gestionar grandes volúmenes de datos sensibles de clientes requirió medidas de seguridad mejoradas. La empresa invirtió en soluciones robustas de ciberseguridad y cumplió con regulaciones estrictas de protección de datos.

• **Mantener Conexiones Personales**: Equilibrar la eficiencia de la automatización con el mantenimiento de relaciones personales con los clientes fue crucial. Estate Developers Ltd. aseguró que las interacciones clave con los clientes fueran manejadas personalmente por agentes de ventas, mejorando la experiencia del cliente.

Lecciones Aprendidas

• **La Capacitación Continua es Crucial**: La capacitación continua para los miembros del equipo en nuevos sistemas fue esencial para maximizar los beneficios de las herramientas digitales.

• **Enfoque Centrado en el Cliente**: Mantener un enfoque centrado en el cliente en la estrategia digital ayudó a adaptar los servicios para satisfacer o superar las expectativas del cliente.

• **Adaptabilidad en Estrategias Digitales**: Ser adaptable en la implementación de estrategias digitales permitió ajustes basados en la retroalimentación y las condiciones cambiantes del mercado, lo cual fue clave para mantenerse competitivo.

La negociación efectiva y la implementación estratégica de herramientas digitales pueden transformar significativamente las operaciones de una empresa, mejorar las relaciones con los clientes y conducir a un crecimiento sostenible.

* * *

Construcción de Relación en Negociaciones

Construir una relación es un aspecto crucial de la negociación que a menudo determina el resultado antes de cualquier discusión sustantiva. Implica establecer una conexión y un nivel de confianza que facilita negociaciones más fluidas.

Estrategias para Construir Relación:

Encontrar Terreno Común

Comienza la negociación discutiendo áreas de interés mutuo o conexiones comunes. Esto puede crear una atmósfera positiva y una base de confianza.

Escucha Activa

Muestra interés genuino en lo que la otra parte está diciendo. La escucha activa implica asentir, hacer contacto visual y, ocasionalmente, resumir los puntos de la otra persona para demostrar comprensión.

Empatía

Demostrar empatía hacia las necesidades y preocupaciones de la otra parte puede mejorar enormemente la relación. Muestra respeto por su posición y construye buena voluntad.

Comunicación No Verbal

Las señales no verbales juegan un papel significativo en la construcción de relación. El lenguaje corporal positivo, como mantener el contacto visual, reflejar gestos y mantener una postura abierta, puede hacer que la negociación sea más efectiva.

El Papel de la Charla Informal

Participar en charla informal antes de entrar en los asuntos de negocios puede calentar la conversación y hacer que los participantes se sientan más cómodos. Discutir temas no controvertidos, como el clima, el lugar o noticias generales, puede aliviar tensiones y establecer un tono amistoso.

Caso de Estudio: HighTech Innovations

HighTech Innovations, un líder en la industria tecnológica conocido por sus productos innovadores en electrónica de consumo, ha utilizado hábilmente la automatización de marketing no solo para alcanzar una audiencia más amplia, sino también para fomentar un compromiso significativo con su base de clientes. Este estudio de caso analiza los métodos empleados por HighTech Innovations, destacando su uso estratégico de la tecnología para aumentar la eficacia del marketing y la retención de clientes.

Antecedentes y Objetivos

En una industria caracterizada por rápidos avances tecnológicos y feroz competencia, HighTech Innovations buscó aprovechar la automatización de marketing para obtener una ventaja competitiva. Sus objetivos principales eran:

1 Mejorar los Lanzamientos de Productos: Optimizar y maximizar el impacto de las campañas de lanzamiento de productos a nivel global.

2 Personalizar las Interacciones con los Clientes: Proporcionar experiencias personalizadas a los clientes basadas en sus preferencias e interacciones pasadas.

3 Optimizar los Recursos de Marketing: Asignar eficientemente los recursos de marketing para maximizar el ROI en varios canales.

Estrategias Empleadas

- **Campañas de Marketing Segmentadas**: Implementaron una segmentación sofisticada en su sistema de automatización de marketing para adaptar los mensajes según los perfiles de clientes, el comportamiento de compra pasado y los niveles de compromiso.

- **Analíticas e Insights Impulsados por IA**: Integraron herramientas de IA para analizar datos de clientes y predecir tendencias, lo que informó el desarrollo y marketing de nuevos productos.

- **Bucles de Retroalimentación Automatizados de Clientes**: Establecieron sistemas automatizados para recopilar y analizar retroalimentación de clientes después de la compra, lo que informó el desarrollo de productos y las mejoras en el servicio al cliente.

Resultados e Impacto

- **Compromiso Dirigido**: Utilizando campañas segmentadas, HighTech Innovations logró un aumento del 40% en el compromiso de los clientes con correos electrónicos de lanzamiento de productos y anuncios en redes sociales.

- **Mayor Lealtad del Cliente**: Las estrategias de marketing personalizadas llevaron a un aumento del 30% en las tasas de clientes recurrentes dentro de un año.

- **Eficiencia Mejorada en Marketing**: Los insights impulsados por IA y los flujos de trabajo automatizados ayudaron a optimizar el gasto en marketing, resultando en una reducción del 25% en el costo por adquisición.

Desafíos y Soluciones

- **Desafíos en la Integración de Datos**: Integrar diversas fuentes de datos en una plataforma unificada de automatización de marketing fue inicialmente problemático. HighTech Innovations abordó esto aprovechando soluciones middleware que facilitaron una integración y gestión de datos más fluida.

- **Mantener un Toque Humano**: Equilibrar la automatización con el toque personal crucial en la industria tecnológica fue un desafío. HighTech Innovations aseguró que los puntos de contacto clave con los clientes fueran manejados por agentes humanos, combinando la eficiencia automatizada con el servicio personalizado.

- **Adaptación a Cambios Rápidos del Mercado**: La naturaleza acelerada de la industria tecnológica requería una rápida adaptación de las estrategias de marketing. HighTech Innovations estableció un equipo de marketing ágil dedicado a probar y ajustar continuamente las campañas en tiempo real basándose en la retroalimentación del mercado y los insights de IA.

Lecciones Aprendidas

- **La Adaptación Continua es Clave**: En un mercado de alta velocidad, la capacidad de adaptar rápidamente las estrategias de marketing basadas en datos en tiempo real es crucial para mantener la relevancia y el interés del cliente.

- **Invertir en Analíticas Avanzadas**: Invertir en herramientas analíticas de última generación es fundamental para comprender el comportamiento del cliente y optimizar los esfuerzos de marketing.

- **Equilibrio entre Automatización y Personalización**: Si bien la automatización es esencial para la eficiencia, la personalización es clave para la satisfacción y lealtad del cliente. HighTech Innovations aprendió a aprovechar la automatización de manera que mejore, en lugar de restar, la experiencia del cliente.

Navegación en Negociaciones Difíciles

A veces las negociaciones pueden volverse contenciosas, especialmente cuando hay mucho en juego o emociones fuertes involucradas. Aquí hay algunos consejos para manejar negociaciones difíciles:

- **Mantén la Calma**: Controla tus emociones. Si sientes que la conversación se está calentando, sugiere un breve descanso.

- **Enfócate en los Hechos**: Mantén la discusión factual y objetiva. Evita ataques personales o argumentos emocionales.

- **Busca Entender**: Trata de comprender las razones detrás de la posición de la otra parte. Esta comprensión puede llevar a discusiones más empáticas y productivas.

- **Usa Mediadores**: En situaciones altamente contenciosas, traer una tercera parte neutral puede ayudar a facilitar la comunicación y encontrar un terreno común.

Construir una relación sólida en negociaciones y manejar situaciones difíciles con eficacia puede transformar significativamente el proceso de negociación, conduciendo a resultados más favorables y relaciones comerciales más fuertes a largo plazo.

* * *

Tácticas Avanzadas de Negociación

Aunque las habilidades básicas de negociación son cruciales, dominar tácticas avanzadas puede proporcionarte una ventaja en negociaciones complejas o de alto riesgo. Estas tácticas requieren una comprensión profunda de la psicología, la estrategia y el tiempo.

Técnica del Señuelo

Esta técnica consiste en presentar una opción que sabes será rechazada junto a la opción que realmente quieres promover. Esto hace que la opción preferida parezca más atractiva. A menudo se usa en estrategias de precios donde un artículo de precio más alto hace que los demás parezcan más razonablemente precios.

Bracketing (Acotamiento)

Comienza con una oferta inicial que sea más alta o más baja que tu objetivo y espera que la contraoferta caiga en algún punto intermedio. Luego ajusta tus ofertas subsiguientes para "acotar" la negociación alrededor de tu precio objetivo.

El Silencio como Herramienta

El silencio puede ser poderoso en las negociaciones. Después de hacer una oferta o un punto clave, quedarse en silencio puede presionar a la otra parte a responder o llenar el silencio, potencialmente revelando más sobre su posición o preocupaciones.

. . .

Manejo de Negociaciones Bajo Alta Presión

Las negociaciones de alta presión, como los acuerdos de última hora o aquellos con un impacto significativo en el negocio, requieren mantener la compostura y la claridad.

• **Mantén el Enfoque**: Mantén tus objetivos finales en mente y no te dejes influenciar por tácticas de presión.

• **Prepárate para la Presión**: Anticipa puntos de presión y prepara tus respuestas o concesiones de antemano.

• **Controla el Ritmo**: Si la negociación se siente apresurada, ralentiza deliberadamente la discusión para asegurar que todos los puntos se consideren cuidadosamente.

Halcyon Homes: Redefiniendo el Mercado Inmobiliario de Lujo con Automatización Avanzada de Marketing

Halcyon Homes, una prestigiosa agencia inmobiliaria especializada en propiedades de lujo, utilizó la automatización de marketing para mejorar su servicio al cliente y optimizar las interacciones con los clientes. Este estudio de caso explora cómo Halcyon Homes integró tecnologías avanzadas en sus operaciones, las estrategias que implementaron y el impacto general en su presencia en el mercado y la satisfacción del cliente.

Antecedentes y Objetivos

En el competitivo mercado inmobiliario de lujo, Halcyon Homes buscó distinguirse proporcionando un servicio al cliente excepcional y aprovechando la tecnología para mejorar la visibilidad de las propiedades y la eficiencia en las ventas. Sus objetivos principales eran:

1 Mejorar el Compromiso del Cliente: Implementar estrategias de marketing personalizadas para mantener altos niveles de compromiso con clientes acaudalados.

2 Optimizar los Procesos de Venta: Automatizar partes del proceso de ventas para aumentar la eficiencia y reducir el tiempo que las propiedades permanecen en el mercado.

3 Mejorar la Retención de Clientes y las Referencias: Utilizar herramientas de gestión de relaciones con clientes (CRM) para fomentar relaciones a largo plazo y alentar altos niveles de referencias de clientes.

Estrategias Empleadas

- **Integración Sofisticada de CRM**: Desplegaron un sistema CRM diseñado para bienes raíces de lujo que gestionaba perfiles de clientes, rastreaba interacciones y automatizaba seguimientos, asegurando una gestión personalizada de los clientes.

- **Automatización de Marketing Dirigido**: Usaron datos detallados de clientes para crear campañas de marketing digital altamente dirigidas, incluyendo recorridos virtuales y sugerencias personalizadas de propiedades, entregadas a través de correos electrónicos automatizados y plataformas de redes sociales.

- **Analítica de Desempeño**: Integraron herramientas analíticas dentro de sus sistemas de marketing para rastrear la efectividad de diferentes campañas y estrategias de compromiso con los clientes, permitiendo una toma de decisiones basada en datos.

Resultados e Impacto

- **Interacción Mejorada con el Cliente**: Las estrategias de comunicación automatizadas y personalizadas mejoraron la satisfacción del cliente al asegurar interacciones consistentes y relevantes.

- **Eficiencia de Ventas Aumentada**: La automatización de tareas rutinarias y esfuerzos de marketing resultó en ciclos de ventas más rápidos y aumentó el número de listados de propiedades que cada agente podía gestionar efectivamente.

- **Aumento de las Tasas de Referencias**: La satisfacción mejorada del cliente y los seguimientos personalizados llevaron a un aumento del 25% en las referencias de clientes año tras año.

Desafíos y Soluciones

- **Mantener el Toque Personal**: Equilibrar la automatización con el toque personal esperado en bienes raíces de lujo fue un desafío. Halcyon Homes abordó esto estableciendo parámetros que desencadenaron interacciones personales de los agentes en puntos clave del recorrido del cliente.

- **Preocupaciones de Privacidad de Datos**: Gestionar información sensible de clientes requirió medidas de seguridad rigurosas. Halcyon Homes mejoró sus protocolos de ciberseguridad y aseguró el cumplimiento de las regulaciones de protección de datos.

- **Adopción de Nuevas Tecnologías**: Algunos empleados inicialmente se resistieron a adoptar nuevas tecnologías. Halcyon Homes llevó a cabo sesiones de formación exhaustivas y demostró los beneficios de estas herramientas para mejorar los resultados de ventas y reducir la carga de trabajo.

Lecciones Aprendidas

- **Importancia de la Personalización**: En mercados de lujo, la personalización es clave. La automatización del marketing debe estar finamente ajustada para reflejar las preferencias e historiales individuales de los clientes.

- **Necesidad de Formación Continua**: La formación y el apoyo continuos son cruciales para asegurar que el personal pueda utilizar plenamente la tecnología para mejorar las interacciones con los clientes.

- **Aprovechar los Datos para la Mejora**: El análisis continuo de datos de marketing y ventas es esencial para refinar estrategias y asegurar que la agencia se mantenga receptiva a las necesidades del mercado y los clientes.

Al comprender y aplicar tácticas avanzadas de negociación, y al integrar tecnología de manera efectiva, las empresas pueden mejorar sus procesos, fortalecer relaciones y alcanzar resultados más satisfactorios en negociaciones y operaciones diarias.

* * *

Prácticas Éticas en la Negociación

La ética juega un papel crucial en la negociación, asegurando que el proceso se mantenga justo y respetuoso. La negociación ética fortalece las relaciones comerciales y construye confianza, lo cual es esencial para el éxito a largo plazo.

Principios de Negociación Ética

1 Honestidad y Transparencia: Sé claro y honesto sobre lo que puedes ofrecer y lo que esperas a cambio. La tergiversación puede llevar a la desconfianza y dañar futuras relaciones.

2 Justicia: Apunta a acuerdos que sean justos para todas las partes. Evita explotar las debilidades o la ignorancia de la otra parte.

3 Respeto: Trata a la otra parte con respeto, independientemente del resultado de la negociación. Esto ayuda a mantener una relación profesional positiva.

Evitar Tácticas Poco Éticas

- **Promesas Falsas**: Nunca hagas compromisos que sabes que no puedes cumplir.

- **Información Engañosa**: Evita usar información incorrecta o engañosa para obtener una ventaja.

- **Tácticas de Presión**: Abstente de usar presión indebida para forzar una decisión.

Clean Energy Corp.: Pioneros en Soluciones Sostenibles con Automatización Estratégica de Marketing

Clean Energy Corp., líder en el sector de energías renovables, ha utilizado eficazmente la automatización de marketing para impulsar la conciencia y la adopción de soluciones energéticas sostenibles. Este estudio de caso explora el enfoque de Clean Energy Corp. para integrar la automatización de marketing, las estrategias que implementaron y el impacto resultante en su negocio y el medio ambiente.

Antecedentes y Objetivos

A medida que crece el interés global por la sostenibilidad, Clean Energy Corp. reconoció la necesidad de escalar sus esfuerzos de marketing para educar y atraer a una audiencia más amplia. La empresa se propuso:

1 Educar al Mercado: Aumentar la conciencia y el conocimiento sobre los beneficios de las soluciones de energía renovable.

2 Generar Leads: Impulsar el interés del cliente y captar leads para instalaciones solares y otros productos de energía limpia.

3 Fomentar la Fidelidad del Cliente: Construir una relación a largo plazo con los clientes proporcionando soporte continuo y actualizaciones sobre el impacto de su inversión en energía limpia.

Estrategias Empleadas

- **Campañas de Contenido Educativo**: Implementaron campañas automatizadas de correo electrónico y redes sociales centradas en educar al público sobre la energía renovable, sus beneficios y los productos y servicios de la empresa.

- **Enfoques de Segmentación**: Utilizaron análisis de datos para segmentar el mercado según factores demográficos, ubicaciones geográficas e intereses expresados, adaptando mensajes a cada segmento para aumentar la relevancia y el compromiso.

- **Gestión del Ciclo de Vida del Cliente**: Integraron sistemas CRM con herramientas de automatización de marketing para rastrear interacciones con clientes desde el primer contacto hasta el soporte postventa, asegurando un viaje del cliente sin problemas.

Resultados e Impacto

- **Aumento en la Penetración de Mercado**: Las campañas automatizadas y educativas de marketing contribuyeron a un aumento del 40% en la generación de leads año tras año.

- **Mayor Compromiso del Cliente**: Las estrategias de marketing personalizadas y segmentadas llevaron a tasas más altas de compromiso, con un aumento del 50% en las interacciones con los clientes a través de seminarios web, talleres y eventos comunitarios.

- **Fidelidad del Cliente Fortalecida**: Una gestión efectiva del ciclo de vida ayudó a mantener una alta tasa de satisfacción del cliente, con un negocio repetido y referencias significativas.

Desafíos y Soluciones

- **Complejidad en la Entrega de Contenidos**: Entregar información compleja sobre energía renovable de manera atractiva fue un desafío. Clean Energy Corp. abordó esto empleando especialistas en contenido para crear materiales educativos interactivos y fáciles de usar.

- **Integración de Nuevas Tecnologías**: La integración de nuevas tecnologías de marketing con sistemas existentes planteó desafíos iniciales. La empresa invirtió en capacitación para el personal y estableció equipos dedicados para asegurar una integración y operación sin problemas.

- **Mantenimiento de la Privacidad de los Datos**: Con el aumento en la recopilación de datos para marketing personalizado, mantener la privacidad y seguridad se volvió primordial. Clean Energy Corp. reforzó sus medidas de ciberseguridad y cumplió con los estándares internacionales de protección de datos.

Lecciones Aprendidas

- **Valor del Marketing Educativo**: Proporcionar información valiosa fue crucial para la educación del mercado y ayudó a posicionar a Clean Energy Corp. como un líder de pensamiento en el sector de energía renovable.

- **Importancia de la Retroalimentación del Cliente**: La retroalimentación regular de los clientes fue esencial para refinar las estrategias de marketing y asegurar que el contenido cumpliera con sus necesidades y expectativas.

- **Adaptación Continua**: La rápida evolución del sector energético requirió una adaptación continua de las estrategias de marketing para mantenerse relevante y eficaz en la comunicación de los beneficios de la energía renovable.

Al adherirse a prácticas éticas en la negociación y utilizar estrategias avanzadas de marketing, las empresas pueden fortalecer sus relaciones, mejorar la lealtad del cliente y lograr resultados más positivos en sus operaciones diarias.

* * *

Negociar a través de Culturas

En el entorno empresarial global de hoy, las negociaciones a menudo implican a partes de diferentes antecedentes culturales. Comprender y respetar las diferencias culturales es clave para negociaciones internacionales exitosas.

Consejos para Negociaciones Interculturales

- **Investigación Cultural**: Antes de las negociaciones, investiga el trasfondo cultural de la otra parte, sus estilos de negociación y prácticas comerciales.

- **Sensibilidad Cultural**: Sé consciente de las normas y etiquetas culturales. Gestos simples, como la forma en que saludas, pueden influir en el tono de la negociación.

- **Comunicación Flexible**: Ajusta tu estilo de comunicación para estar más en línea con la cultura de la otra parte. Por ejemplo, algunas culturas prefieren un estilo directo, mientras que otras valoran un enfoque más indirecto.

GlobalTech Enterprises: Dominando la Expansión de Mercados a través de la Automatización Avanzada de Marketing

GlobalTech Enterprises, un conglomerado tecnológico multinacional, ha utilizado eficazmente la automatización de marketing para gestionar sus diversas líneas de productos y expandirse a nuevos mercados globales. Este estudio de caso examina cómo GlobalTech aprovechó la tecnología para mejorar sus estrategias de marketing, los resultados de estas iniciativas y su impacto en la presencia global en el mercado.

Antecedentes y Objetivos

Enfrentando las complejidades de operar en múltiples mercados internacionales con preferencias de clientes y entornos regulatorios variados, GlobalTech Enterprises se propuso:

1 Escalar Esfuerzos de Marketing Globalmente: Automatizar y simplificar los procesos de marketing para gestionar eficientemente campañas en diferentes regiones.

2 Mejorar la Personalización del Cliente: Adaptar mensajes de marketing y ofertas de productos para satisfacer las necesidades y preferencias específicas de los clientes en diversos mercados.

3 Mejorar la Toma de Decisiones Basada en Datos: Utilizar análisis de datos avanzados para informar estrategias de marketing y desarrollo de productos.

Estrategias Empleadas

• **Plataforma de Automatización de Marketing Robusta**: Implementaron una plataforma integral de automatización de marketing que se integra con los sistemas CRM existentes para coordinar y gestionar campañas en todas las regiones operativas.

• **Campañas de Marketing Localizadas**: Utilizaron análisis de datos para comprender las tendencias del mercado regional y los comportamientos de los clientes, lo que permitió la creación de campañas de marketing localizadas que resonaran con las audiencias locales.

• **Adaptación Dinámica de Contenidos**: Desarrollaron un sistema para la adaptación dinámica de contenidos que ajusta automáticamente el contenido de marketing según la ubicación del espectador, sus preferencias de idioma y las interacciones pasadas.

Resultados e Impacto

• **Operaciones de Marketing Global Simplificadas**: La plataforma de automatización redujo el tiempo y los recursos necesarios para crear y desplegar campañas de marketing en un 50%, permitiendo a GlobalTech adaptarse rápidamente a las condiciones cambiantes del mercado.

• **Aumento del Compromiso en Mercados Objetivo**: Las estrategias de marketing personalizadas y localizadas llevaron a un aumento del 30% en las tasas de compromiso del cliente en los mercados recientemente objetivos.

• **Mejora del ROI de las Actividades de Marketing**: La mejora en la orientación y la eficiencia de las campañas de marketing resultó en un aumento del 20% en el ROI de los gastos de marketing.

Desafíos y Soluciones

• **Complejidad en la Gestión de Datos**: Gestionar una gran cantidad de datos de múltiples fuentes y mercados planteó desafíos significativos. GlobalTech abordó esto invirtiendo en herramientas de integración y gestión de datos de vanguardia.

• **Diferencias Culturales y Regulatorias**: Navegar por las particularidades culturales y los requisitos regulatorios en diversos mercados requirió estrategias de marketing flexibles y adaptables. Los equipos regionales de GlobalTech colaboraron estrechamente para garantizar el cumplimiento y la alineación cultural.

• **Integración Tecnológica entre Regiones**: Integrar herramientas de automatización de marketing en varias infraestructuras regionales requirió una planificación y ejecución cuidadosa. GlobalTech se aseguró de que todos los sistemas regionales fueran compatibles y pudieran interactuar sin problemas.

Lecciones Aprendidas

• **Importancia de la Experiencia Local**: Utilizar el conocimiento y la experiencia del mercado local fue crucial para elaborar estrategias de marketing efectivas y asegurar la relevancia del contenido automatizado.

• **Mejora Continua y Retroalimentación**: El análisis y la adaptación continuos basados en datos en tiempo real y la retroalimentación de los clientes fueron clave para refinar las estrategias y mantener la competitividad en el mercado.

• **Inversión en Infraestructura Tecnológica**: Inversiones iniciales sustanciales en infraestructura tecnológica fueron necesarias, pero proporcionaron beneficios a largo plazo en términos de eficiencia operativa y escalabilidad.

Al integrar estrategias interculturales y utilizar tecnologías avanzadas de automatización, las empresas pueden optimizar sus esfuerzos de marketing global y fortalecer su presencia en mercados internacionales.

* * *

Finalizando Negociaciones de Manera Exitosa

Cerrar un trato es la culminación del proceso de negociación, donde todas las partes acuerdan y se comprometen con los términos. Esta etapa requiere un manejo cuidadoso para asegurar que los acuerdos se solidifiquen y las relaciones se preserven.

Estrategias para Cerrar Tratos

1 Resumir Puntos Clave: A medida que las negociaciones llegan a su fin, resume los puntos y términos clave para asegurarte de que no haya malentendidos. Este resumen puede ayudar a aclarar cualquier duda de último momento.

2 Abordar Problemas Pendientes: Asegúrate de que todas las preocupaciones planteadas durante la negociación se aborden antes de finalizar el trato. Los problemas no resueltos pueden generar problemas más adelante.

3 Ofrecer Concesiones Estratégicamente: A veces, ofrecer una concesión menor en la etapa final puede ayudar a cerrar el trato, especialmente si hace que la otra parte sienta que ha ganado algo valioso.

. . .

Creación de Acuerdos Efectivos

• **Términos Claros**: Asegúrate de que los términos del acuerdo estén claramente definidos y sean comprendidos por todas las partes. Las ambigüedades pueden llevar a disputas.

• **Legalmente Vinculante**: Dependiendo de la naturaleza del acuerdo, asegúrate de que sea legalmente vinculante y cumpla con las leyes y regulaciones pertinentes.

• **Flexibilidad para Ajustes Futuros**: Permite cierta flexibilidad en el acuerdo para ajustes futuros, ya que los tratos a largo plazo pueden requerir modificaciones debido a circunstancias cambiantes.

FinServe Inc.: Revolucionando los Servicios Financieros con IA y Análisis de Datos

FinServe Inc., un proveedor líder de servicios financieros, ha sido pionero en el uso de inteligencia artificial (IA) y análisis de datos para transformar sus operaciones de servicio al cliente y mejorar sus ofertas de productos. Este estudio de caso explora las estrategias innovadoras de FinServe, las implementaciones tecnológicas y los impactos de estas iniciativas en sus operaciones comerciales.

Antecedentes y Objetivos

Con el sector de servicios financieros experimentando una rápida transformación digital, FinServe Inc. se propuso mantenerse a la vanguardia aprovechando la IA y el análisis de datos avanzados para:

1 Mejorar la Eficiencia del Servicio al Cliente: Automatizar consultas rutinarias de clientes y transacciones para liberar recursos para necesidades más complejas de los clientes.

2 Personalizar Productos Financieros: Utilizar análisis de datos para adaptar productos financieros y asesoramiento a perfiles individuales de clientes.

3 Optimizar la Gestión de Riesgos: Emplear modelos impulsados por IA para mejorar la precisión de la evaluación y gestión de riesgos.

Estrategias Empleadas

• **Chatbots Impulsados por IA**: Desplegaron chatbots avanzados capaces de manejar una amplia gama de consultas de clientes, desde consultas sobre saldos de cuentas hasta asesoramiento financiero complejo, con transiciones sin problemas a asesores humanos cuando sea necesario.

• **Campañas de Marketing Personalizadas**: Utilizaron algoritmos de aprendizaje automático para analizar datos de clientes y entregar campañas de marketing altamente personalizadas a través de correo electrónico, SMS y plataformas en línea.

• **Análisis Predictivo para Evaluación de Riesgos**: Integraron análisis predictivo en el proceso de gestión de riesgos para prever mejor posibles incumplimientos y fraudes, mejorando significativamente los procesos de toma de decisiones.

Resultados e Impacto

• **Aumento de la Eficiencia Operativa**: La automatización impulsada por IA de tareas rutinarias llevó a una reducción del 40% en el volumen del centro de llamadas y una disminución del 25% en los costos operativos.

- **Mayor Satisfacción del Cliente**: El asesoramiento financiero personalizado y el servicio receptivo resultaron en un aumento del 35% en las puntuaciones de satisfacción del cliente.

- **Mejora en la Gestión de Riesgos**: El uso de análisis predictivo en la evaluación de riesgos redujo las pérdidas por incumplimientos y fraudes en un 20%.

Desafíos y Soluciones

- **Integración de Tecnologías de IA**: La integración de IA en los sistemas existentes fue inicialmente desafiante debido a problemas de compatibilidad. FinServe abordó esto colaborando estrechamente con proveedores de tecnología para desarrollar soluciones personalizadas.

- **Capacitación y Gestión del Cambio**: Hubo resistencia inicial del personal debido a temores de desplazamiento laboral. FinServe mitigó estas preocupaciones a través de programas extensivos de capacitación, demostrando cómo la IA aumentaría sus roles en lugar de reemplazarlos.

- **Privacidad y Seguridad de Datos**: Manejar datos financieros sensibles con herramientas de IA requirió medidas estrictas de seguridad de datos. FinServe aseguró el cumplimiento con las regulaciones financieras e implementó protocolos de ciberseguridad de última generación.

Lecciones Aprendidas

- **Adaptación Continua de Tecnología es Crucial**: En el sector financiero en rápida evolución, la revisión continua y la adaptación de las estrategias tecnológicas son necesarias para mantener una ventaja competitiva.

- **Equilibrio entre Automatización y Contacto Humano**: Aunque la IA mejoró significativamente la eficiencia y el compromiso del cliente, mantener un equilibrio donde la interacción humana esté disponible y sea valorada fue crucial para servicios financieros complejos.

- **Cumplimiento Regulatorio Proactivo**: Abordar proactivamente el cumplimiento regulatorio, especialmente en el uso de datos y la implementación de IA, previno posibles problemas legales y construyó confianza con los clientes.

Seguimiento Post-Negociación

El final de una negociación no significa el final de la interacción. Un seguimiento efectivo puede ayudar a solidificar la relación y allanar el camino para futuros negocios.

- **Comunicación de Agradecimiento**: Envía una nota o correo electrónico de agradecimiento expresando aprecio por la colaboración y los esfuerzos mutuos.

- **Documentar y Entregar**: Asegúrate de que todos los documentos negociados se firmen y se entreguen puntualmente. Cumple con cualquier compromiso hecho durante las negociaciones lo antes posible.

- **Revisar Regularmente**: Mantén el contacto y revisa periódicamente para asegurar la satisfacción con el acuerdo y abordar cualquier problema emergente.

Mantener una Relación Post-Acuerdo

Mantener una relación positiva post-acuerdo es crucial. Actualizaciones regulares, revisiones ocasionales y la adición continua de valor pueden convertir un acuerdo único en una asociación continua.

> *"La innovación distingue a un líder de un seguidor."*
> *— Steve Jobs*

CAPÍTULO 9

ESTRATEGIAS PARA LA RECOLECCIÓN, ANÁLISIS Y ACCIÓN BASADA EN LA RETROALIMENTACIÓN DEL CLIENTE

La retroalimentación del cliente es un recurso invaluable para cualquier empresa. Proporciona información sobre lo que los clientes piensan acerca de sus productos o servicios, destaca áreas de mejora y ayuda a medir la satisfacción del cliente. Este capítulo explora estrategias efectivas para recopilar, analizar y actuar sobre la retroalimentación del cliente.

La Importancia de la Retroalimentación del Cliente

1 Mejora del Producto: La retroalimentación puede revelar problemas o posibles mejoras que pueden no ser evidentes para el equipo interno.

2 Satisfacción del Cliente: Entender cómo se sienten los clientes acerca de su producto o servicio puede ayudar a ajustar para satisfacer mejor sus necesidades, aumentando así la satisfacción y lealtad.

3 Tendencias del Mercado: La retroalimentación también puede proporcionar indicaciones tempranas de tendencias del mercado, permitiendo a las empresas adaptar sus estrategias proactivamente.

Recolección de Retroalimentación del Cliente

Recoger retroalimentación efectiva implica una variedad de métodos, cada uno adecuado para diferentes propósitos:

• **Encuestas**: Las encuestas en línea enviadas por correo electrónico o disponibles en su sitio web pueden recopilar retroalimentación cuantitativa y cualitativa de una amplia audiencia.

• **Redes Sociales y Reseñas en Línea**: Monitorear la retroalimentación en plataformas de redes sociales y sitios de reseñas en línea proporciona información sobre las percepciones públicas de los clientes.

• **Grupos Focales**: Reunir a un grupo de clientes para discutir sus experiencias puede proporcionar profundos insights sobre productos o servicios específicos.

• **Interacciones con Soporte al Cliente**: La retroalimentación recogida durante llamadas de soporte o chats puede ser particularmente reveladora, ya que los clientes a menudo contactan soporte cuando tienen problemas.

Fomentando Retroalimentación Honesta

• **Facilidad de Acceso**: Haga que sea fácil para los clientes dejar retroalimentación. Proporcione múltiples canales y asegúrese de que el proceso sea simple y rápido.

- **Incentivos**: Ofrezca incentivos como descuentos o la entrada a un concurso para animar a más clientes a tomarse el tiempo de proporcionar retroalimentación.

- **Transparencia**: Hágales saber a los clientes cómo se utilizará su retroalimentación y siga adelante con los cambios realizados como resultado de sus sugerencias para construir confianza y fomentar la participación futura.

Elixir Cosmetics: Mejorando el Compromiso de la Marca a Través de la Innovación en Marketing Digital

Elixir Cosmetics, una marca de belleza en auge, ha logrado avances significativos en la integración de tecnologías de marketing digital para mejorar el compromiso del cliente y aumentar las ventas. Este estudio de caso explora el uso estratégico de estas tecnologías en Elixir Cosmetics, destacando su impacto en el desarrollo de la marca y la lealtad del cliente.

Antecedentes y Objetivos

Frente a una intensa competencia en la industria de la belleza, Elixir Cosmetics buscó diferenciarse aprovechando las tecnologías digitales para ofrecer una experiencia de compra más personalizada y atractiva. Los objetivos eran:

1 Aumentar el Compromiso del Cliente: Utilizar la tecnología para crear una experiencia de compra más interactiva y personalizada.

2 Impulsar las Ventas en Línea: Mejorar las capacidades de comercio electrónico para convertir eficazmente los compromisos en ventas.

3 Fortalecer la Lealtad de la Marca: Construir una base de clientes leales a través de marketing dirigido e interacciones personalizadas.

Estrategias Empleadas

- **Tecnología de Prueba Virtual**: Implementaron funciones de prueba virtual impulsadas por AR en su sitio web y aplicación móvil, permitiendo a los clientes ver productos en sus propias imágenes en tiempo real.

- **Automatización de Marketing Personalizado**: Utilizaron datos de clientes para personalizar campañas de correo electrónico y redes sociales, adaptando el contenido basado en compras anteriores y comportamiento de navegación.

- **Integración del Programa de Lealtad**: Desarrollaron un programa de lealtad digital que recompensaba a los clientes por interacciones y compras en línea, integrado perfectamente con su sistema de automatización de marketing.

Resultados e Impacto

- **Mejora de la Experiencia del Cliente**: La herramienta de prueba virtual aumentó significativamente la interacción del cliente con la línea de productos, llevando a tasas más altas de satisfacción y compromiso.

- **Aumento de las Tasas de Conversión**: Las campañas de marketing personalizadas resultaron en un aumento del 30% en las tasas de conversión, ya que las promociones y recomendaciones de productos estaban más alineadas con las preferencias individuales de los clientes.

- **Crecimiento en la Lealtad del Cliente**: El programa de lealtad mejorado llevó a un aumento del 25% en las compras repetidas de clientes año tras año.

Desafíos y Soluciones

• **Adopción de Tecnología**: La hesitación inicial de los clientes hacia el uso de la tecnología AR fue un desafío. Elixir Cosmetics abordó esto lanzando campañas educativas y destacando contenido generado por usuarios para demostrar el valor de la herramienta.

• **Integración de Datos**: Integrar datos a través de varias plataformas (comercio electrónico, CRM, programas de lealtad) para crear una vista unificada del cliente fue complejo. Elixir Cosmetics invirtió en soluciones avanzadas de CRM y soporte especializado de integración para asegurar un flujo de datos sin problemas.

• **Mantener la Identidad de la Marca**: Balancear la innovación tecnológica con mantener el ethos central de la marca fue crucial. Elixir Cosmetics se aseguró de que todas las interacciones digitales reflejaran su compromiso con la calidad y los valores centrados en el cliente.

Lecciones Aprendidas

• **La Innovación Continua es Clave**: En la industria de la belleza de rápido movimiento, la innovación continua en las ofertas de productos y enfoques de marketing es esencial para mantener la relevancia de la marca y el compromiso.

• **Despliegue de Tecnología Centrado en el Cliente**: Las tecnologías deben desplegarse de una manera que realmente mejore la experiencia del cliente y se alinee con sus expectativas y preferencias.

• **Uso Estratégico de Datos**: El uso efectivo de datos de clientes puede mejorar significativamente la eficiencia del marketing y la satisfacción del cliente, pero requiere sistemas robustos para la recolección, análisis y aplicación de datos.

Estos estudios de caso y estrategias subrayan la importancia de recopilar y actuar sobre la retroalimentación del cliente, así como de utilizar tecnologías avanzadas para mejorar el compromiso del cliente y fortalecer la lealtad de la marca. Implementar estas estrategias de manera efectiva puede proporcionar una ventaja competitiva significativa y fomentar el crecimiento sostenible a largo plazo.

* * *

Analizando la Retroalimentación del Cliente para Obtener Información Accionable

Una vez que se recopila la retroalimentación del cliente, el siguiente paso es analizar los datos para extraer información accionable. Este proceso ayuda a las empresas a comprender las tendencias y problemas subyacentes que afectan la satisfacción y lealtad del cliente.

Pasos para Analizar la Retroalimentación

1 Categorizar la Retroalimentación: Organice la retroalimentación en categorías como características del producto, servicio al cliente, precios y experiencia del usuario. Esto ayuda a identificar áreas que necesitan atención.

2 Identificar Patrones y Tendencias: Busque temas comunes o problemas recurrentes en la retroalimentación. Un gran volumen de comentarios sobre un aspecto específico puede indicar una área importante de mejora o un punto fuerte que vale la pena enfatizar.

3 Análisis Cuantitativo: Use herramientas estadísticas para analizar datos numéricos de calificaciones y puntuaciones. Esto puede ayudar a cuantificar la magnitud de los problemas o niveles de satisfacción.

4 Análisis Cualitativo: Para la retroalimentación textual, use análisis de sentimiento o lea manualmente los comentarios para evaluar el tono y los sentimientos subyacentes.

Herramientas para el Análisis de Retroalimentación

- **Software de Análisis de Encuestas**: Herramientas como SurveyMonkey y Google Forms ofrecen análisis integrados para los resultados de las encuestas.

- **Herramientas de Análisis de Texto**: Software como NVivo o Lexalytics puede analizar la retroalimentación textual para identificar palabras comunes y sentimientos.

- **Sistemas de Gestión de Relaciones con el Cliente (CRM)**: Los CRMs pueden integrar y analizar la retroalimentación a través de varios canales, proporcionando una visión holística de las interacciones con los clientes.

Actuar sobre la Retroalimentación

- **Priorizar Acciones**: Basándose en el análisis, priorice las áreas que requieren atención inmediata o que podrían tener el mayor impacto en la satisfacción del cliente.

- **Implementar Cambios**: Desarrolle un plan para abordar los problemas identificados. Esto puede implicar modificaciones de productos, mejoras en el servicio o cambios en las políticas.

- **Comunicar Cambios a los Clientes**: Informe a los clientes sobre los cambios realizados en respuesta a sus comentarios. Esta comunicación puede mejorar las relaciones con los clientes y demostrar que se valora su retroalimentación.

AutoDrive Vehicles: Acelerando las Ventas con Automatización de Marketing Impulsada por IA

AutoDrive Vehicles, un fabricante líder de automóviles, fue pionero en el uso de inteligencia artificial en la automatización de marketing para mejorar el compromiso del cliente y aumentar las ventas de vehículos. Este estudio de caso explora la integración de tecnologías de IA en su estrategia de marketing, detallando los enfoques, desafíos y resultados significativos.

Antecedentes y Objetivos

AutoDrive Vehicles enfrentaba el desafío de un mercado automotriz saturado y preferencias de consumidores en rápida evolución, particularmente hacia vehículos sostenibles y tecnológicamente avanzados. La empresa se propuso:

1 Personalizar las Comunicaciones con los Clientes: Adaptar los mensajes de marketing basándose en las preferencias individuales de los clientes y las interacciones pasadas.

2 Mejorar la Generación y Conversión de Leads: Utilizar IA para refinar la puntuación y priorización de leads para aumentar las tasas de conversión.

3 Optimizar el Viaje del Cliente: Automatizar y optimizar el recorrido del cliente desde el interés inicial hasta la postcompra, asegurando una experiencia fluida y atractiva.

Estrategias Empleadas

• **Sistema CRM Mejorado con IA**: AutoDrive integró capacidades de IA en su sistema CRM para segmentar dinámicamente a los clientes, predecir comportamientos de compra y personalizar comunicaciones a gran escala.

• **Gestión Automatizada de Leads**: Desplegó algoritmos de IA para analizar datos de clientes potenciales de varios puntos de contacto, puntuar leads y activar acciones de marketing personalizadas.

• **Showrooms Virtuales y Chatbots de IA**: Implementó showrooms virtuales que permitían a los clientes explorar y personalizar vehículos en línea, asistidos por chatbots impulsados por IA que ofrecían soporte personalizado en tiempo real.

Resultados e Impacto

• **Aumento de las Conversiones de Ventas**: Al aprovechar la IA para la puntuación de leads y el marketing personalizado, AutoDrive vio un aumento del 35% en las tasas de conversión de leads a compras.

• **Mejora de la Satisfacción del Cliente**: Las interacciones personalizadas y las herramientas digitales convenientes mejoraron significativamente la satisfacción y lealtad del cliente.

• **Eficiencia en el Gasto de Marketing**: Los insights impulsados por IA permitieron a AutoDrive asignar los presupuestos de marketing de manera más efectiva, reduciendo los costos en un 20% mientras aumentaban el alcance y el impacto de sus campañas.

Desafíos y Soluciones

- **Integración de Tecnologías de IA**: La integración de IA en los sistemas existentes planteó desafíos técnicos iniciales. AutoDrive abordó estos a través de asociaciones con proveedores de tecnología y pruebas exhaustivas antes de la implementación a gran escala.

- **Capacitación y Adaptación**: Garantizar que el personal comprendiera y pudiera utilizar eficazmente las nuevas herramientas de IA requirió programas de capacitación exhaustivos y estrategias de gestión del cambio.

- **Privacidad y Seguridad de los Datos**: Con el aumento de la recopilación y procesamiento de datos, mantener la privacidad y seguridad de la información del cliente fue primordial. AutoDrive implementó medidas mejoradas de ciberseguridad y cumplió con estrictas regulaciones de protección de datos.

Lecciones Aprendidas

- **La Innovación Continua es Esencial**: El mercado automotriz está en constante evolución, y mantenerse a la vanguardia requiere una innovación y adaptación continuas de la tecnología.

- **Equilibrio entre Automatización e Interacción Humana**: Si bien la IA y la automatización proporcionaron eficiencia y personalización, mantener un equilibrio con el servicio al cliente humano fue crucial para manejar necesidades complejas de los clientes.

- **Uso Estratégico de Datos Maximiza el ROI**: Utilizar datos estratégicamente para impulsar decisiones de marketing mejoró significativamente el ROI y el compromiso del cliente.

Estos estudios de caso y estrategias destacan la importancia de analizar y actuar sobre la retroalimentación del cliente, así como de utilizar tecnologías avanzadas para mejorar el compromiso del cliente y fortalecer la lealtad de la marca. Implementar estas estrategias de manera efectiva puede proporcionar una ventaja competitiva significativa y fomentar el crecimiento sostenible a largo plazo.

* * *

Implementación de un Bucle de Retroalimentación en su Empresa

Crear un bucle de retroalimentación efectivo dentro de su organización es crucial para la mejora continua y la satisfacción del cliente. Un bucle de retroalimentación asegura que los comentarios e ideas de los clientes conduzcan a acciones y que estas acciones se comuniquen de vuelta a los clientes, mejorando su compromiso y confianza.

Pasos para Crear un Bucle de Retroalimentación Robusto

1 Recopilación: Establezca diversos canales para recopilar retroalimentación, como encuestas, interacciones directas con clientes, redes sociales y sitios de reseñas de terceros.

2 Análisis: Analice sistemáticamente la retroalimentación para determinar elementos accionables. Utilice herramientas y software para gestionar e interpretar grandes volúmenes de datos de manera efectiva.

3 Acción: Implemente cambios basados en el análisis de la retroalimentación. Esto puede incluir mejoras de productos, mejoras en el servicio o actualizaciones en la experiencia del cliente.

4 Comunicación: Informe proactivamente a los clientes sobre cómo se ha utilizado su retroalimentación para realizar mejoras. Esto puede hacerse a través de actualizaciones por correo electrónico, publicaciones en blogs o publicaciones en redes sociales.

Importancia de la Comunicación en el Bucle de Retroalimentación

La comunicación efectiva asegura que los clientes sepan que se valora su retroalimentación y que se toma en serio. Demuestra el compromiso de la empresa con la satisfacción del cliente y puede convertir a clientes neutrales o insatisfechos en defensores leales.

Desafíos y Soluciones del Bucle de Retroalimentación

- **Desafío: Datos Abrumadores**: Las empresas a menudo reciben más retroalimentación de la que pueden procesar manualmente.

  o **Solución**: Implemente herramientas automatizadas para ayudar a categorizar y priorizar la retroalimentación.

- **Desafío: Implementación Lenta**: Los cambios basados en la retroalimentación a veces pueden tardar demasiado en implementarse, lo que lleva a la insatisfacción del cliente.

  o **Solución**: Desarrolle un proceso optimizado para implementar rápidamente cambios menores y establezca plazos realistas para modificaciones más significativas.

. . .

BistroCafe: Mejorando la Experiencia Gastronómica con la Integración Digital

BistroCafe, un popular bistró local conocido por su ambiente acogedor y café gourmet, emprendió una transformación digital para mejorar su servicio al cliente y optimizar operaciones. Este estudio de caso explora la adopción de herramientas digitales por parte de BistroCafe, las estrategias implementadas y los impactos en sus operaciones comerciales y experiencia del cliente.

Antecedentes y Objetivos

Frente a la creciente competencia y las cambiantes expectativas de los clientes impulsadas por los avances digitales en la industria de restaurantes, BistroCafe se propuso:

1 Mejorar el Compromiso del Cliente: Mejorar la experiencia gastronómica integrando soluciones digitales que ofrezcan conveniencia y personalización.

2 Optimizar Operaciones: Automatizar los procesos de pedidos y pagos para mejorar la eficiencia y reducir los tiempos de espera.

3 Aumentar la Efectividad del Marketing: Aprovechar los datos de los clientes para ejecutar campañas de marketing y promociones dirigidas.

Estrategias Empleadas

- **Sistema de Menú y Pedidos Digitales**: Implementó un menú interactivo digital al que los clientes podían acceder en sus dispositivos móviles, permitiéndoles realizar pedidos directamente desde sus mesas.

- **Integración de Sistema CRM**: Introdujo un sistema CRM para recopilar y analizar datos de clientes, incluidas preferencias, historial de compras y retroalimentación, para personalizar el servicio y los esfuerzos de marketing.

- **Recopilación Automatizada de Retroalimentación**: Utilizó herramientas automatizadas para recopilar retroalimentación después de la visita, integrando las respuestas con el CRM para mejorar continuamente el servicio y las ofertas del menú.

Resultados e Impacto

- **Mejora de la Experiencia del Cliente**: La conveniencia de los pedidos y pagos digitales mejoró significativamente la experiencia general del cliente, llevando a una mayor frecuencia de visitas y puntajes de satisfacción del cliente más altos.

- **Eficiencia Operacional**: La automatización del procesamiento de pedidos redujo los tiempos promedio de rotación de mesas y minimizó los errores en los pedidos, mejorando la eficiencia operativa.

- **Aumento de Ventas**: Las campañas de marketing personalizadas, informadas por datos del CRM, resultaron en un aumento del 20% en la efectividad de las campañas promocionales y en mayores ventas generales.

Desafíos y Soluciones

- **Adopción de Nuevas Tecnologías**: La resistencia inicial tanto del personal como de algunos clientes hacia los pedidos digitales fue un desafío. BistroCafe abordó esto proporcionando capacitación para el personal y guías claras y fáciles de entender para los clientes.

- **Mantener el Toque Personal**: Equilibrar la conveniencia digital con el toque personal característico del bistró fue crucial. BistroCafe se aseguró de que las herramientas digitales complementaran el servicio proporcionado por el personal en lugar de reemplazarlo.

• **Preocupaciones sobre la Privacidad de los Datos**: Con el aumento de la recopilación de datos de clientes, garantizar la privacidad y el cumplimiento de las leyes de protección de datos fue primordial. BistroCafe implementó medidas de seguridad robustas y políticas de privacidad transparentes para proteger la información del cliente.

Lecciones Aprendidas

• **La Educación del Cliente es Clave**: Educar a los clientes sobre los beneficios y funcionalidades de las nuevas herramientas digitales fue esencial para su adopción y recepción positiva.

• **Flexibilidad en la Implementación**: Fasear los cambios digitales y permitir que los clientes opten por métodos tradicionales si lo prefieren ayudó a suavizar la transición y mantener la lealtad del cliente.

• **Evaluación y Adaptación Continua**: El monitoreo continuo y la adaptación de las herramientas digitales basados en datos en tiempo real y retroalimentación de los clientes fueron cruciales para optimizar su efectividad y asegurar que cumplían con los objetivos comerciales.

Estos estudios de caso y estrategias destacan la importancia de implementar un bucle de retroalimentación efectivo y utilizar herramientas digitales avanzadas para mejorar el compromiso del cliente y fortalecer la lealtad de la marca. Implementar estas estrategias de manera efectiva puede proporcionar una ventaja competitiva significativa y fomentar el crecimiento sostenible a largo plazo.

* * *

Aprovechar la Retroalimentación para la Toma de Decisiones Estratégicas

La retroalimentación de los clientes no solo es una herramienta para ajustes tácticos, sino que también puede informar decisiones estratégicas que moldean fundamentalmente la dirección de su negocio. Comprender cómo extraer y utilizar estos conocimientos puede darle una ventaja competitiva y ayudar a fomentar una cultura centrada en el cliente.

Integración de la Retroalimentación en la Estrategia Empresarial

1 Planificación a Largo Plazo: Utilice la retroalimentación para identificar tendencias a largo plazo y deseos de los clientes que puedan influir en el desarrollo de productos, posicionamiento en el mercado y estrategias de expansión empresarial.

2 Asignación de Recursos: La retroalimentación puede ayudar a determinar qué áreas de su negocio necesitan más inversión, ya sea en servicio al cliente, calidad del producto o experiencia del usuario.

3 Gestión de Riesgos: La retroalimentación regular de los clientes puede actuar como un sistema de alerta temprana para identificar problemas potenciales antes de que se conviertan en problemas mayores.

Técnicas para el Análisis Estratégico de la Retroalimentación

- **Visualización de Datos**: Utilice gráficos, mapas de calor y paneles de control para visualizar tendencias y patrones en la retroalimentación que podrían no ser evidentes a partir de los datos en bruto.

- **Talleres Transversales**: Reúna regularmente equipos de diferentes departamentos para discutir la retroalimentación y sus implicaciones para cada área del negocio.

- **Mapeo del Viaje del Cliente**: Mapee la retroalimentación en diferentes etapas del viaje del cliente para identificar puntos de contacto críticos y áreas de mejora.

OmniTech Electronics: Aprovechando el Poder de los Datos en Tiempo Real y la IA en la Venta al por Menor de Electrónica de Consumo

OmniTech Electronics, un minorista líder en electrónica de consumo, utilizó análisis de datos en tiempo real e inteligencia artificial para mejorar sus estrategias de marketing y servicio al cliente. Este estudio de caso explora el enfoque integral que tomó OmniTech Electronics, detallando la implementación, desafíos y resultados de la integración de soluciones tecnológicas avanzadas.

Antecedentes y Objetivos

Con el mercado de la electrónica de consumo evolucionando rápidamente y la competencia intensificándose, OmniTech Electronics buscó formas innovadoras de mejorar su eficiencia operativa y compromiso con el cliente. Los objetivos principales incluyeron:

1 Mejorar la Experiencia del Cliente: Utilizar la IA para proporcionar experiencias de compra personalizadas en línea y en tienda.

2 Optimizar la Gestión de Inventarios: Implementar análisis de datos en tiempo real para predecir mejor la demanda y gestionar el inventario de manera eficiente.

3 Aumentar las Tasas de Conversión de Ventas: Utilizar conocimientos impulsados por la IA para optimizar los esfuerzos de marketing y mejorar las conversiones de ventas.

Estrategias Empleadas

- **Personalización Impulsada por la IA**: Implementó tecnologías de IA para analizar datos de clientes y proporcionar recomendaciones de productos personalizadas tanto en su sitio web como a través de campañas de marketing dirigidas.

- **Plataforma de Análisis en Tiempo Real**: Desplegó una plataforma de análisis en tiempo real para monitorear datos de ventas, interacciones con clientes y niveles de inventario, permitiendo una toma de decisiones dinámica.

- **Soluciones Automatizadas de Servicio al Cliente**: Introdujo chatbots y asistentes virtuales para manejar consultas y soporte al cliente, reduciendo los tiempos de respuesta y mejorando la satisfacción del cliente.

Resultados e Impacto

- **Mejora en el Compromiso del Cliente**: Las recomendaciones personalizadas y el servicio al cliente proactivo llevaron a un mayor compromiso y niveles más altos de satisfacción del cliente.

- **Eficiencia Mejorada en el Inventario**: El sistema de análisis en tiempo real permitió una mejor previsión de la demanda, reduciendo excesos y faltantes de stock, y optimizando la cadena de suministro.

- **Aumento en las Tasas de Conversión**: Los esfuerzos de marketing dirigidos, impulsados por la IA, resultaron en un aumento del 25% en las tasas de conversión en plataformas en línea.

Desafíos y Soluciones

- **Integración de Tecnologías Avanzadas**: La integración de la IA y el análisis en tiempo real en los sistemas existentes fue compleja. OmniTech Electronics abordó este desafío asociándose con proveedores de tecnología y realizando pruebas y capacitación extensivas.

- **Equilibrio entre Automatización e Interacción Humana**: Mantener un equilibrio entre soluciones automatizadas y el servicio al cliente humano fue esencial. OmniTech Electronics se aseguró de que los problemas complejos de los clientes fueran escalados a agentes humanos, manteniendo un alto nivel de atención al cliente.

- **Privacidad y Seguridad de los Datos**: Implementar estas tecnologías requería manejar datos sensibles de clientes. OmniTech Electronics fortaleció sus medidas de ciberseguridad y aseguró el cumplimiento de las regulaciones de protección de datos para proteger la información del cliente.

Lecciones Aprendidas

- **La Adaptación Continua es Crucial**: El panorama minorista de la electrónica está en continua evolución, lo que requiere ajustes y actualizaciones continuas en las implementaciones tecnológicas.

- **Capacitación y Aceptación del Personal**: La implementación efectiva no solo requirió integración tecnológica, sino también capacitación y aceptación del personal. Asegurarse de que el personal comprendiera y adoptara las nuevas herramientas fue clave para su implementación exitosa.

• **Despliegue de Tecnología Centrada en el Cliente**: Las tecnologías fueron más efectivas cuando se desplegaron con un enfoque claro en mejorar la experiencia del cliente, ya sea a través de una mayor personalización, mejor servicio o operaciones más eficientes.

Cultivar una Cultura Amigable con la Retroalimentación

Crear una cultura que valore y busque activamente la retroalimentación es crucial para el crecimiento sostenible del negocio. Aquí se explica cómo puede cultivar dicha cultura:

• **Liderazgo por Ejemplo**: Los líderes deben participar activamente en solicitar y responder a la retroalimentación, estableciendo un precedente para el resto de la organización.

• **Recompensar el Compromiso**: Reconozca y recompense a los empleados que recopilan, analizan o actúan con éxito sobre la retroalimentación de los clientes.

• **Aprendizaje Continuo**: Ofrezca recursos de capacitación y desarrollo para ayudar a los empleados a utilizar eficazmente la retroalimentación para la mejora continua.

Implementar estas estrategias puede proporcionar una ventaja competitiva significativa y fomentar un crecimiento sostenible a largo plazo.

* * *

Usar la Retroalimentación como Herramienta para Mejorar la Fidelidad del Cliente

Utilizar la retroalimentación de los clientes de manera efectiva no solo aborda preocupaciones o sugerencias inmediatas, sino que también mejora significativamente la lealtad del cliente al hacer que se sientan valorados y escuchados.

Estrategias para Mejorar la Lealtad a Través de la Retroalimentación

1 Respuestas Rápidas: Responder rápidamente a la retroalimentación, especialmente cuando se trata de quejas o preocupaciones, muestra a los clientes que valora sus opiniones y está comprometido a resolver los problemas.

2 Acciones de Seguimiento: Después de abordar la retroalimentación, realice un seguimiento con los clientes para informarles sobre los pasos que ha tomado y verificar si están satisfechos con la resolución. Esto puede convertir una experiencia potencialmente negativa en una positiva.

3 Involucrar a los Clientes: Involucre a los clientes en el proceso de desarrollo pidiéndoles su opinión sobre nuevas características, productos o cambios. Esto puede hacer que los clientes se sientan como participantes activos en el viaje de su marca.

Crear Defensores a Través de la Retroalimentación

Los clientes que sienten que su retroalimentación ha llevado a cambios tangibles son más propensos a convertirse en defensores de la marca. Comparten sus experiencias positivas con otros, lo que puede llevar a nuevas adquisiciones de clientes y una lealtad más profunda.

- **Testimonios y Estudios de Caso**: Use retroalimentación positiva e historias de éxito de clientes en sus materiales de marketing como testimonios o estudios de caso detallados.

- **Programas de Referencias**: Anime a los clientes satisfechos a referir nuevos clientes ofreciendo incentivos tanto para el referente como para el referido.

Cityscape Real Estate: Transformando el Marketing Inmobiliario con Herramientas Digitales

Cityscape Real Estate, una agencia inmobiliaria prominente, aprovechó las herramientas de marketing digital y el software CRM para revolucionar cómo comercializan propiedades e interactúan con posibles compradores. Este estudio de caso explora las estrategias implementadas por Cityscape, el impacto en su proceso de ventas y las implicaciones más amplias para la industria inmobiliaria.

Antecedentes y Objetivos

Cityscape Real Estate enfrentaba el desafío de adaptarse a un mercado inmobiliario en rápida evolución, donde los compradores cada vez más comienzan su búsqueda de propiedades en línea. La agencia se propuso:

1 Mejorar los Listados de Propiedades en Línea: Mejorar la calidad y el alcance de los listados de propiedades en línea para atraer a más compradores potenciales.

2 Optimizar la Interacción con los Clientes: Automatizar las comunicaciones y seguimientos para mejorar el compromiso y la satisfacción del cliente.

3 Optimizar los Procesos de Ventas: Utilizar conocimientos basados en datos para optimizar el proceso de ventas y cerrar negocios de manera más eficiente.

Estrategias Empleadas

• **Sistema CRM Integrado**: Implementó un robusto sistema CRM que centralizó la información del cliente, las interacciones y las preferencias para mejorar la comunicación personalizada.

• **Recorridos Virtuales y Realidad Aumentada**: Invirtió en tecnología de recorridos virtuales y aplicaciones de realidad aumentada que permitieron a los posibles compradores explorar propiedades de forma remota, ofreciendo una experiencia de visualización más atractiva e informativa.

• **Campañas de Marketing Automatizadas**: Desarrolló campañas automatizadas de correo electrónico y redes sociales que segmentaron clientes específicos con recomendaciones de propiedades personalizadas basadas en sus comportamientos de búsqueda y preferencias.

Resultados e Impacto

• **Mayor Compromiso con los Listados**: El uso de recorridos virtuales y listados en línea de alta calidad llevó a un aumento del 50% en el tiempo promedio de compromiso por listado.

• **Tasas de Conversión Más Altas**: Los sistemas automatizados de seguimiento y los esfuerzos de marketing personalizados resultaron en un aumento del 30% en las tasas de conversión desde la consulta inicial hasta la visualización de la propiedad.

• **Mejora en la Satisfacción del Cliente**: La comunicación optimizada y las estrategias de compromiso proactivo mejoraron la satisfacción general del cliente y contribuyeron a tasas de referencia más altas.

Desafíos y Soluciones

- **Integración de Tecnología**: Integrar nuevas herramientas digitales con los sistemas existentes fue inicialmente desafiante. Cityscape abordó esto seleccionando tecnologías que ofrecían alta compatibilidad y flexibilidad.

- **Mantener el Toque Personal**: Equilibrar la automatización con un toque personal fue crucial en las transacciones inmobiliarias. Cityscape aseguró que las interacciones clave con los clientes se mantuvieran personalizadas, utilizando la automatización para mejorar, no reemplazar, el servicio personal.

- **Preocupaciones de Privacidad de los Datos**: Manejar datos sensibles de los clientes requería un estricto cumplimiento de las regulaciones de protección de datos. Cityscape fortaleció sus medidas de ciberseguridad y aseguró transparencia en sus políticas de uso de datos.

Lecciones Aprendidas

- **Inversión en Contenido Digital de Calidad**: Invertir en contenido digital de alta calidad, como fotos profesionales y recorridos virtuales interactivos, mejoró significativamente el compromiso en línea.

- **Flexibilidad en la Estrategia**: Ser flexible y estar dispuesto a adaptar estrategias basadas en tendencias del mercado y retroalimentación de los clientes fue crucial para mantenerse a la vanguardia en un mercado competitivo.

- **Aprovechar los Datos para la Toma de Decisiones**: Utilizar datos del CRM para tomar decisiones informadas sobre estrategias de marketing y enfoques de compromiso con los clientes fue clave para optimizar los resultados.

* * *

Integración de la Retroalimentación con Otros Procesos Empresariales

Para maximizar el impacto de la retroalimentación de los clientes, intégrela con otros procesos clave del negocio:

• **Desarrollo de Productos**: Incorpore sugerencias y puntos de dolor de los clientes en los ciclos de diseño y desarrollo de productos.

• **Estrategias de Marketing**: Adapte las campañas de marketing basadas en los conocimientos obtenidos de la retroalimentación de los clientes sobre preferencias y comportamientos de compra.

• **Capacitación de Empleados**: Use la retroalimentación sobre interacciones de servicio al cliente para personalizar programas de capacitación y mejorar la calidad del servicio.

Gestionar efectivamente la retroalimentación de los clientes es crucial para las empresas que buscan mejorar sus productos, aumentar la satisfacción del cliente y fomentar la lealtad. Al establecer mecanismos robustos para recolectar, analizar y actuar sobre la retroalimentación, las empresas pueden impulsar la mejora continua y construir una base de clientes fuerte y leal.

"Los clientes no esperan que seas perfecto. Esperan que te preocupes cuando cometas un error."

- Donald Porter

CAPÍTULO 10

EL PAPEL CRUCIAL DE LA ANALÍTICA EN MARKETING Y VENTAS

La analítica juega un papel fundamental en marketing y ventas al proporcionar información basada en datos que guía la toma de decisiones y la optimización de estrategias. Entender cómo medir y analizar el rendimiento de manera efectiva puede mejorar significativamente la capacidad de alcanzar los objetivos comerciales.

La Importancia de la Analítica

1 Toma de Decisiones Informada: La analítica proporciona datos objetivos que pueden ayudar a tomar decisiones más informadas sobre dónde asignar recursos y cómo abordar el mercado.

2 Seguimiento del Rendimiento: Monitorizar regularmente los indicadores clave de rendimiento (KPI) permite ver qué está funcionando y qué no, posibilitando ajustes a tiempo.

3 Conocimientos sobre el Cliente: La analítica puede revelar patrones en el comportamiento y preferencias de los clientes, ayudando a adaptar las ofertas para satisfacer mejor las demandas del mercado.

Métricas Clave para Rastrear en Marketing y Ventas

• **Ingresos por Ventas**: La medida más directa del éxito, el seguimiento de los ingresos a lo largo del tiempo ayuda a evaluar la salud financiera del negocio.

• **Costo de Adquisición de Clientes (CAC)**: Este métrico calcula el costo total de adquirir un nuevo cliente, ayudando a entender la eficiencia de los esfuerzos de marketing.

• **Tasas de Conversión**: Mide qué tan bien están convirtiendo los esfuerzos de ventas y marketing a los prospectos en clientes.

• **Valor de Vida del Cliente (CLV)**: Estima el total de ingresos que un negocio puede esperar razonablemente de una cuenta de cliente individual a lo largo de la relación comercial.

Herramientas para la Analítica de Marketing y Ventas

• **Google Analytics**: Proporciona herramientas completas para rastrear el tráfico del sitio web, el comportamiento de los usuarios y las métricas de conversión.

• **Software CRM**: Sistemas como Salesforce y HubSpot ofrecen analíticas integradas para rastrear el rendimiento de ventas y las interacciones con los clientes.

• **Herramientas de Analítica de Redes Sociales**: Plataformas como Hootsuite y Buffer proporcionan información sobre el rendimiento y la participación en redes sociales.

Beacon Digital: Impulsando el Crecimiento Empresarial con Automatización de Marketing Integrada

Beacon Digital, una dinámica agencia de marketing digital, revolucionó su enfoque hacia la gestión de clientes y la ejecución de campañas mediante el uso estratégico de herramientas de automatización de marketing integradas. Este estudio de caso explora las soluciones innovadoras implementadas por Beacon Digital, el impacto en su negocio y las lecciones aprendidas durante su transformación.

Antecedentes y Objetivos

Beacon Digital enfrentaba desafíos para escalar sus operaciones manteniendo un alto nivel de calidad de servicio a medida que su base de clientes crecía. La agencia se propuso:

1 Optimizar la Gestión de Clientes: Automatizar tareas rutinarias de gestión de clientes para mejorar la eficiencia y la precisión.

2 Optimizar la Ejecución de Campañas: Usar la automatización para mejorar la ejecución y monitoreo de campañas de marketing digital en múltiples plataformas.

3 Mejorar Informes y Analítica: Proporcionar a los clientes información en tiempo real sobre el rendimiento de las campañas, realizando ajustes basados en datos para maximizar el ROI.

Estrategias Empleadas

- **Plataforma Integral de Automatización de Marketing**: Implementaron una plataforma avanzada de automatización de marketing que integraba CRM, gestión de campañas y analíticas en un sistema unificado.

- **Procesos de Flujo de Trabajo Automatizados**: Desarrollaron flujos de trabajo personalizados para cada cliente que ajustaban automáticamente las tácticas de campaña basadas en datos de rendimiento en tiempo real.

- **Herramientas Avanzadas de Informes**: Utilizaron herramientas de automatización para generar informes detallados de rendimiento, proporcionando a los clientes información y recomendaciones oportunas para ajustes de campaña.

Resultados e Impacto

- **Mayor Eficiencia Operativa**: La automatización de tareas rutinarias redujo errores manuales y liberó tiempo del personal, permitiendo al equipo centrarse en actividades estratégicas y aspectos creativos de la gestión de campañas.

- **Mejora en la Satisfacción del Cliente**: La capacidad de realizar ajustes en tiempo real a las campañas y ofrecer analíticas detalladas mejoró la satisfacción y las tasas de retención de clientes.

- **Crecimiento en los Ingresos**: Las operaciones optimizadas y el mejor rendimiento de las campañas llevaron a un aumento del 20% en los ingresos, ya que Beacon Digital pudo aceptar más clientes sin comprometer la calidad del servicio.

Desafíos y Soluciones

- **Integración Compleja del Sistema**: Integrar la nueva plataforma de automatización de marketing con los sistemas existentes fue complejo y disruptivo inicialmente. Beacon Digital superó este desafío al realizar la integración en fases y proporcionar capacitación extensiva a su personal.

- **Mantener la Personalización**: Asegurar que las comunicaciones automatizadas mantuvieran un toque personal fue una preocupación. Beacon Digital abordó esto utilizando funciones avanzadas de segmentación y personalización dentro de su plataforma de automatización de marketing.

- **Seguridad y Privacidad de los Datos**: Manejar volúmenes aumentados de datos de clientes requirió medidas de seguridad mejoradas. Beacon Digital implementó estrictos protocolos de seguridad de datos y auditó regularmente sus sistemas para prevenir brechas.

Lecciones Aprendidas

- **Capacitación Continua y Adaptación**: La capacitación continua del personal sobre las últimas características de las herramientas de automatización de marketing fue esencial para maximizar los beneficios de la tecnología.

- **Equilibrio entre Automatización y Creatividad**: Aunque la automatización mejoró significativamente la eficiencia, mantener un equilibrio donde se valorara y fomentara la aportación creativa fue vital para el éxito de las campañas.

- **Compromiso Proactivo con los Clientes**: Actualizar regularmente a los clientes con información y envolverlos en los procesos de toma de decisiones ayudó a mantener relaciones sólidas y confianza.

* * *

Integración de la Retroalimentación con Otros Procesos Empresariales

Para maximizar el impacto de la retroalimentación de los clientes, intégrala con otros procesos clave del negocio:

- **Desarrollo de Productos**: Incorpore sugerencias y puntos de dolor de los clientes en los ciclos de diseño y desarrollo de productos.

- **Estrategias de Marketing**: Adapte las campañas de marketing basadas en los conocimientos obtenidos de la retroalimentación de los clientes sobre preferencias y comportamientos de compra.

- **Capacitación de Empleados**: Use la retroalimentación sobre interacciones de servicio al cliente para personalizar programas de capacitación y mejorar la calidad del servicio.

Gestionar efectivamente la retroalimentación de los clientes es crucial para las empresas que buscan mejorar sus productos, aumentar la satisfacción del cliente y fomentar la lealtad. Al establecer mecanismos robustos para recolectar, analizar y actuar sobre la retroalimentación, las empresas pueden impulsar la mejora continua y construir una base de clientes fuerte y leal.

* * *

Análisis Profundo del Comportamiento del Cliente

Comprender el comportamiento del cliente es fundamental para refinar las estrategias de marketing y mejorar las experiencias del cliente. Las herramientas de análisis pueden proporcionar valiosas ideas sobre cómo los clientes interactúan con su marca en varios puntos de contacto.

Aspectos Clave del Comportamiento del Cliente a Analizar

1 Patrones de Compra: Analizar cuándo y con qué frecuencia los clientes realizan compras para identificar tendencias y posibles desencadenantes.

2 Métricas de Compromiso: Rastrear cómo los clientes interactúan con su sitio web y plataformas de redes sociales. Las métricas como las vistas de página, el tiempo pasado en el sitio y las interacciones en redes sociales son indicativas de los niveles de compromiso.

3 Viajes del Cliente: Mapear los caminos que los clientes toman desde el descubrimiento de su marca hasta la realización de una compra. Esto puede resaltar puntos de fricción y oportunidades de mejora.

Técnicas para Analizar el Comportamiento del Cliente

- **Segmentación**: Dividir su base de clientes en segmentos basados en el comportamiento, la demografía o el historial de compras para adaptar sus esfuerzos de marketing de manera más efectiva.

- **Análisis de Cohortes**: Rastrear un grupo de clientes a lo largo del tiempo para ver cómo cambia su comportamiento y para identificar tendencias a largo plazo.

- **Analítica Predictiva**: Usar datos históricos para predecir comportamientos y tendencias futuras, ayudando a anticipar cambios en el mercado y necesidades de los clientes.

Herramientas para la Analítica del Comportamiento del Cliente

- **Plataformas de Analítica de Comportamiento**: Herramientas como Mixpanel y Kissmetrics se especializan en rastrear interacciones de usuarios en su sitio web y aplicaciones, proporcionando ideas detalladas sobre el comportamiento y el compromiso.

• **Herramientas de Mapas de Calor**: Software como Hotjar o Crazy Egg pueden visualizar dónde los usuarios hacen clic, se desplazan y pasan tiempo en sus páginas, ofreciendo ideas sobre la experiencia del usuario y el comportamiento.

Velvet Vogue: Personalizando la Experiencia del Cliente con CRM Avanzado e IA

Velvet Vogue, un minorista de ropa de lujo, mejoró sus estrategias de compromiso y retención de clientes integrando sistemas avanzados de Gestión de Relaciones con el Cliente (CRM) e Inteligencia Artificial (IA). Este estudio de caso explora el uso estratégico de estas tecnologías por parte de Velvet Vogue, los resultados obtenidos y las implicaciones más amplias para el sector del retail de lujo.

Antecedentes y Objetivos

Enfrentándose a las altas expectativas de los compradores de lujo y la intensa competencia en el mercado minorista de alta gama, Velvet Vogue se propuso:

1 Personalizar las Interacciones con el Cliente: Proporcionar una experiencia de compra altamente personalizada tanto en línea como en la tienda para satisfacer las necesidades únicas de los compradores de lujo.

2 Mejorar la Lealtad del Cliente: Profundizar las relaciones con los clientes y aumentar la lealtad a través de comunicaciones personalizadas y ofertas exclusivas.

3 Optimizar la Eficiencia del Marketing: Aprovechar la IA para analizar datos de clientes y optimizar los esfuerzos de marketing, asegurando el máximo impacto y ROI.

Estrategias Empleadas

- **Integración Avanzada de CRM**: Desplegaron un sofisticado sistema de CRM que recopilaba datos detallados de clientes en múltiples puntos de contacto, incluidas interacciones en tienda, compras en línea y compromiso en redes sociales.

- **Analítica y Personalización Impulsada por IA**: Utilizaron IA para analizar el comportamiento y las preferencias de los clientes, permitiendo a Velvet Vogue crear mensajes de marketing personalizados, recomendar productos y predecir tendencias de compra futuras.

- **Eventos Exclusivos para Clientes**: Organizaron eventos especiales para clientes de alto nivel, gestionando las invitaciones a través del sistema CRM basado en el valor del cliente y los niveles de compromiso.

Resultados e Impacto

- **Aumento de Ventas por Recomendaciones Personalizadas**: Las recomendaciones de productos impulsadas por IA resultaron en un aumento del 30% en las ventas promedio por visita al sugerir artículos que alineaban con los gustos individuales y compras anteriores.

- **Mejora en la Satisfacción del Cliente**: Las comunicaciones de marketing personalizadas y las experiencias de compra personalizadas llevaron a mejores tasas de satisfacción del cliente y mayor lealtad a la marca.

- **Uso Eficiente de Recursos de Marketing**: La automatización de IA y CRM redujo el costo de adquisición y retención de clientes al dirigirse solo a los más propensos a comprar o aquellos en riesgo de abandono.

Desafíos y Soluciones

• **Integración de IA con Sistemas Legados**: Integrar capacidades de IA con sistemas legados existentes fue inicialmente desafiante. Velvet Vogue abordó esto invirtiendo en soluciones de middleware que facilitaron el flujo de datos y la funcionalidad sin problemas.

• **Mantener la Privacidad de los Datos**: Asegurar la privacidad y seguridad de los datos de los clientes, especialmente dada la naturaleza sensible de la información recopilada, requirió medidas estrictas de protección de datos. Velvet Vogue implementó encriptación avanzada y controles de acceso, auditados regularmente por firmas de seguridad externas.

• **Capacitación del Personal en Nuevas Tecnologías**: La introducción de herramientas avanzadas de CRM e IA requirió una amplia capacitación del personal. Velvet Vogue desarrolló un programa de capacitación integral que incluía actualizaciones regulares a medida que se añadían nuevas características.

Lecciones Aprendidas

• **La Innovación Continua es Crucial**: En el mercado de lujo, la innovación continua en el servicio al cliente y el marketing es clave para mantener una ventaja competitiva.

• **Las Decisiones Basadas en Datos Mejoran la Lealtad del Cliente**: Aprovechar los datos para tomar decisiones informadas sobre las preferencias y el comportamiento del cliente puede mejorar significativamente la lealtad en un mercado donde la personalización es muy valorada.

- **Invertir en Seguridad de Datos**: La inversión robusta en seguridad de datos es esencial para proteger la información del cliente y mantener la confianza, particularmente en el segmento de lujo donde los clientes esperan altos estándares de privacidad.

* * *

Analítica en Tiempo Real y su Impacto

La analítica en tiempo real puede transformar cómo las empresas responden a las condiciones del mercado y las interacciones con los clientes al proporcionar datos inmediatos.

Ventajas de la Analítica en Tiempo Real

- **Respuesta Inmediata**: Reaccionar al comportamiento del cliente y a las condiciones del mercado a medida que ocurren, lo cual puede ser crítico para industrias de alta velocidad como la tecnología y el comercio electrónico.

- **Mejora del Servicio al Cliente**: Abordar quejas o consultas de clientes instantáneamente, mejorando la satisfacción y lealtad general del cliente.

- **Precios Dinámicos**: Ajustar los precios en tiempo real basado en la demanda, competencia y niveles de inventario.

Implementación de la Analítica en Tiempo Real

- **Infraestructura**: Asegúrese de que su infraestructura de TI pueda manejar el procesamiento y análisis de datos en tiempo real.

- **Capacitación**: Capacite a su equipo con las habilidades para interpretar y actuar sobre datos en tiempo real.

- **Integración**: Integre la analítica en tiempo real con los sistemas empresariales existentes para una operación sin interrupciones.

Al aprovechar la analítica del comportamiento del cliente y la analítica en tiempo real, las empresas pueden mejorar significativamente sus estrategias de marketing y ventas, optimizar la experiencia del cliente y aumentar la lealtad del cliente.

* * *

Utilización de Analíticas para Optimizar Campañas de Marketing

Las analíticas son esenciales para comprender la efectividad de las campañas de marketing y optimizarlas para obtener mejores resultados. Al medir el rendimiento de la campaña en comparación con métricas clave, puede tomar decisiones basadas en datos que mejoren la eficiencia y el retorno de la inversión (ROI).

Métricas Clave para el Análisis de Campañas

1 **Tasa de Clics (CTR)**: Mide el número de clics que reciben sus anuncios o correos electrónicos en relación con el número de veces que se muestran (impresiones), lo que indica la efectividad de su contenido creativo.

2 **Tasa de Conversión**: Rastrea cuántos de los clics en sus anuncios resultan en la acción deseada, como ventas o regis-

tros, reflejando la efectividad del anuncio y la página de destino.

3 Costo por Adquisición (CPA): Calcula el costo de adquirir un cliente a través de una campaña específica, ayudando a evaluar la eficiencia financiera de sus esfuerzos de marketing.

4 Retorno de la Inversión (ROI): Evalúa la rentabilidad de una campaña comparando los ingresos que generó con el costo de ejecutar la campaña.

Técnicas para Mejorar el Rendimiento de la Campaña

• **Pruebas A/B**: Ejecute dos versiones de una campaña simultáneamente para ver cuál funciona mejor. Esto puede implicar probar diferentes titulares, imágenes o llamados a la acción.

• **Segmentación**: Dirija diferentes segmentos de su audiencia con campañas personalizadas para aumentar la relevancia y efectividad.

• **Retargeting**: Use cookies para seguir a los usuarios que han visitado su sitio web sin realizar una compra y presénteles anuncios dirigidos para atraerlos de vuelta.

Herramientas para Analíticas de Campañas

• **Google AdWords**: Proporciona analíticas detalladas para campañas de publicidad de pago por clic (PPC).

• **Facebook Insights**: Ofrece métricas sobre el rendimiento de sus publicaciones y anuncios en Facebook, ayudándole a comprender el compromiso y el alcance.

- **Herramientas de Email Marketing**: Plataformas como Mailchimp proporcionan analíticas sobre tasas de apertura, CTRs y conversiones de campañas de correo electrónico.

Streamline Auto Accessories: Impulsando Ventas a través de la Automatización de Marketing Dirigido

Streamline Auto Accessories, un minorista líder en partes y accesorios automotrices, implementó una estrategia de automatización de marketing dirigida para aumentar las ventas y mejorar la lealtad del cliente. Este estudio de caso explora cómo Streamline utilizó la tecnología para mejorar sus esfuerzos de marketing, los resultados de estas iniciativas y los impactos comerciales más amplios.

Antecedentes y Objetivos

Streamline Auto Accessories enfrentaba una creciente competencia tanto en línea como en tiendas físicas. La compañía necesitaba aprovechar sus datos de clientes de manera más efectiva para personalizar los esfuerzos de marketing y mejorar el compromiso del cliente. Los objetivos principales incluyeron:

1 Aumentar las Compras Repetidas: Fomentar las compras repetidas a través de estrategias de marketing y compromiso personalizadas.

2 Mejorar la Experiencia del Cliente: Ofrecer una experiencia de compra más personalizada basada en las preferencias y el historial de compras del cliente.

3 Optimizar los Esfuerzos de Marketing: Automatizar los procesos de marketing para garantizar la eficiencia y consistencia en las comunicaciones con los clientes.

Estrategias Empleadas

• **Implementación de Software de Automatización de Marketing**: Streamline adoptó una plataforma integral de automatización de marketing que se integró con su sistema CRM existente para aprovechar los datos del cliente de manera efectiva.

• **Campañas de Email Segmentadas**: Desarrollaron campañas de correo electrónico altamente dirigidas basadas en el comportamiento del cliente, historial de compras e información del vehículo para ofrecer productos y promociones relevantes.

• **Automatización del Programa de Lealtad**: Automatizaron la inscripción y gestión de un programa de lealtad que recompensaba a los clientes por compras repetidas y referencias.

Resultados e Impacto

• **Aumento en las Conversiones de Ventas**: Las campañas de correo electrónico dirigidas y las promociones personalizadas llevaron a un aumento del 25% en las tasas de conversión de productos comercializados.

• **Mejora en la Retención de Clientes**: El programa de lealtad, mejorado por la automatización, vio un aumento del 40% en la participación, contribuyendo a tasas más altas de retención de clientes.

• **Operaciones de Marketing Eficientes**: La automatización redujo la carga de trabajo manual para la gestión de campañas en un 50%, permitiendo al equipo de marketing centrarse en la estrategia y el desarrollo creativo.

Desafíos y Soluciones

- **Privacidad y Seguridad de los Datos**: Manejar información sensible del cliente requería medidas de seguridad robustas. Streamline aseguró el cumplimiento de las leyes de protección de datos e implementó soluciones avanzadas de ciberseguridad.

- **Integración con Sistemas Existentes**: Integrar nuevas herramientas de automatización de marketing con los sistemas CRM y ERP existentes fue un desafío. Streamline trabajó con especialistas en TI para asegurar una integración sin problemas sin interrumpir las operaciones actuales.

- **Adopción del Cliente de Interacciones Digitales**: Algunos clientes eran reacios a interactuar digitalmente. Streamline abordó esto mejorando la educación del cliente sobre los beneficios de sus herramientas digitales y proporcionando incentivos para el compromiso en línea.

Lecciones Aprendidas

- **El Análisis Continuo de Datos es Vital**: El análisis regular de los datos de la campaña y la retroalimentación del cliente fue esencial para refinar y mejorar continuamente las estrategias de marketing.

- **Equilibrio entre Automatización y Personalización**: Fue crucial encontrar el equilibrio adecuado entre las comunicaciones automatizadas y el servicio personalizado al cliente para mantener un toque personal.

- **Inversión en Educación del Cliente**: Educar a los clientes sobre los beneficios de las nuevas herramientas digitales y características fue clave para aumentar el compromiso y la adopción.

. . .

Equilibrio entre Datos Cuantitativos y Cualitativos en Analíticas

Si bien los datos cuantitativos proporcionan los números necesarios para medir el rendimiento, los datos cualitativos ofrecen contexto e ideas sobre por qué ocurren ciertas tendencias o comportamientos.

Integración de Datos Cualitativos

• **Encuestas y Entrevistas a Clientes**: Estas pueden proporcionar ideas sobre la satisfacción del cliente y las razones detrás de los comportamientos rastreados por los datos cuantitativos.

• **Monitoreo de Redes Sociales**: Analizar comentarios y discusiones en redes sociales puede ofrecer una comprensión más profunda de los sentimientos y percepciones de los clientes.

• **Pruebas de Usabilidad**: Realizar pruebas de usabilidad en su sitio web o producto puede ayudar a identificar problemas que no son visibles solo a través de datos cuantitativos.

Utilizando tanto datos cuantitativos como cualitativos, las empresas pueden obtener una visión completa de sus campañas de marketing, lo que les permite realizar ajustes informados y mejorar continuamente sus estrategias para maximizar el impacto y la satisfacción del cliente.

* * *

Analítica Predictiva: Previsión de Tendencias Futuras

La analítica predictiva utiliza datos históricos, algoritmos estadísticos y técnicas de aprendizaje automático para identificar la probabilidad de resultados futuros. Esto es particularmente útil en marketing y ventas para anticipar comportamientos de los clientes, tendencias de ventas y posibles cambios en el mercado.

Aplicaciones de la Analítica Predictiva

1 Pronóstico de Ventas: Predice las ventas futuras basadas en datos históricos de ventas, tendencias económicas y otros factores relevantes.

2 Predicción del Comportamiento del Cliente: Anticipa acciones de los clientes como compras, abandono o participación basadas en sus comportamientos pasados.

3 Análisis de Mercado: Utiliza modelos predictivos para evaluar las condiciones del mercado y prever cambios, ayudando a adelantarse a las tendencias de la industria.

Construcción de Modelos Predictivos

- **Recolección de Datos**: Recopila la mayor cantidad de datos relevantes posible para alimentar tus modelos predictivos. Esto incluye datos de clientes, registros de transacciones e indicadores del mercado externo.

- **Selección del Modelo**: Elige el modelo estadístico o de aprendizaje automático adecuado según el tipo de predicción que necesites realizar.

- **Validación**: Prueba el modelo con una porción de tus datos para validar su precisión y ajustarlo según sea necesario antes de su implementación completa.

. . .

Herramientas para la Analítica Predictiva

- **IBM SPSS**: Ofrece capacidades avanzadas de analítica, incluyendo analítica predictiva y aprendizaje automático.

- **SAS Analytics**: Proporciona herramientas para minería de datos, análisis estadístico y analítica predictiva.

- **R y Python**: Lenguajes de programación con bibliotecas extensas para análisis estadístico y aprendizaje automático, ideales para aplicaciones personalizadas de analítica predictiva.

GadgetFlow Tech: Mejorando el Éxito del E-commerce a través de Analíticas Avanzadas

GadgetFlow Tech, un destacado minorista de comercio electrónico especializado en electrónica de consumo, ha aprovechado el poder de las analíticas avanzadas para optimizar sus estrategias de marketing y mejorar la experiencia del cliente. Este estudio de caso explora las estrategias específicas que implementó GadgetFlow Tech, la tecnología detrás de estas iniciativas y los resultados que lograron.

Antecedentes y Objetivos

GadgetFlow Tech enfrentaba el desafío de gestionar un vasto inventario de productos mientras necesitaba satisfacer las preferencias dinámicas de una base de clientes conocedora de la tecnología. Sus objetivos principales eran:

1 Mejorar la Personalización para el Cliente: Proporcionar experiencias de compra personalizadas para aumentar la satisfacción y lealtad del cliente.

2 Optimizar la Gestión de Inventarios: Utilizar la analítica predictiva para prever mejor la demanda y gestionar eficientemente el inventario.

3 Incrementar las Tasas de Conversión: Aprovechar los conocimientos basados en datos para refinar las estrategias de marketing y aumentar las tasas de conversión del comercio electrónico.

Estrategias Empleadas

- **Implementación de Herramientas de Análisis de Datos**: GadgetFlow Tech integró plataformas avanzadas de análisis de datos para recopilar y analizar el comportamiento del cliente, tendencias de ventas y datos de inventario.

- **Segmentación y Personalización de Clientes**: Utilizó algoritmos de aprendizaje automático para segmentar a los clientes según su comportamiento de compra y preferencias, lo que permitió recomendaciones de productos personalizadas y campañas de marketing dirigidas.

- **Modelos de Precios Dinámicos**: Adoptó estrategias de precios dinámicos impulsadas por el análisis en tiempo real del mercado y los niveles de inventario para ajustar los precios sobre la marcha, maximizando las ganancias y la competitividad.

Resultados e Impacto

- **Mejora en la Experiencia del Cliente**: Las recomendaciones de productos personalizadas y el marketing dirigido llevaron a una experiencia de compra más atractiva, reflejada en mayores tasas de retención de clientes y valores de pedido promedio más altos.

- **Gestión Eficiente de Inventarios**: La analítica predictiva permitió una previsión de demanda más precisa, reduciendo escenarios de exceso y falta de existencias, y optimizando los costos de almacenamiento.

- **Aumento de las Tasas de Conversión**: Al implementar estrategias de marketing dirigidas y optimizar la navegación del sitio web y los precios basados en análisis, GadgetFlow Tech vio un aumento del 20% en las tasas de conversión.

Desafíos y Soluciones

- **Integración de Datos**: Integrar datos de varias fuentes en una plataforma de análisis coherente fue un desafío inicial. GadgetFlow Tech abordó esto mediante la contratación de herramientas especializadas de integración de datos y consultoría con expertos en gestión de datos.

- **Equilibrio entre Privacidad y Personalización**: Gestionar la línea fina entre el servicio personalizado y la privacidad del cliente fue crucial. GadgetFlow Tech aseguró el cumplimiento de las regulaciones de protección de datos y utilizó políticas transparentes de uso de datos para generar confianza.

- **Adaptación a la Rápida Evolución de la Tecnología**: Mantenerse al día con los rápidos avances en tecnologías de análisis y aprendizaje automático requirió una inversión continua en capacitación y desarrollo. GadgetFlow Tech se comprometió con el aprendizaje continuo y la adaptación para mantener una ventaja competitiva.

Lecciones Aprendidas

- **La Inversión en Capacidades de Datos es Crucial**: Construir capacidades robustas de análisis de datos es esencial para el éxito del comercio electrónico moderno, requiriendo una inversión inicial sustancial pero ofreciendo beneficios significativos a largo plazo.

- **El Enfoque Centrado en el Cliente Rinde Frutos**: Centrarse en mejorar la experiencia del cliente a través de la personalización y el servicio eficiente mejora significativamente la lealtad y el gasto del cliente.

- **La Optimización Continua es Clave**: El panorama del comercio electrónico está en continua evolución, lo que requiere un compromiso continuo para optimizar y actualizar la tecnología y las estrategias basadas en los últimos conocimientos de datos.

Consideraciones Éticas en el Uso de Analíticas

Si bien las analíticas pueden proporcionar conocimientos poderosos, es importante considerar las implicaciones éticas de cómo se recopilan, analizan y utilizan los datos.

Directrices Éticas para las Analíticas

- **Transparencia**: Sé transparente sobre cómo recopilas y utilizas los datos. Asegúrate de que los clientes estén al tanto de qué datos se están recopilando y cómo se utilizarán.

- **Privacidad**: Respeta la privacidad del cliente asegurando los datos que recopilas y adhiriéndote a las leyes y regulaciones de privacidad.

- **Evitación de Sesgos**: Sé consciente de los posibles sesgos en tus datos o modelos predictivos y toma medidas para mitigarlos.

Manteniendo la Integridad de los Datos

- **Precisión de los Datos**: Actualiza y limpia regularmente tus datos para mantener su precisión y relevancia.

- **Seguridad de los Datos**: Implementa medidas de seguridad fuertes para proteger los datos sensibles de los clientes contra accesos no autorizados o brechas de seguridad.

* * *

Integración de Analíticas en Todas las Funciones Empresariales

Integrar analíticas en todas las funciones empresariales conduce a un enfoque más cohesivo e informado de la gestión empresarial, permitiendo obtener información completa, mejorar la colaboración y alinear estratégicamente todas las partes de la organización.

Beneficios de la Integración de Analíticas entre Funciones

1 Información Integral: Recoge y analiza datos de todas las áreas de la empresa, proporcionando una visión completa del rendimiento organizacional y las interacciones con los clientes.

2 Colaboración Mejorada: Facilita una mejor comunicación y colaboración entre departamentos al proporcionar una comprensión compartida basada en datos de los objetivos y desafíos empresariales.

3 Alineación Estratégica: Asegura que todas las partes de la organización estén alineadas con las estrategias y objetivos empresariales generales, mejorando la eficiencia y efectividad.

. . .

Estrategias para una Integración Efectiva

• **Plataforma de Datos Unificada**: Implementar una plataforma centralizada de gestión de datos a la que todos los departamentos puedan acceder y contribuir.

• **Reuniones Regulares entre Funciones**: Realizar reuniones periódicas donde los equipos puedan compartir información y discutir implicaciones entre funciones.

• **Formación y Desarrollo**: Proporcionar formación continua para asegurar que los empleados en toda la empresa sean competentes en el manejo de datos y puedan tomar decisiones informadas basadas en analíticas.

Grupo OmniHealth: Revolucionando la Salud con Gestión de Relaciones con Clientes (CRM)

El Grupo OmniHealth, un proveedor líder en el sector de la salud, implementó un sofisticado sistema CRM para mejorar el compromiso con los pacientes, optimizar la comunicación y mejorar los resultados de salud. Este estudio de caso examina las estrategias utilizadas por OmniHealth, el impacto de la tecnología y las implicaciones más amplias para la industria de la salud.

Antecedentes y Objetivos

OmniHealth Group enfrentaba desafíos relacionados con la gestión de pacientes, incluida la comunicación inconsistente, los silos de datos e ineficiencias en la coordinación de la atención al paciente. Sus objetivos eran:

1 Mejorar el Compromiso del Paciente: Mejorar las interacciones con los pacientes mediante una comunicación personalizada y una gestión proactiva de la salud.

2 Optimizar el Flujo de Información del Paciente: Crear una base de datos centralizada para consolidar la información del paciente de diversas fuentes, haciéndola accesible a todos los proveedores de atención médica dentro del grupo.

3 Optimizar la Prestación de Servicios de Salud: Utilizar insights basados en datos para mejorar la entrega de servicios, reducir los tiempos de espera y mejorar la satisfacción del paciente.

Estrategias Implementadas

• **Implementación Integral de CRM**: Desplegar un sistema CRM específico para el sector de la salud que integró registros médicos electrónicos (EHR), programación de citas y comunicación con pacientes.

• **Comunicación Personalizada con el Paciente**: Utilizar el CRM para segmentar a los pacientes según necesidades de salud y preferencias, permitiendo consejos de salud dirigidos, recordatorios y contenido educativo.

• **Toma de Decisiones Basada en Datos**: El sistema CRM proporcionó herramientas analíticas que permitieron a los proveedores de atención médica identificar tendencias, predecir necesidades de los pacientes y optimizar planes de atención.

Resultados e Impacto

• **Mejora del Compromiso del Paciente**: Comunicaciones personalizadas e intervenciones oportunas basadas en datos del CRM llevaron a un aumento en la satisfacción y compromiso del paciente.

• **Mejora de la Eficiencia Operativa**: La centralización de datos del paciente redujo redundancias y mejoró la coordinación entre los proveedores de atención médica, resultando en tiempos de respuesta más rápidos y una atención al paciente más eficiente.

- **Aumento de la Retención de Pacientes**: El enfoque proactivo y personalizado facilitado por el sistema CRM ayudó a mejorar las tasas de retención de pacientes y reducir la incidencia de citas perdidas.

Desafíos y Soluciones

- **Privacidad y Seguridad de los Datos**: Implementar un sistema que maneje información de salud sensible requirió medidas de seguridad estrictas. OmniHealth garantizó el cumplimiento de regulaciones de datos de salud como HIPAA mediante encriptación avanzada y controles de acceso.

- **Adopción por los Usuarios**: El cambio a un nuevo sistema requirió cambios significativos en los flujos de trabajo del personal. OmniHealth abordó esto mediante programas de formación integrales y soporte continuo para asegurar una adopción sin problemas.

- **Integración con Sistemas Existentes**: La integración del CRM con sistemas EHR existentes fue un desafío. OmniHealth trabajó con especialistas en TI para asegurar una integración sin problemas sin interrumpir las operaciones en curso.

Lecciones Aprendidas

- **La Formación Continua es Fundamental**: La formación continua y el soporte son vitales para asegurar que todos los usuarios sean competentes con el nuevo sistema y puedan aprovechar todas sus capacidades.

- **La Tecnología Centrada en el Paciente Mejora la Atención**: Las tecnologías que priorizan el compromiso del paciente y la accesibilidad de datos pueden mejorar significativamente la calidad de la atención y la satisfacción del paciente.

- **Los Ciclos de Retroalimentación Mejoran la Eficacia del Sistema**: La retroalimentación regular tanto de pacientes como de proveedores de atención médica ha sido crucial para refinar las funcionalidades del CRM y satisfacer mejor sus necesidades.

* * *

Futuras Tendencias en Analíticas Empresariales

Con la evolución de la tecnología, el alcance y la capacidad de las analíticas en los negocios están expandiéndose rápidamente. Mantenerse al tanto de estas tendencias puede proporcionar ventajas competitivas.

Tendencias Emergentes

- **Inteligencia Artificial (IA) y Aprendizaje Automático**: Estas tecnologías están haciendo que las analíticas sean más potentes y predictivas, con la capacidad de procesar grandes cantidades de datos rápidamente y proporcionar pronósticos más precisos.

- **Analíticas en Tiempo Real**: Avances en potencia informática permiten el procesamiento y análisis de datos en tiempo real, permitiendo a las empresas reaccionar instantáneamente a cambios en el mercado y necesidades de los clientes.

- **Analíticas Aumentadas**: Utiliza aprendizaje automático e IA para automatizar la preparación de datos y permitir una exploración de datos más profunda, haciendo que las analíticas sean accesibles para más usuarios dentro de la organización.

Adopción de Nuevas Tecnologías

Para mantenerse competitivas, las empresas deben considerar la adopción de estas nuevas tecnologías a medida que se vuelvan viables. Esto podría implicar:

- **Inversión en Software de Analíticas Avanzadas**: Equipar su negocio con las últimas herramientas que puedan manejar grandes conjuntos de datos y algoritmos complejos.

- **Colaboración con Firmas Tecnológicas**: Colaborar con proveedores de tecnología para obtener acceso a tecnologías de analíticas de vanguardia.

- **Enfoque en la Innovación**: Fomentar una cultura de innovación dentro de la organización para explorar y experimentar con nuevas aplicaciones de analíticas.

"Las ventas dependen de la actitud del vendedor, no de la actitud del prospecto."
- William Clement Stone

CAPÍTULO 11

LA TRANSFORMACIÓN DIGITAL: MÁS QUE UNA PALABRA DE MODA

La transformación digital no es solo una palabra de moda; es una imperativa estratégica para las empresas que buscan prosperar en la economía digital actual. Implica la integración profunda de la tecnología digital en todas las áreas de un negocio, transformando fundamentalmente cómo operas y te relacionas con tus clientes.

¿Por Qué Perseguir la Transformación Digital?

Reflexionemos sobre por qué la transformación digital es más una necesidad que una opción:

1 Eficiencia Sin Precedentes: Imagina automatizar tareas rutinarias como enviar correos electrónicos de marketing o actualizar entradas en el CRM. Esto no solo acelera los procesos, sino que también libera a tu equipo para abordar desafíos más complejos que requieren ingenio humano.

2 Desbloquear el Poder de los Datos: Las herramientas digitales hacen más que solo agilizar las operaciones; te proporcionan un tesoro de datos. Desde entender las preferencias del cliente hasta predecir tendencias del mercado, estos datos permiten decisiones más inteligentes e informadas.

3 Revolucionar la Experiencia del Cliente: Los clientes de hoy esperan interacciones que no solo sean personalizadas, sino también convenientemente fluidas. Herramientas digitales como aplicaciones móviles y chatbots en línea pueden transformar una interacción mundana con el cliente en una experiencia placentera.

Pilares Clave de la Transformación Digital en Marketing y Ventas

- **Automatización del Marketing**: Es como tener un asistente super eficiente que maneja todo, desde programar publicaciones hasta segmentar listas de correos electrónicos, asegurando que tu máquina de marketing nunca duerma.

- **Sistemas Avanzados de CRM**: Piensa en esto como el sistema nervioso central de tus interacciones con los clientes. Los sistemas CRM modernos ofrecen integraciones con otras herramientas, proporcionando una vista integral del viaje de cada cliente.

- **Excelencia en el Comercio Electrónico**: Se trata de hacer que las compras en línea sean tan fáciles y personalizadas que los clientes prefieran sentarse en su sofá a visitar una tienda. Las mejoras aquí incluyen diseño intuitivo, recomendaciones personalizadas y un diseño adaptable a móviles.

Lanzando Tu Viaje de Transformación Digital

- **Evaluar tu Tecnología Actual**: ¿Qué herramientas estás utilizando actualmente? ¿Dónde están las brechas que las nuevas tecnologías podrían llenar?

- **Definir Metas Claras**: ¿Buscas mejorar el servicio al cliente, aumentar las ventas o quizás mejorar la eficiencia operativa? Establecer metas claras guiará tus elecciones tecnológicas.

- **Crear una Hoja de Ruta Paso a Paso**: Este es tu plan de integración. ¿Qué tecnologías implementarás primero? ¿Qué hitos necesitan alcanzarse en el camino?

HomeStyle Interiors: Abrazando la Transformación Digital para Mejorar la Experiencia del Cliente

HomeStyle Interiors, un minorista de muebles y decoración del hogar de tamaño mediano, emprendió un viaje de transformación digital para revitalizar sus operaciones comerciales, mejorar el compromiso con los clientes y expandir su alcance en el mercado. Este estudio de caso explora las decisiones estratégicas, implementaciones tecnológicas y resultados de la transformación de HomeStyle Interiors.

Antecedentes y Objetivos

Frente a la creciente competencia de los minoristas en línea y las cambiantes expectativas de los consumidores, HomeStyle Interiors reconoció la necesidad de modernizar sus operaciones y métodos de interacción con los clientes. Los objetivos principales incluyeron:

1 Mejorar la Presencia en Línea: Desarrollar una plataforma en línea robusta que proporcione una experiencia de compra sin fisuras y expanda el alcance de los clientes.

2 Mejorar el Compromiso del Cliente: Implementar soluciones personalizadas de marketing y servicio al cliente para aumentar la satisfacción y lealtad de los clientes.

3 Optimizar las Operaciones: Integrar herramientas digitales para mejorar la eficiencia en la gestión de inventarios, el procesamiento de ventas y la gestión de datos de clientes.

Estrategias Empleadas

- **Desarrollo de Plataforma de Comercio Electrónico**: HomeStyle Interiors lanzó un sitio web de comercio electrónico integral con funciones mejoradas como herramientas de diseño de habitaciones virtuales, reseñas de productos por clientes y recomendaciones de productos personalizadas.

- **Sistema de Gestión de Relaciones con Clientes (CRM)**: Implementaron un sistema CRM para comprender mejor las preferencias y el comportamiento de los clientes, lo que permitió campañas de marketing dirigidas e interacciones personalizadas con los clientes.

- **Iniciativas de Marketing Digital**: Utilizaron herramientas de marketing digital como SEO, marketing de contenidos y publicidad en redes sociales para aumentar la visibilidad de la marca y atraer más tráfico en línea.

Resultados e Impacto

- **Aumento de Ventas en Línea**: La nueva plataforma de comercio electrónico amplió significativamente el alcance de los clientes, resultando en un aumento del 40% en las ventas en línea durante el primer año.

- **Mejora de la Experiencia del Cliente**: La integración de herramientas de diseño virtual y recomendaciones personalizadas mejoró el compromiso y la satisfacción del cliente, llevando a tasas más altas de clientes recurrentes.

- **Eficiencia Operativa**: Los sistemas CRM y de gestión de inventarios digitales optimizaron las operaciones, reduciendo los costos generales y mejorando la rapidez y precisión en el cumplimiento de pedidos.

Desafíos y Soluciones

- **Integración Tecnológica**: Integrar nuevas herramientas digitales con los sistemas existentes presentó desafíos iniciales. HomeStyle Interiors superó estos desafíos asociándose con expertos en tecnología y realizando una capacitación extensiva del personal.

- **Mantener la Identidad de la Marca**: A medida que HomeStyle se trasladó en línea, mantener su identidad de marca única y la calidad del servicio al cliente fue crucial. Lograron esto asegurando que todas las interacciones digitales reflejaran el servicio personalizado que los clientes esperaban en la tienda.

- **Adaptarse a un Enfoque Digital Primero**: Pasar de un entorno de venta al por menor principalmente físico a un enfoque digital primero requirió un cambio en la cultura y mentalidad de la empresa. Se realizaron talleres regulares y sesiones de comunicación para alinear al personal con la nueva estrategia digital.

Lecciones Aprendidas

- **Enfoque Centrado en el Cliente**: Mantener la experiencia del cliente en el centro de las decisiones de transformación digital fue clave para una implementación exitosa.

- **Aprendizaje y Adaptación Continuos**: El panorama digital evoluciona rápidamente; el aprendizaje continuo y la disposición para adaptarse fueron cruciales para mantenerse relevante y competitivo.

- **Integración de Mecanismos de Retroalimentación**: Implementar mecanismos para recolectar y analizar regularmente la retroalimentación del cliente ayudó a refinar las ofertas digitales y asegurar que satisfacían efectivamente las necesidades del cliente.

***

Navegando en el Kit de Herramientas Digitales: Tecnologías que Transforman

Adentrarse en el mundo digital puede ser intimidante, pero con el conjunto adecuado de herramientas, es como tener una navaja suiza para tus esfuerzos de marketing y ventas. Vamos a explorar algunas tecnologías que están remodelando el panorama y cómo pueden aprovecharse de manera efectiva.

Herramientas de Automatización de Marketing

Estas herramientas son revolucionarias. Automatizan tareas repetitivas como el marketing por correo electrónico, la publicación en redes sociales e incluso las campañas publicitarias, permitiéndote centrarte en la estrategia y la creatividad.

- **Cómo Ayudan**: Imagina lanzar una campaña que se ejecuta sola, se ajusta en función del compromiso y se optimiza continuamente para asegurar los mejores resultados. Eso es la automatización del marketing.

- **Ejemplo para Explorar**: Herramientas como HubSpot ofrecen un conjunto de servicios que no solo automatizan tareas, sino que también proporcionan valiosos conocimientos a través de análisis, ayudándote a entender qué funciona y qué no.

Soluciones Avanzadas de CRM

Los sistemas CRM modernos no son solo bases de datos; son plataformas inteligentes e integradas que rastrean cada interacción con clientes y prospectos a través de todos los canales.

- **Cómo Ayudan**: Te ofrecen una vista de 360 grados del viaje del cliente, permitiendo interacciones personalizadas y un servicio proactivo. Esto no es solo gestión de clientes; es deleite del cliente.

- **Ejemplo para Explorar**: Salesforce sigue siendo un líder en este espacio, ofreciendo soluciones personalizables que pueden adaptarse a empresas de todos los tamaños.

Técnicas de Optimización de Comercio Electrónico

A medida que crece la compra en línea, optimizar tu plataforma de comercio electrónico para obtener la máxima eficiencia y satisfacción del usuario es crucial.

- **Cómo Ayudan**: Desde recomendaciones de productos personalizadas hasta un proceso de pago fluido, estas optimizaciones aseguran que tus clientes tengan una experiencia de compra agradable, fomentando la lealtad y las compras repetidas.

- **Ejemplo para Explorar**: Shopify proporciona herramientas robustas para mejorar tu presencia en el comercio electrónico, con funciones como sistemas de pago integrados, optimización móvil y análisis avanzados.

Tecnologías Emergentes: IA y Aprendizaje Automático

No son solo palabras de moda. La IA y el aprendizaje automático están revolucionando cómo las empresas predicen tendencias, entienden el comportamiento del cliente e incluso automatizan la toma de decisiones.

• **Cómo Ayudan**: La IA puede analizar grandes cantidades de datos para identificar patrones que serían imposibles de detectar para un humano. Esto puede llevar a estrategias de marketing más inteligentes y tácticas de ventas más efectivas.

• **Ejemplo para Explorar**: Adobe Sensei aprovecha la IA para ofrecer increíbles conocimientos y capacidades de automatización dentro de Adobe Experience Cloud, mejorando la personalización del contenido y la eficiencia de las campañas.

Integrando Todo

Imagina un escenario donde tu sistema CRM identifica un cliente potencial, tus herramientas de marketing automatizado entregan contenido de marketing personalizado y tu sistema de comercio electrónico optimizado proporciona una experiencia de compra sin interrupciones. Mientras tanto, la IA analiza los datos para refinar futuras interacciones. Este es el poder de la transformación digital.

Estudios de Caso en Transformación Digital: Historias de Éxito del Mundo Real

Explorar aplicaciones del mundo real proporciona una comprensión concreta de cómo la transformación digital puede implementarse eficazmente. Examinemos algunos estudios de caso que destacan la integración exitosa de la tecnología en estrategias de marketing y ventas.

Minorista de Alta Costura Adopta una Estrategia Omnicanal

Antecedentes

Un minorista de moda de alta gama reconoció las tendencias cambiantes hacia las compras en línea y decidió integrar sus tiendas físicas con una plataforma en línea.

Herramientas Digitales Utilizadas

Implementaron una plataforma de comercio unificado que vinculaba su sistema de inventario con los canales de ventas tanto en línea como en la tienda.

Resultados

Proporcionando una experiencia de compra sin interrupciones ya sea en línea o en la tienda, el minorista vio un aumento del 30% en las ventas totales y mejoró su rotación de inventario en un 25%.

Startup Tecnológica Aprovecha la IA para el Servicio al Cliente

Antecedentes

Una startup tecnológica enfrentaba desafíos para gestionar el volumen de consultas de clientes a medida que escalaban.

Herramientas Digitales Utilizadas

Integraron un sistema de chatbot con IA que podía manejar consultas básicas y el enrutamiento de tickets, reservando las consultas complejas para los agentes humanos.

Resultados

El sistema de chatbot redujo el tiempo de respuesta en un 50% y aumentó las calificaciones de satisfacción del cliente debido a tiempos de resolución más rápidos. También permitió que los agentes humanos se centraran en problemas más complejos, mejorando la calidad general del servicio.

Empresa B2B Mejora la Generación de Prospectos con Automatización

Antecedentes

Un proveedor de servicios B2B luchaba con la generación y gestión de prospectos debido a los procesos manuales involucrados.

Herramientas Digitales Utilizadas

Adoptaron una plataforma de automatización de marketing que no solo rastreaba y nutría prospectos a través de flujos de trabajo automatizados, sino que también los calificaba en función del compromiso.

Resultados

La implementación llevó a un aumento del 40% en prospectos calificados y un aumento del 20% en conversiones, demostrando la eficacia de las campañas de marketing automatizadas y dirigidas.

. . .

Optimización de la Plataforma de Comercio Electrónico a través de Análisis en Tiempo Real

En este análisis profundo, exploramos cómo una plataforma de comercio electrónico utilizó con éxito el análisis en tiempo real para mejorar su eficiencia operativa, mejorar la experiencia del cliente y aumentar el crecimiento de las ventas.

Antecedentes y Objetivos

A medida que las compras en línea continúan evolucionando, las plataformas de comercio electrónico deben utilizar tecnologías avanzadas para mantenerse competitivas. Un destacado jugador del comercio electrónico reconoció el potencial del análisis en tiempo real para transformar sus operaciones y estableció objetivos específicos:

1 Mejorar la Experiencia del Usuario: Utilizar datos en tiempo real para proporcionar experiencias de compra personalizadas y soporte al cliente instantáneo.

2 Optimizar la Gestión de Inventarios: Aprovechar el análisis para gestionar el inventario de manera más eficiente y reducir situaciones de agotamiento o exceso de stock.

3 Aumentar las Tasas de Conversión: Usar información de datos en tiempo real para ajustar dinámicamente las estrategias de marketing y ventas, mejorando el compromiso del usuario y las tasas de conversión.

Estrategias Empleadas

- **Experiencias de Usuario Personalizadas**: Implementaron el seguimiento en tiempo real del comportamiento del usuario para ofrecer recomendaciones de productos y ofertas promocionales personalizadas, ajustándose dinámicamente en función de las acciones del usuario y el tiempo que pasan en el sitio.

- **Modelos de Precios Dinámicos**: Utilizaron datos en tiempo real para ajustar precios y promociones, respondiendo a la demanda del mercado, precios de la competencia y niveles de inventario.

- **Servicio al Cliente en Tiempo Real**: Integraron chatbots y herramientas de soporte al cliente en vivo que utilizan datos en tiempo real para proporcionar asistencia inmediata, resolver problemas más rápido y mejorar la satisfacción general del cliente.

Resultados e Impacto

- **Mejora de la Satisfacción del Cliente**: La personalización mejorada y el servicio al cliente receptivo llevaron a tasas más altas de satisfacción del cliente y aumentaron la lealtad.

- **Reducción de Costos de Inventario**: La gestión de inventario en tiempo real permitió un control más preciso sobre los niveles de stock, reduciendo costos asociados con el exceso y falta de stock.

- **Aumento de las Tasas de Conversión**: Los ajustes dinámicos en las estrategias de marketing y precios basados en el análisis en tiempo real llevaron a un aumento del 20% en las tasas de conversión.

Desafíos y Soluciones

- **Preocupaciones sobre la Privacidad de los Datos**: Manejar grandes cantidades de datos en tiempo real planteó preocupaciones sobre la privacidad de los datos. La plataforma abordó esto implementando estrictas medidas de seguridad de datos y políticas de privacidad transparentes.

- **Complejidad de Integración**: Integrar el análisis en tiempo real con los sistemas existentes fue un desafío técnico. La compañía invirtió en soluciones de software de última generación y soporte técnico experto para asegurar una integración sin problemas.

- **Equilibrio entre la Automatización y el Toque Humano**: Aunque la automatización mejoró la eficiencia, mantener un equilibrio con interacciones humanas personalizadas fue crucial para la satisfacción del cliente. La plataforma aseguró que las herramientas de análisis en tiempo real se utilizaran para complementar y no reemplazar las interacciones humanas.

Lecciones Aprendidas

- **Monitoreo Continuo y Adaptación**: El análisis en tiempo real requiere un monitoreo continuo y una rápida adaptación de estrategias basadas en los conocimientos obtenidos, lo que demanda un enfoque operativo proactivo.

- **Inversión en Tecnología y Talento**: Inversiones sustanciales en tecnología y personal capacitado son esenciales para aprovechar al máximo el potencial del análisis en tiempo real.

- **Enfoque en Innovaciones Centradas en el Cliente**: Las innovaciones impulsadas por el análisis en tiempo real deben siempre apuntar a mejorar la experiencia del cliente, ya que esto impacta directamente en la retención y lealtad del cliente.

* * *

Explorando Tecnologías Futuras en la Transformación Digital

A medida que avanzamos hacia el futuro, el panorama del marketing y las ventas seguirá siendo moldeado por tecnologías innovadoras. Comprender estas herramientas emergentes y cómo pueden aprovecharse proporcionará a las empresas ventajas competitivas y nuevas formas de interactuar con los clientes.

Realidad Aumentada (AR) en el Marketing

Visión General

La AR ofrece una forma para que los clientes vean e interactúen con un producto en su propio entorno antes de realizar una compra. Esta tecnología es especialmente útil en industrias como muebles, bienes raíces y moda.

- **Beneficios**: Mejora la experiencia del cliente al proporcionar un proceso de compra más interactivo e inmersivo. Ayuda a reducir la incertidumbre que los clientes pueden sentir sobre cómo encajaría o se vería un producto en su entorno real.

- **Aplicación en el Mundo Real**: La aplicación AR de IKEA permite a los clientes visualizar muebles en sus hogares, ayudándoles a tomar decisiones de compra más informadas.

Blockchain para Mayor Seguridad y Transparencia

Visión General

El blockchain puede revolucionar el marketing y las ventas proporcionando una manera segura y transparente de manejar transacciones y datos de clientes.

- **Beneficios**: Aumenta la confianza a través de transacciones transparentes y mejora la seguridad con la gestión descentralizada de datos, lo cual es especialmente importante para manejar información sensible de clientes.

- **Aplicación en el Mundo Real**: Las marcas de lujo están utilizando blockchain para verificar la autenticidad de sus productos, mejorando así la confianza del cliente y reduciendo la falsificación.

Inteligencia Artificial (IA) y Aprendizaje Automático (ML) en Personalización

Visión General

La IA y el ML pueden analizar grandes cantidades de datos para ofrecer niveles sin precedentes de personalización en los esfuerzos de marketing.

- **Beneficios**: Permiten campañas de marketing altamente dirigidas que pueden predecir preferencias y comportamientos del cliente, lo que lleva a mayores tasas de participación y conversión.

- **Aplicación en el Mundo Real**: Netflix utiliza IA para personalizar las recomendaciones de visualización, aumentando significativamente el compromiso y la satisfacción del usuario.

Herramientas Avanzadas de Privacidad de Datos

Visión General

A medida que crecen las preocupaciones sobre la privacidad de los datos, las herramientas avanzadas que ayudan a las empresas a proteger los datos del cliente y cumplir con las regulaciones están convirtiéndose en cruciales.

• **Beneficios**: Construyen confianza con el cliente y ayudan a las empresas a evitar problemas legales relacionados con brechas de datos y el incumplimiento.

• **Aplicación en el Mundo Real**: Empresas como Apple están enfatizando la privacidad como un punto de venta clave, implementando herramientas que otorgan a los usuarios más control sobre sus datos.

Integrando Estas Tecnologías en Estrategias Empresariales

Adoptar estas tecnologías requiere una planificación cuidadosa y consideración. Las empresas deben evaluar su madurez digital actual, determinar qué tecnologías se alinean con sus objetivos estratégicos y planificar una integración sin interrupciones de las operaciones existentes.

Desafíos y Oportunidades Futuras

A medida que estas tecnologías evolucionen, presentarán tanto desafíos, como una mayor complejidad y la necesidad de nuevas habilidades, y oportunidades, como la apertura de nuevos mercados y la creación de modelos de negocio innovadores. Las empresas que puedan navegar eficazmente estos cambios estarán bien posicionadas para el éxito en la era digital.

Adoptar una estrategia de transformación digital no es simplemente una opción; es una necesidad para mantenerse competitivo en el mercado actual. Al aprovechar tecnologías emergentes como AR, blockchain, IA y herramientas avanzadas de privacidad de datos, las empresas pueden mejorar significativamente la eficiencia operativa, la experiencia del cliente y la seguridad de los datos.

* * *

Implementando la Transformación Digital: Una Hoja de Ruta Estratégica

Emprender un viaje de transformación digital requiere un enfoque estructurado para garantizar una integración exitosa y resultados sostenibles. Aquí tienes una guía paso a paso para implementar la transformación digital en tus operaciones de marketing y ventas:

Paso 1: Evaluar tu Estado Actual

Auditoría Digital

- **Revisión de Herramientas y Procesos Actuales**: Realiza un análisis exhaustivo de tus herramientas digitales existentes, procesos y métricas de rendimiento. Identifica fortalezas, debilidades y áreas de mejora.

- **Evaluar el Rendimiento**: Analiza los indicadores de rendimiento actuales, como la participación del cliente, las tasas de conversión y la eficiencia operativa, para comprender la línea base.

- **Identificar Brechas**: Destaca áreas donde nuevas tecnologías o mejoras en los procesos pueden aumentar la eficiencia y la efectividad.

Opinión de los Interesados

- **Perspectivas Interdepartamentales**: Recoge opiniones y perspectivas de diversos departamentos, incluyendo ventas, marketing, TI y servicio al cliente. Esta visión holística ayuda a identificar puntos críticos y oportunidades en toda la organización.

- **Comentarios de los Clientes**: Recoge información de los clientes para entender sus experiencias y expectativas, lo cual puede guiar tus esfuerzos de transformación digital.

Paso 2: Definir tus Objetivos de Transformación Digital

Objetivos Estratégicos

- **Establecer Metas Claras**: Define lo que deseas lograr con la transformación digital, como mejorar la participación del cliente, aumentar las ventas, mejorar la eficiencia operativa o ampliar el alcance del mercado.

- **Alinear con la Estrategia del Negocio**: Asegúrate de que tus objetivos de transformación digital se alineen con tu estrategia y objetivos generales del negocio.

Métricas de Éxito

- **Establecer KPI**: Determina los indicadores clave de rendimiento (KPI) que medirán el éxito de tus iniciativas digitales. Ejemplos incluyen puntajes de satisfacción del cliente, tasas de conversión, crecimiento de ingresos y ahorros de costos.

- **Seguimiento del Progreso**: Desarrolla un plan para rastrear y revisar regularmente estas métricas para evaluar el progreso y el impacto.

Paso 3: Desarrollar un Plan de Implementación de Tecnología

Priorizar Iniciativas

- **Evaluación de Impacto**: Basado en tus objetivos y hallazgos de la auditoría digital, prioriza las iniciativas digitales que prometen el mayor impacto.

- **Asignación de Recursos**: Asigna recursos, incluyendo presupuesto y personal, a proyectos de alta prioridad.

Selección de Tecnología

- **Investigar y Evaluar**: Identifica tecnologías que cumplan con tus necesidades, considerando factores como escalabilidad, capacidades de integración, facilidad de uso y soporte del proveedor.

- **Proyectos Piloto**: Comienza con proyectos piloto para probar nuevas tecnologías en una escala pequeña antes de una implementación completa, minimizando riesgos y asegurando viabilidad.

Cronograma de Implementación

- **Crear una Hoja de Ruta**: Desarrolla un cronograma detallado para implementar nuevas tecnologías, incluyendo hitos clave y entregables.

- **Enfoque por Fases**: Considera un enfoque por fases para la implementación para gestionar la complejidad y asegurar transiciones fluidas.

Paso 4: Gestionar el Cambio y Fomentar la Adopción

Capacitación y Soporte

- **Capacitación Integral**: Proporciona programas de capacitación completos para que los empleados comprendan y puedan usar eficazmente las nuevas tecnologías.

- **Soporte Continuo**: Ofrece soporte continuo, incluyendo mesas de ayuda, preguntas frecuentes y sesiones de capacitación de repaso.

Gestión del Cambio

- **Comunicar Beneficios**: Comunica claramente los beneficios de la transformación digital a los empleados, destacando cómo mejorará su trabajo y el rendimiento de la organización.

- **Involucrar a los Empleados**: Involucra a los empleados en el proceso de transformación, alentándolos a contribuir con ideas y comentarios.

Paso 5: Monitorear, Evaluar y Optimizar

Monitoreo Continuo

- **Rastrear el Rendimiento**: Monitorea regularmente el rendimiento de las nuevas tecnologías en comparación con tus KPI establecidos.

- **Análisis de Datos**: Utiliza herramientas de análisis para obtener información sobre la efectividad de tus iniciativas digitales e identificar áreas de mejora.

Bucles de Retroalimentación

- **Recoger Comentarios**: Fomenta la retroalimentación continua de empleados y clientes para identificar desafíos y oportunidades de mejora.

- **Ajustes Responsivos**: Prepárate para hacer ajustes iterativos en tu tecnología y procesos basados en la retroalimentación y datos de rendimiento.

Optimización Iterativa

- **Refinar Estrategias**: Revisa y refina regularmente tus estrategias digitales para mantener la alineación con las necesidades cambiantes del negocio y los avances tecnológicos.

- **Mantente Informado**: Mantente al tanto de nuevas tecnologías y tendencias para asegurar que tus esfuerzos de transformación digital se mantengan a la vanguardia.

La transformación digital es un viaje continuo que requiere dedicación, inversión y adaptabilidad. Siguiendo esta hoja de ruta estratégica, las empresas pueden implementar eficazmente tecnologías digitales, mejorar sus operaciones y mantenerse competitivas en el cambiante panorama digital.

* * *

Puntos Clave de la Transformación Digital en Marketing y Ventas

1. Importancia Estratégica:

La transformación digital no se trata únicamente de adoptar nuevas tecnologías, sino de repensar fundamentalmente los procesos y estrategias empresariales para mejorar la eficiencia, el compromiso del cliente y el rendimiento general.

2. Integración Integral:

La transformación digital exitosa requiere la integración de tecnología en todos los aspectos de las operaciones comerciales, desde la gestión de relaciones con los clientes hasta el análisis de datos y más allá.

3. Enfoque Centrado en el Cliente:

En el corazón de la transformación digital está el objetivo de mejorar la experiencia del cliente. Tecnologías como los sistemas CRM, las plataformas de comercio electrónico y la automatización de marketing personalizada desempeñan roles cruciales en la consecución de este objetivo.

4. Mejora Continua:

La transformación digital es un proceso continuo de prueba, aprendizaje y adaptación. Las empresas deben mantenerse ágiles, evaluando continuamente la efectividad de las tecnologías y estrategias, y estando preparadas para realizar los ajustes necesarios.

5. Preparación para el Futuro:

Abrazar la transformación digital prepara a las empresas para futuros desafíos y oportunidades. Mantenerse a la vanguardia en la adopción de tecnología puede proporcionar ventajas competitivas significativas, especialmente a medida que tecnologías emergentes como la IA, el blockchain y la AR se convierten en corrientes principales.

A medida que consideres implementar o mejorar estrategias de transformación digital dentro de tu propio negocio, recuerda que el viaje es único para cada organización. Comienza con una evaluación clara de tus capacidades y objetivos actuales, involucra a los interesados de toda la organización y desarrolla un enfoque por fases que priorice los cambios impactantes.

Al hacerlo, no solo mejoras tus eficiencias operativas y experiencias del cliente, sino que también construyes un negocio resiliente que puede prosperar en un mundo cada vez más digital.

. . .

"La gente rara vez compra lo que necesita. Compra lo que quiere."
- Seth Godin

CAPÍTULO 12

CUSTOMER EXPERIENCE MANAGEMENT

Gestión de la Experiencia del Cliente (CEM) es la práctica de diseñar y reaccionar a las interacciones con los clientes para cumplir o superar sus expectativas, aumentando así la satisfacción, lealtad y defensa del cliente. Este capítulo explorará cómo las empresas pueden gestionar estratégicamente cada punto de contacto a lo largo del viaje del cliente para fomentar una experiencia positiva.

La Importancia de la Experiencia del Cliente

En el panorama competitivo actual, los productos y precios ya no son los únicos determinantes del éxito empresarial; la experiencia del cliente (CX) ahora juega un papel crucial. Una CX superior puede mejorar significativamente la lealtad a la marca, reducir la rotación y aumentar los ingresos.

. . .

Elementos Clave de la Gestión de la Experiencia del Cliente

1. Mapeo del Viaje del Cliente:

Identificar todos los puntos de contacto que los clientes tienen con tu marca, desde el conocimiento inicial a través de varias etapas de compromiso y construcción de relaciones a largo plazo. Comprender este viaje es crucial para crear interacciones significativas.

2. Personalización:

Aprovechar los datos para adaptar las experiencias a las preferencias y comportamientos individuales de los clientes. Esto incluye mensajes de marketing personalizados, recomendaciones de productos y contenido dinámico del sitio web.

3. Bucle de Retroalimentación del Cliente:

Establecer mecanismos sistemáticos para recopilar, analizar y actuar sobre la retroalimentación del cliente. Este bucle ayuda a las empresas a refinar y mejorar continuamente la experiencia del cliente.

4. Capacitación y Compromiso del Empleado:

Asegurar que cada empleado entienda su papel en la entrega de experiencias excepcionales al cliente y esté equipado con las herramientas y la capacitación necesarias para hacerlo eficazmente.

5. Integración de Tecnología:

Utilizar tecnologías avanzadas como sistemas CRM, herramientas de análisis y IA para mejorar las interacciones en cada punto de contacto y proporcionar experiencias sin interrupciones al cliente.

Estableciendo la Base para una CEM Eficaz

Para gestionar eficazmente las experiencias del cliente, las empresas deben primero definir claramente su visión para la experiencia del cliente y alinearla con sus objetivos empresariales generales. Esta alineación asegura que la estrategia de CEM apoye los objetivos más amplios y entregue un valor real.

* * *

Exploración Profunda en el Mapeo del Viaje del Cliente

Comprender y optimizar el viaje del cliente es una piedra angular de una Gestión Efectiva de la Experiencia del Cliente. Un mapa de viaje detallado proporciona una representación visual de cada experiencia que tienen tus clientes con tu marca, ayudándote a identificar oportunidades de mejora.

Pasos para Crear un Mapa del Viaje del Cliente

1. Identificar Personas de Cliente:

Empieza definiendo diferentes personas de clientes que representen tus diversos segmentos de mercado. Cada persona debe reflejar necesidades, preferencias y patrones de comportamiento distintos de los clientes.

2. Delinear Puntos de Contacto:

Enumera todos los puntos de interacción entre el cliente y tu negocio, incluyendo tanto contactos directos como compras y llamadas de servicio al cliente, e interacciones indirectas como leer una entrada de blog o ver un anuncio.

3. Analizar las Emociones del Cliente:

Para cada punto de contacto, considera las emociones y motivaciones del cliente. Comprender el viaje emocional puede ayudarte a realzar los sentimientos positivos y mitigar los negativos.

4. Integrar Retroalimentación:

Incorpora retroalimentación de los clientes para entender sus percepciones y experiencias en cada punto de contacto. Esta información es invaluable para realizar mejoras específicas.

5. Identificar Momentos de la Verdad:

Resalta los puntos de contacto críticos que afectan significativamente la decisión del cliente de continuar o terminar su relación con tu marca. Estos son momentos donde un servicio excelente puede aumentar significativamente la lealtad.

Optimizando Puntos de Contacto para una Experiencia Mejorada

Una vez que hayas mapeado el viaje del cliente, el siguiente paso es mejorar estos puntos de contacto. Esto podría implicar simplificar procesos, mejorar la claridad en la comunicación o añadir toques personales que demuestren tu compromiso con la satisfacción del cliente.

. . .

TechSolutions Inc.: Optimización de Operaciones y Mejora de la Incorporación de Clientes con Automatización de Marketing

TechSolutions Inc., un proveedor líder de software, utilizó la automatización de marketing para transformar su proceso de incorporación de clientes y su estrategia general de comunicación con clientes. Este estudio de caso explora cómo TechSolutions aprovechó las tecnologías de automatización para mejorar la eficiencia, mejorar la experiencia del cliente y reducir la deserción.

Antecedentes y Objetivos

TechSolutions enfrentaba desafíos en la gestión de su base de clientes en rápido crecimiento, particularmente en la incorporación eficiente de nuevos usuarios y asegurando su adopción exitosa del software. Los objetivos eran:

1. Optimizar la Incorporación:

Automatizar el proceso de incorporación para asegurar una experiencia consistente, informativa y atractiva para todos los nuevos usuarios.

2. Mejorar la Retención de Clientes:

Reducir la deserción en las primeras etapas abordando proactivamente los desafíos y consultas comunes que enfrentan los nuevos usuarios.

3. Aumentar el Compromiso del Usuario:

Incrementar el compromiso del usuario a través de contenido útil y dirigido que ayude a los usuarios a maximizar el valor de su software.

Estrategias Empleadas

- **Correos Electrónicos Automatizados de Incorporación:**

Desarrolló una serie de correos electrónicos automatizados que guiaban a los nuevos usuarios a través del proceso de configuración, proporcionaban contenido educativo y destacaban características clave y mejores prácticas.

- **Tutoriales Interactivos y Seminarios Web:**

Implementó registros automatizados y recordatorios para tutoriales en vivo y seminarios web diseñados para elevar rápidamente la competencia y confianza de los usuarios en el uso del software.

- **Mecanismos de Retroalimentación:**

Integró solicitudes de retroalimentación automatizadas dentro de la secuencia de correos electrónicos para evaluar la satisfacción del usuario e identificar obstáculos comunes.

Resultados e Impacto

- **Reducción del Tiempo de Incorporación:**

El tiempo promedio que tomaba a los nuevos usuarios volverse competentes con el software disminuyó en un 50% debido al proceso de incorporación optimizado.

- **Menores Tasas de Deserción:**

Las tasas de deserción temprana disminuyeron en un 30% ya que los nuevos usuarios recibieron orientación y apoyo oportunos, mejorando su experiencia y satisfacción general.

- **Mayor Compromiso:**

Las métricas de compromiso, incluyendo usuarios activos diarios y tasas de uso de características, mostraron una mejora significativa, indicando una mayor satisfacción general y mejor utilización del software.

Desafíos y Soluciones

- **Personalización a Escala:**

Equilibrar la automatización de comunicaciones manteniendo una experiencia personalizada fue un desafío. TechSolutions utilizó contenido dinámico en correos electrónicos y contenido dirigido en seminarios web basado en los intereses específicos y patrones de uso del usuario.

- **Integración de Sistemas:**

Integrar la plataforma de automatización de marketing con sus herramientas CRM y de soporte al cliente existentes requirió recursos técnicos significativos. TechSolutions priorizó una integración sin problemas para asegurar la consistencia y fiabilidad de los datos.

- **Monitoreo y Ajuste de Campañas:**

Monitorear continuamente el rendimiento de las campañas automatizadas y hacer ajustes basados en la retroalimentación y el comportamiento del usuario fue esencial. TechSolutions estableció un equipo dedicado para analizar los datos de las campañas e implementar mejoras.

Lecciones Aprendidas

- **Importancia del Soporte Temprano al Usuario:**

Proporcionar soporte integral y contenido educativo temprano en el viaje del cliente es crítico para reducir la deserción e incrementar la satisfacción.

- **La Retroalimentación es Invaluable:**

Solicitar y actuar regularmente sobre la retroalimentación del usuario ayuda a refinar los procesos de incorporación y asegura que el contenido permanezca relevante y efectivo.

- **Optimización Continua:**

El análisis y la refinación continua de las estrategias de automatización son necesarias para adaptarse a las necesidades del usuario y los avances tecnológicos.

* * *

Aprovechando las Interacciones en Tiempo Real para Mejorar la Experiencia del Cliente

Las interacciones en tiempo real con los clientes son fundamentales en el entorno de mercado acelerado de hoy. Ofrecen oportunidades inmediatas para influir positivamente en la experiencia del cliente y pueden ser clave para convertir posibles crisis en éxitos.

Estrategias para Gestionar Interacciones en Tiempo Real

1. Chat en Vivo y Plataformas de Mensajería:

Implementar opciones de chat en vivo en tu sitio web o usar plataformas de mensajería instantánea puede proporcionar a los clientes asistencia inmediata, haciendo su experiencia más fluida y satisfactoria.

2. Participación en Redes Sociales:

Monitorear las plataformas de redes sociales y responder rápidamente a comentarios, preguntas y quejas ayuda a mantener una imagen pública positiva y puede resolver rápidamente problemas que podrían escalar.

3. Personalización en Tiempo Real:

Usar IA para analizar datos de clientes en tiempo real y proporcionar recomendaciones o contenido personalizado puede mejorar significativamente la interacción del cliente y aumentar la probabilidad de una venta.

Herramientas Tecnológicas para Apoyar Interacciones en Tiempo Real

- **Chatbots:**

Los chatbots impulsados por IA pueden manejar un gran volumen de consultas simples al instante, liberando a los agentes humanos para tratar problemas más complejos.

- **Herramientas de Monitoreo de Redes Sociales:**

Herramientas como Hootsuite o Sprout Social permiten a las empresas rastrear todas las interacciones en redes sociales y responder de manera oportuna.

- **Software de Análisis Predictivo:**

Tecnologías como SAS o IBM Watson proporcionan información en tiempo real sobre el comportamiento del cliente, ayudando a personalizar las interacciones a medida que ocurren.

QuickServe Restaurants: Mejorando el Servicio al Cliente con Chatbots

QuickServe Restaurants, una cadena de comida rápida, implementó con éxito la tecnología de chatbots para mejorar el servicio al cliente y agilizar el procesamiento de pedidos. Este estudio de caso examina el uso estratégico de chatbots, su integración en las operaciones de QuickServe y los impactos resultantes en la experiencia del cliente y la eficiencia empresarial.

Antecedentes y Objetivos Frente al doble desafío de un alto volumen de clientes y la necesidad de un servicio rápido, QuickServe Restaurants se propuso:

1. Mejorar la Eficiencia de Pedidos:

Acelerar el proceso de pedidos mientras se reducen los errores humanos y los costos operativos.

2. Mejorar la Experiencia del Cliente:

Proporcionar un servicio al cliente instantáneo, las 24 horas del día, mejorando la capacidad de respuesta y la satisfacción.

3. Aumentar las Ventas:

Utilizar chatbots para promocionar ofertas diarias, vender productos adicionales y gestionar programas de lealtad de manera más efectiva.

Estrategias Empleadas

• Integración de Chatbot:

QuickServe introdujo un chatbot impulsado por IA integrado con sus sistemas POS (punto de venta) y CRM existentes. El chatbot estaba disponible a través del sitio web de la compañía, la aplicación móvil y plataformas de mensajería populares como WhatsApp y Facebook Messenger.

• Procesamiento de Pedidos Automatizado:

Los clientes podían realizar pedidos a través de la interfaz del chatbot, que estaba programada para manejar consultas, tomar pedidos, sugerir complementos y procesar pagos.

• Gestión de Interacciones con el Cliente:

El chatbot estaba diseñado para manejar preguntas frecuentes, proporcionar información sobre los elementos del menú y resolver problemas comunes, derivando problemas más complejos a agentes humanos.

Resultados e Impacto

- **Proceso de Pedidos Agilizado:**

El chatbot redujo el tiempo promedio de procesamiento de pedidos en un 30%, manejando pedidos rutinarios sin intervención humana.

- **Mejora en la Satisfacción del Cliente:**

La disponibilidad de asistencia instantánea y la facilidad de realizar pedidos llevaron a mejorar las puntuaciones de satisfacción del cliente.

- **Aumento de Ventas:**

La venta efectiva por parte del chatbot, como la sugerencia de bebidas y complementos, resultó en un aumento del 15% en el valor promedio de los pedidos.

Desafíos y Soluciones

- **Adaptación del Cliente:**

Algunos clientes eran inicialmente reacios a interactuar con un chatbot. QuickServe abordó esto implementando un modelo híbrido donde los clientes podían cambiar fácilmente a un agente humano si lo deseaban, asegurando comodidad y confianza en el servicio.

- **Mantenimiento de la Personalización:**

Para asegurar que el chatbot proporcionara una experiencia personalizada, QuickServe actualizó continuamente sus algoritmos basados en datos de interacción del cliente y retroalimentación.

- **Integraciones Técnicas:**

Integrar el chatbot con los sistemas existentes fue complejo, especialmente asegurando que funcionara sin problemas en varias plataformas. QuickServe invirtió en soluciones de integración de backend robustas y soporte técnico continuo.

Lecciones Aprendidas

- **Mejora y Actualización Continua:**

Las actualizaciones regulares al chatbot basadas en la retroalimentación del cliente y datos de uso fueron cruciales para mantener su efectividad y relevancia.

- **Equilibrio entre Automatización y Toque Humano:**

Aunque la automatización aumentó la eficiencia, la opción de conectarse con un agente humano fue esencial para manejar necesidades complejas del cliente y mantener la confianza.

- **Compromiso Proactivo con el Cliente:**

El chatbot no solo fue reactivo sino también proactivo al involucrar a los clientes, sugiriendo elementos del menú basados en pedidos anteriores y preferencias, lo que mejoró significativamente las oportunidades de venta adicional.

Construcción de una Cultura Impulsada por la Retroalimentación

Una cultura impulsada por la retroalimentación no solo apoya la mejora continua sino que también asegura que el negocio se mantenga alineado con las necesidades y expectativas del cliente. Aquí se explica cómo puedes cultivar una cultura así:

1. Recopilación Regular de Retroalimentación:

Utiliza encuestas, formularios de retroalimentación y entrevistas directas con clientes para recopilar información regularmente.

2. Empoderar a los Empleados:

Capacita y empodera a los empleados de primera línea para solicitar retroalimentación durante las interacciones y actuar sobre ella para mejorar la experiencia del cliente de inmediato.

3. Participación del Liderazgo:

Asegúrate de que la retroalimentación llegue a todos los niveles de la organización, incluido el liderazgo, para que las decisiones puedan reflejar las necesidades y preferencias del cliente.

Beneficios de una Cultura Impulsada por la Retroalimentación

• Adaptabilidad:

Adaptarse rápidamente a los cambios en las preferencias del cliente y las condiciones del mercado.

• Lealtad del Cliente:

Los clientes que ven que su retroalimentación es tomada en serio tienen más probabilidades de sentirse valorados y seguir siendo leales a la marca.

- **Innovación:**

La retroalimentación puede inspirar nuevos productos, servicios y formas de hacer negocios, impulsando la innovación.

* * *

Aprovechando el Análisis para Refinar la Gestión de la Experiencia del Cliente (CEM)

En el ámbito de la Gestión de la Experiencia del Cliente (CEM), el análisis juega un papel crítico al descubrir ideas que pueden impulsar mejoras estratégicas. Al usar datos de manera efectiva, las empresas pueden adaptar sus enfoques para satisfacer las necesidades y preferencias únicas de sus clientes.

Enfoques Analíticos Clave en CEM

1. Análisis de Sentimientos:

Esto implica analizar comentarios de clientes, reseñas y comentarios en redes sociales para evaluar el sentimiento detrás de las palabras. Comprender si los sentimientos de los clientes son positivos, negativos o neutrales puede ayudar a priorizar problemas y respuestas.

2. Segmentación de Clientes:

Segmentar a los clientes en función de su comportamiento, demografía e historial de compras permite esfuerzos de marketing más dirigidos y personalizados. El análisis puede identificar estos segmentos y rastrear sus comportamientos a lo largo del tiempo.

3. Análisis de Abandono:

Identificar patrones que preceden al abandono de clientes es crucial para retenerlos. El análisis puede ayudar a identificar estos patrones y desencadenar medidas proactivas para mantener a los clientes comprometidos.

Herramientas para Mejorar CEM con Análisis

- **Google Analytics:**

Ofrece profundos conocimientos sobre el comportamiento de los usuarios en el sitio web y se puede integrar con bases de datos de clientes para proporcionar una visión más completa del recorrido del cliente.

- **Adobe Experience Cloud:**

Proporciona un conjunto de herramientas para gestionar experiencias de clientes, entregar contenido personalizado y medir el compromiso a través de canales.

- **Tableau:**

Una poderosa herramienta para visualizar datos, que puede hacer que los análisis complejos sean más accesibles y procesables para los responsables de la toma de decisiones.

Implementación de Estrategias Basadas en Datos

Para utilizar eficazmente el análisis en CEM, es esencial:

- **Integrar Fuentes de Datos:**

Combinar datos de diversas fuentes como sistemas CRM, redes sociales y registros de transacciones para crear una visión integral del cliente.

- **Enfocarse en Ideas Procesables:**

Priorizar el análisis de datos que conduzca a ideas procesables, asegurando que los hallazgos puedan influir directamente en las estrategias de experiencia del cliente.

- **Aprendizaje y Ajuste Continuo:**

Tratar el análisis como un proceso continuo que requiere revisión y ajuste regular a medida que se recopilan nuevos datos y resultados.

HealthPlus Insurance: Aprovechando el Análisis Predictivo para Mejorar la Retención de Clientes

HealthPlus Insurance, un actor prominente en el sector de seguros de salud, utilizó análisis predictivos para mejorar la retención de clientes y personalizar sus ofertas de servicios. Este estudio de caso explora las estrategias que implementó HealthPlus, la tecnología detrás de sus iniciativas y el impacto en sus operaciones comerciales.

Antecedentes y Objetivos

HealthPlus Insurance enfrentaba desafíos con la retención de clientes, particularmente a medida que se acercaba la renovación de pólizas. Sus objetivos eran:

1. Mejorar la Retención de Clientes:

Identificar proactivamente a los clientes en riesgo de abandono y comprometerlos con intervenciones personalizadas.

2. Mejorar la Satisfacción del Cliente:

Ofrecer servicios y comunicaciones personalizadas que aborden las necesidades y preferencias individuales de los clientes.

3. Optimizar la Asignación de Recursos:

Utilizar conocimientos predictivos para asignar recursos de manera eficiente hacia los esfuerzos de retención de clientes.

Estrategias Empleadas

• Integración de Análisis Predictivos:

HealthPlus integró análisis predictivos en su sistema CRM, utilizando algoritmos para analizar patrones de comportamiento del cliente, niveles de satisfacción y otras métricas clave para identificar a los clientes en riesgo.

• Campañas de Comunicación Dirigidas:

Desplegaron campañas personalizadas de correo electrónico y SMS a clientes en riesgo, ofreciendo incentivos especiales, revisiones personalizadas de pólizas y servicio al cliente proactivo.

• Recomendaciones de Pólizas Personalizadas:

Usaron modelos predictivos para sugerir ajustes de pólizas y opciones de cobertura adicionales que se alineen con las necesidades individuales de los clientes, basándose en sus reclamaciones pasadas e historial de interacción.

Resultados e Impacto

• Reducción de la Tasa de Abandono:

Las intervenciones dirigidas para clientes en riesgo condujeron a una reducción del 20% en las tasas de abandono en el primer año de implementación.

• Aumento del Compromiso del Cliente:

Las comunicaciones personalizadas y las recomendaciones de pólizas mejoraron el compromiso del cliente, con un notable aumento en las puntuaciones de satisfacción del cliente.

- **Uso Eficiente de Recursos:**

Los análisis predictivos permitieron a HealthPlus enfocar sus esfuerzos de servicio al cliente y retención de manera más efectiva, optimizando tanto costos como resultados.

Desafíos y Soluciones

- **Privacidad y Seguridad de los Datos:**

Gestionar datos sensibles de clientes planteaba preocupaciones sobre privacidad y seguridad. HealthPlus abordó estas preocupaciones implementando medidas estrictas de protección de datos y comunicando estas políticas de manera transparente a los clientes.

- **Integración con Sistemas Existentes:**

La integración de herramientas avanzadas de análisis predictivo con la infraestructura de TI existente fue inicialmente desafiante. HealthPlus invirtió en soporte y capacitación de TI especializados para asegurar una integración y operación sin problemas.

- **Adaptación a la Retroalimentación del Cliente:**

Inicialmente, algunos clientes reaccionaron negativamente a las percepciones de intrusiones en su privacidad. HealthPlus respondió ajustando sus estrategias de comunicación para enfatizar los beneficios y la naturaleza voluntaria de sus ofertas personalizadas.

Lecciones Aprendidas

- **La Comunicación Transparente Construye Confianza:**

La comunicación clara sobre cómo se usan los datos y cómo los clientes pueden beneficiarse de los servicios personalizados es crucial para la aceptación y el éxito.

- **La Mejora Continua es Clave:**

El análisis y la refinación continuos de los modelos predictivos y las estrategias son necesarios para adaptarse a las cambiantes necesidades y comportamientos de los clientes.

- **Equilibrar la Automatización con el Toque Humano:**

Mientras que la automatización y los análisis predictivos mejoran significativamente la eficiencia, mantener un equilibrio con las interacciones humanas personales es esencial para la satisfacción y la confianza del cliente.

Tendencias Futuras en Análisis de CEM

A medida que la tecnología avanza, el futuro de los análisis en CEM se ve prometedor, con desarrollos en inteligencia artificial y aprendizaje automático que ofrecen nuevas formas de predecir el comportamiento del cliente y automatizar experiencias personalizadas.

- **Servicio al Cliente Predictivo:**

Anticipar problemas del cliente y abordarlos antes de que escalen.

- **Personalización Automatizada:**

Usar IA para crear experiencias altamente personalizadas a escala, adaptándose en tiempo real a las interacciones del cliente.

* * *

Sintetizando la Gestión de la Experiencia del Cliente para el Éxito Futuro

Al concluir nuestra exploración de la Gestión de la Experiencia del Cliente (CEM), está claro que esta disciplina es central para construir un éxito empresarial sostenible en un mercado cada vez más competitivo. Al comprender y mejorar cada punto de contacto a lo largo del recorrido del cliente, las empresas no solo aumentan la satisfacción y la lealtad del cliente, sino que también se diferencian de los competidores.

Resumen de Estrategias Clave de CEM

• **Mapeo del Recorrido del Cliente:** Proporciona un plano de cada interacción que los clientes tienen con tu marca, ayudando a identificar momentos críticos que impactan la satisfacción del cliente.

• **Gestión de Interacciones en Tiempo Real:** Utilización de herramientas y estrategias que permiten obtener feedback inmediato del cliente y la resolución de problemas para mejorar la experiencia general del cliente.

• **Insights Impulsados por Analíticas:** Aprovechamiento de datos de varios puntos de contacto para mejorar continuamente y personalizar la experiencia del cliente, asegurando que las estrategias se mantengan alineadas con las expectativas y necesidades en evolución de los clientes.

Implementación de Programas Efectivos de CEM

El éxito en CEM no es un programa que se establece y se olvida; requiere un esfuerzo y adaptación continuos. Aquí hay algunos pasos para asegurar una implementación efectiva:

1. Compromiso a Todos los Niveles: CEM debe ser adoptado en toda la organización, desde los ejecutivos superiores hasta los empleados de primera línea. Todos juegan un papel en la entrega de una experiencia superior al cliente.

2. Pila de Tecnología Integrada: Emplear tecnologías que recopilen y analicen datos del cliente, apoyen interacciones en tiempo real y faciliten recorridos del cliente sin problemas.

3. Cultura de Mejora Continua: Fomentar una cultura que valore el feedback y esté comprometida con el aprendizaje continuo y la mejora de las interacciones con el cliente.

Mirando Hacia el Futuro: El Futuro de CEM

El futuro de CEM probablemente verá una mayor integración de la IA y el aprendizaje automático, automatizando y personalizando aún más las interacciones con los clientes. Las empresas necesitarán equilibrar los avances tecnológicos con un compromiso humano auténtico para satisfacer las expectativas de los clientes de experiencias personales y significativas.

La Gestión de la Experiencia del Cliente es un campo emocionante que ofrece numerosas oportunidades para que las empresas crezcan y prosperen enfocándose en lo que realmente importa: crear experiencias excepcionales para sus clientes. A medida que avanzas, mantén a tus clientes en el centro de tu estrategia y continúa innovando y mejorando con sus necesidades en mente.

> *"Tu marca es lo que dicen de ti cuando no estás en la habitación."*
> *— Jeff Bezos*

CAPÍTULO 13

GESTIÓN DE MARCA EN LA ERA DIGITAL

La gestión de marca consiste en crear y mantener una marca sólida que resuene con los clientes y se destaque en el mercado. En la era digital, esto implica no solo técnicas de marketing tradicionales, sino también adaptarse a nuevas plataformas y tecnologías que moldean la percepción pública y las interacciones con los clientes.

La Evolución del Branding con la Tecnología Digital

Con la llegada de la tecnología digital, la gestión de marca ha evolucionado de una comunicación estática y unidireccional a interacciones dinámicas y multicanal. Hoy en día, la presencia digital de una marca puede influir significativamente en su éxito, lo que requiere un enfoque estratégico en el contenido en línea, las redes sociales y el marketing digital.

Componentes Clave de la Gestión de Marca Digital

1. **Mensajería Consistente de Marca:** Asegurar una mensajería consistente en todas las plataformas digitales, desde tu sitio web hasta tus perfiles en redes sociales, para reforzar la identidad de la marca.

2. **Compromiso con el Cliente:** Interactuar directamente con los clientes en redes sociales y otras plataformas en línea para construir relaciones y fomentar la lealtad.

3. **Gestión de la Reputación en Línea:** Monitorear y gestionar activamente la reputación en línea de tu marca respondiendo a los comentarios de los clientes, abordando reseñas negativas y promoviendo contenido positivo.

Construcción de una Marca Digital Fuerte

Para construir una marca digital fuerte, debes comprender los valores centrales y la personalidad que deseas que tu marca transmita y asegurarte de que se reflejen en cada interacción digital.

• **Voz y Personalidad de la Marca:** Define una voz de marca clara y distintiva que refleje la personalidad de tu marca y resuene con tu público objetivo.

• **Identidad Visual:** Mantén un estilo visual consistente en todos los canales digitales, incluidos logotipos, esquemas de colores y tipografía, para mejorar el reconocimiento de la marca.

• **Estrategia de Contenido:** Desarrolla una estrategia de contenido que respalde el mensaje de tu marca y atraiga a tu audiencia con contenido valioso y relevante.

* * *

Mejorando la Identidad de Marca Digital a Través de una Presencia en Línea Estratégica

En la era digital, la presencia en línea de una marca no es solo una extensión de su identidad; a menudo sirve como la interfaz principal con los clientes. Aquí se explica cómo mejorar estratégicamente la identidad de tu marca digital para resonar fuertemente con tu público objetivo.

1. Aprovechando las Redes Sociales para la Personalidad de la Marca

Las redes sociales ofrecen una plataforma sin igual para expresar la personalidad de tu marca y comprometerte directamente con tus clientes. Aquí tienes cómo utilizarlas efectivamente:

• **Tono y Estilo Consistentes:** Ya sea que la voz de tu marca sea profesional, amigable o peculiar, asegúrate de que sea consistente en todas las publicaciones e interacciones para construir una personalidad reconocible.

• **Estrategias de Compromiso:** Interactúa regularmente con los seguidores a través de comentarios, mensajes y publicaciones. Usa videos en vivo, historias y contenido generado por usuarios para mantener el compromiso alto y personal.

• **Contenido Personalizado para Cada Plataforma:** Personaliza tu contenido para ajustarse al estilo y audiencia únicos de cada plataforma de redes sociales. Lo que funciona en LinkedIn puede no funcionar en TikTok.

2. Optimizando tu Sitio Web para la Consistencia de Marca

Tu sitio web es a menudo la primera interacción detallada que los clientes tienen con tu marca, por lo que su impacto es crucial:

- **Experiencia de Usuario (UX):** Diseña tu sitio web para ofrecer una experiencia fluida y agradable, reflejando el compromiso de tu marca con la satisfacción del cliente.

- **Branding Visual y Verbal:** Asegúrate de que los visuales y el texto de tu sitio web reflejen consistentemente la identidad de tu marca, reforzando la imagen que deseas proyectar.

- **Mejores Prácticas de SEO:** Implementa estrategias de SEO que mejoren tu visibilidad manteniendo la integridad de la marca. Usa palabras clave que resuenen con los valores de tu marca y tu público objetivo.

3. Monitoreo y Gestión de la Reputación en Línea

La reputación en línea puede hacer o deshacer tu marca. La gestión proactiva es clave:

- **Monitoreo Regular:** Usa herramientas como Google Alerts, Social Mention o Brand24 para monitorear menciones de tu marca en la web.

- **Interacción Responsable:** Responde rápidamente a reseñas y comentarios negativos de manera que se alinee con los valores de tu marca, mostrando que te importa la retroalimentación del cliente.

- **Promover Contenido Positivo:** Anima a los clientes satisfechos a compartir sus experiencias y destaca reseñas positivas prominentemente en tu sitio web y redes sociales.

. . .

Couture Capital: Revolucionando el Comercio Minorista de Moda con la Automatización del Marketing

Couture Capital, un minorista de moda en rápido crecimiento, ha utilizado efectivamente la automatización del marketing para mejorar el compromiso del cliente y agilizar sus esfuerzos de marketing. Este estudio de caso analiza las estrategias implementadas por Couture Capital, los resultados de su enfoque innovador y el impacto más amplio en su modelo de negocio.

Antecedentes y Objetivos

Couture Capital enfrentaba el desafío de mantener un toque personal con los clientes mientras gestionaba un rápido crecimiento y competencia en la industria de la moda. Sus objetivos eran:

1 Aumentar la Retención de Clientes: Fortalecer las relaciones con los clientes existentes a través de comunicaciones y ofertas personalizadas.

2 Incrementar las Conversiones de Ventas: Mejorar la efectividad de las campañas de marketing para aumentar las ventas, especialmente durante las temporadas de compras pico.

3 Agilizar las Operaciones de Marketing: Reducir el esfuerzo manual requerido en la gestión de campañas y segmentación de clientes.

Estrategias Empleadas

- **Campañas de Email Personalizadas:** Couture Capital utilizó herramientas de automatización de marketing para segmentar su base de clientes y enviar campañas de email personalizadas basadas en compras pasadas, historial de navegación y preferencias del cliente.

- **Entrega de Contenido Dinámico:** Implementaron contenido dinámico en emails y en su sitio web, que se ajustaba automáticamente para reflejar los intereses y comportamientos de los usuarios individuales, proporcionando una experiencia de compra más personalizada.

- **Bucle de Retroalimentación Automatizado:** Configuraron procesos automatizados para solicitar y recopilar retroalimentación de los clientes después de las compras, que luego se utilizaba para refinar aún más las estrategias de marketing y las ofertas de productos.

Resultados e Impacto

- **Mayor Lealtad de los Clientes:** Las interacciones personalizadas y las respuestas oportunas a la retroalimentación de los clientes ayudaron a mejorar la satisfacción y lealtad del cliente, resultando en un aumento del 30% en las compras repetidas de clientes.

- **Incremento en Ventas:** Las campañas de marketing dirigidas y personalizadas llevaron a un aumento del 25% en las tasas de conversión, con un desempeño particularmente fuerte durante los períodos promocionales.

- **Eficiencia en las Operaciones de Marketing:** La automatización de tareas repetitivas permitió al equipo de marketing centrarse en la estrategia y el contenido creativo, reduciendo los costos generales y mejorando la efectividad de las campañas.

Desafíos y Soluciones

- **Problemas de Integración de Datos:** Inicialmente, la integración de datos de varias fuentes (plataforma de comercio electrónico, CRM, retroalimentación de clientes) fue desafiante. Couture Capital resolvió esto mejorando sus sistemas de gestión de datos y mejorando las capacidades de integración de su software de automatización de marketing.

• **Equilibrio entre Automatización y Autenticidad:** Mantener una voz de marca genuina mientras se usan comunicaciones automatizadas fue una preocupación. Couture Capital gestionó esto creando cuidadosamente plantillas de mensajes y actualizándolas regularmente basándose en los datos de interacción del cliente para mantener las comunicaciones frescas y relevantes.

Lecciones Aprendidas

• **La Optimización Continua es Crucial:** Couture Capital aprendió que la prueba y optimización continua de las campañas automatizadas es esencial para mantener su efectividad, especialmente a medida que evolucionan las preferencias y comportamientos de los clientes.

• **Inversión en Gestión Robusta de Datos:** Las prácticas de gestión de datos robustas son fundamentales para el éxito de la automatización del marketing, permitiendo una segmentación y personalización de clientes más precisas.

• **La Retroalimentación del Cliente Mejora la Relevancia:** Utilizar activamente la retroalimentación del cliente para ajustar las estrategias de marketing no solo mejora la satisfacción del cliente, sino también aumenta la relevancia y efectividad de los esfuerzos de marketing.

* * *

Herramientas y Técnicas para Monitorear y Mejorar la Reputación de Marca en Línea

La gestión efectiva de la marca en la era digital requiere un enfoque proactivo para monitorear y mejorar tu reputación en línea. Aquí tienes algunas herramientas y técnicas esenciales que pueden ayudarte a mantener el control sobre cómo se percibe tu marca en línea.

Herramientas Esenciales para la Gestión de la Reputación en Línea

1 Google Alerts: Configura alertas para el nombre de tu marca y palabras clave relacionadas para recibir notificaciones cada vez que se mencionen en línea. Esta herramienta te ayuda a estar al tanto de lo que se dice sobre tu marca en tiempo real.

2 Social Mention: Esta herramienta te permite rastrear y medir lo que la gente dice sobre tu marca en las plataformas de redes sociales en tiempo real. Proporciona información sobre el sentimiento, el alcance y la fuerza de la presencia de tu marca.

3 ReviewTrackers: Diseñada para monitorear reseñas de clientes en varias plataformas, incluyendo Yelp, Google y Tripadvisor. Esta herramienta te ayuda a responder a comentarios y gestionar tu reputación de manera efectiva.

Estrategias para Mejorar la Reputación de Marca en Línea

- **Interactúa Proactivamente con los Clientes:** No solo respondas a las reseñas negativas. Interactúa activamente con todos los comentarios de los clientes para mostrar que tu marca valora la opinión del cliente y está comprometida con la mejora continua.

- **Marketing de Contenidos:** Publica contenido de alta calidad y valioso que refleje la voz y los valores de tu marca. Esto no solo mejora la reputación de tu marca, sino que también ayuda a suprimir contenido negativo en los resultados de búsqueda.

- **Colaboraciones con Influencers:** Colabora con influencers que se alineen con los valores de tu marca. Sus respaldos positivos pueden aumentar significativamente la imagen y la credibilidad de tu marca.

Medir el Impacto de tus Esfuerzos de Gestión de la Reputación

Para entender cómo tus estrategias de gestión de la reputación están afectando tu marca, considera los siguientes métricos:

- **Análisis de Sentimientos de Marca:** Usa herramientas como Brandwatch o Sentiment Analyzer para medir el sentimiento general de las menciones y discusiones sobre tu marca en línea.

- **Tasas de Compromiso:** Mide el compromiso en publicaciones de redes sociales, blogs y tasas de respuesta a correos electrónicos o campañas para evaluar la efectividad de tus comunicaciones.

- **Tráfico y Conversiones desde Canales Gestionados:** Rastrea cuánto tráfico llega a tu sitio web desde canales gestionados como redes sociales y cuántas de estas visitas se convierten en ventas o leads.

. . .

EcoClean Solutions: Navegando una Crisis con Automatización del Marketing

EcoClean Solutions, una empresa especializada en productos de limpieza ecológicos, enfrentó un desafío significativo cuando uno de sus productos no cumplió con los estándares de calidad, lo que llevó a la insatisfacción del cliente. Este estudio de caso analiza cómo EcoClean Solutions utilizó la automatización del marketing para gestionar la crisis de manera efectiva, recuperar la confianza del cliente y restaurar la reputación de su marca.

Antecedentes y Objetivos

EcoClean Solutions siempre se había enorgullecido de su compromiso con la sostenibilidad y la satisfacción del cliente. Sin embargo, un lote de uno de sus productos más populares no cumplió con los estándares de calidad, lo que provocó un aumento inesperado de quejas de clientes y devoluciones de productos.

Objetivos:

1 Gestionar Eficazmente las Quejas de los Clientes: Gestionar rápidamente y de manera efectiva la afluencia de quejas de los clientes para minimizar la insatisfacción.

2 Recuperar la Confianza del Cliente: Reafirmar a los clientes el compromiso de la marca con la calidad y el servicio al cliente.

3 Prevenir Incidentes Futuros: Implementar medidas para prevenir que ocurran problemas similares en el futuro.

Implementación Estratégica de la Automatización del Marketing

- **Sistema de Respuesta Automatizada:** Implementaron un sistema de respuesta automatizada por correo electrónico para reconocer rápidamente las quejas de los clientes y proporcionar información sobre los pasos que se estaban tomando para abordar el problema.

- **Campañas de Comunicación Dirigidas:** Utilizaron herramientas de automatización del marketing para segmentar la base de clientes afectados y enviar comunicaciones personalizadas, incluyendo disculpas, actualizaciones y ofertas para reemplazar o reembolsar los productos afectados.

Tácticas Empleadas

- **Alcance Proactivo:** Antes de que la mayoría de los clientes se dieran cuenta del problema, EcoClean Solutions envió correos electrónicos preventivos explicando la situación y ofreciendo soluciones, lo que ayudó a mitigar las reacciones negativas.

- **Transparencia en la Comunicación:** Mantuvieron un alto nivel de transparencia en todas las comunicaciones, explicando qué causó el problema del producto y qué pasos se estaban tomando para asegurarse de que no volviera a ocurrir.

- **Incentivos de Lealtad:** Ofrecieron a los clientes afectados descuentos especiales en futuras compras y vistas previas exclusivas de productos próximos como disculpa y para fomentar la lealtad a la marca.

Resultados e Impacto

- **Aumento de la Retención de Clientes:** A pesar de la caída inicial, la respuesta proactiva y transparente ayudó a retener a más del 80% de los clientes afectados.

- **Mejora de la Imagen de Marca:** El enfoque honesto y centrado en el cliente durante la crisis mejoró la reputación de la empresa por su servicio al cliente y fiabilidad.

- **Mejora de los Estándares del Producto:** El incidente impulsó una revisión exhaustiva de los procesos de garantía de calidad del producto, lo que llevó a estándares mejorados y menos quejas a largo plazo.

Desafíos y Soluciones

- **Requisito de Respuesta Rápida:** La reacción inmediata requerida una respuesta rápida que los procesos manuales tradicionales no podrían haber manejado. La automatización del marketing permitió a la empresa reaccionar de manera rápida y efectiva.

- **Equilibrio entre Automatización y Toque Personal:** Mientras la automatización manejó la mayor parte de la comunicación, la empresa también capacitó a los equipos de servicio al cliente para manejar casos complejos personalmente, asegurando que los clientes se sintieran escuchados y valorados.

Lecciones Aprendidas

- **La Preparación es Clave:** Tener un plan de gestión de crisis en su lugar, incluyendo una estrategia de automatización de marketing preconfigurada, es crucial para manejar situaciones inesperadas.

- **Confianza del Cliente a Través de la Transparencia:** La apertura y honestidad en la comunicación de crisis pueden realmente mejorar la confianza del cliente, incluso frente a fallos de productos.

- **El Valor de la Automatización en la Gestión de Crisis:** La automatización del marketing demostró ser invaluable en la gestión de comunicaciones con los clientes a gran escala de manera rápida y eficiente, lo cual es esencial en situaciones de crisis.

* * *

Técnicas Avanzadas en la Gestión de Marca Digital
Incorporar técnicas avanzadas de gestión de marca digital puede mejorar significativamente la presencia y la resonancia de tu marca con tu público objetivo. Vamos a explorar cómo integrar estas técnicas con tus estrategias de marketing generales puede elevar tu marca.

1. Contenido Interactivo

El contenido interactivo es una forma atractiva de cautivar a tu audiencia, fomentar la participación y fortalecer el recuerdo de la marca. Esto incluye cuestionarios, encuestas, infografías interactivas y experiencias de realidad aumentada.

- **Beneficios:** Aumenta la participación del usuario, el tiempo que pasan en tu sitio web o redes sociales, y proporciona valiosos conocimientos sobre las preferencias de los clientes.

- **Consejos de Implementación:** Utiliza herramientas como Apester o Outgrow para crear e integrar contenido interactivo. Asegúrate de que estas interacciones sean significativas y estén alineadas con los valores de tu marca.

2. Marketing de Video

El video continúa siendo uno de los formatos de contenido más efectivos para la gestión de marca digital. Puede contar la historia de tu marca, mostrar productos o explicar servicios de una manera dinámica y atractiva.

- **Beneficios:** Ayuda a construir una conexión emocional más fuerte con la audiencia, mejora la retención del mensaje y puede mejorar el SEO si se aloja en plataformas como YouTube.

- **Consejos de Implementación:** Desarrolla un estilo y tono de video consistentes que reflejen tu marca. Utiliza plataformas como Vimeo para alojamiento de alta calidad y análisis.

3. Personalización a Gran Escala

Usar datos y tecnología para ofrecer experiencias personalizadas a una audiencia amplia puede impactar significativamente la efectividad de tu marca para alcanzar y captar clientes.

- **Beneficios:** Aumenta la relevancia de tus esfuerzos de marketing, mejora la satisfacción del cliente y aumenta las tasas de conversión.

- **Consejos de Implementación:** Aprovecha las herramientas de IA y los datos de CRM para personalizar contenido, ofertas y experiencias según las preferencias y comportamientos individuales de los usuarios.

VirtualHome Decor: Innovando el Comercio Minorista con Realidad Aumentada

VirtualHome Decor, un minorista de decoración del hogar innovador, aprovechó la tecnología de realidad aumentada (AR) para revolucionar la experiencia de compra de sus clientes. Este estudio de caso explora cómo VirtualHome Decor incorporó AR en su estrategia de marketing, los resultados de este enfoque innovador y las implicaciones más amplias para la industria minorista.

Antecedentes y Objetivos

Enfrentando una intensa competencia de minoristas en línea y físicos, VirtualHome Decor buscó mejorar la experiencia de compra integrando la tecnología AR, con el objetivo de:

1 Mejorar la Participación del Cliente: Aumentar la interacción con los productos a través de una experiencia en línea inmersiva.

2 Reducir las Tasas de Devolución: Ayudar a los clientes a tomar decisiones más informadas visualizando los productos en su propio espacio, reduciendo así la probabilidad de devoluciones.

3 Aumentar las Conversiones de Ventas: Usar una experiencia de compra novedosa para convertir más visitantes en compradores, especialmente en artículos de alto precio.

Implementación de Realidad Aumentada

- **Desarrollo de Aplicaciones AR:** Desarrollaron una aplicación AR que permite a los clientes visualizar cómo se verían los muebles y artículos de decoración en sus espacios reales utilizando sus smartphones o tablets.

- **Integración con la Tienda en Línea:** Integraron sin problemas la funcionalidad AR con su catálogo de productos en línea, permitiendo a los clientes alternar fácilmente entre ver detalles del producto y visualizarlos en AR.

Estrategias Empleadas

- **Demos de Productos Interactivas:** Los clientes podían no solo ver productos en su espacio, sino también personalizar colores y acabados en tiempo real para ver diferentes opciones.

- **Campañas de Marketing Enfocadas en AR:** Lanzaron campañas de marketing dirigidas que mostraban los beneficios de AR para la planificación de decoración del hogar, destacando la facilidad de uso y el aspecto divertido de la aplicación.

- **Funciones de Compartir en Redes Sociales:** Habilitaron funciones dentro de la aplicación para que los clientes tomaran instantáneas de sus habitaciones creadas en AR y las compartieran en redes sociales, aumentando el alcance orgánico y la participación.

Resultados e Impacto

- **Mejora de la Experiencia del Cliente:** La aplicación AR mejoró significativamente la experiencia del cliente, proporcionando una forma divertida e interactiva de comprar decoración del hogar. Los comentarios de los clientes fueron abrumadoramente positivos, especialmente en cuanto a la facilidad de uso y la practicidad de la aplicación.

- **Reducción de las Tasas de Devolución:** Permitir a los clientes ver cómo se verían los productos en sus hogares antes de comprarlos llevó a una reducción del 40% en las tasas de devolución.

- **Aumento de Ventas:** La naturaleza atractiva de la experiencia AR llevó a un aumento del 30% en las ventas, especialmente en los artículos de mayor precio que los clientes dudaban en comprar sin verlos en contexto.

Desafíos y Soluciones

• **Adopción de Tecnología:** Inicialmente, hubo una curva de aprendizaje y cierta reticencia de los clientes no familiarizados con la tecnología AR. VirtualHome Decor abordó esto creando videos tutoriales y ofreciendo demostraciones en tienda.

• **Altos Costos de Desarrollo:** El desarrollo e integración de la tecnología AR fueron inicialmente costosos. La empresa mitigó estos costos al asociarse con una startup tecnológica especializada en AR, compartiendo los gastos de desarrollo y la experiencia.

Lecciones Aprendidas

• **La Educación del Cliente es Clave:** Educar a los clientes sobre cómo usar nuevas tecnologías fue crucial para impulsar la adopción y mejorar la experiencia de compra.

• **Mejora Continua:** Las actualizaciones continuas de la aplicación AR fueron necesarias para mejorar la usabilidad e incorporar nuevas características basadas en los comentarios de los clientes.

• **Integración de Marketing:** Integrar la tecnología AR en estrategias de marketing más amplias comunicó efectivamente la propuesta de valor a los clientes, impulsando significativamente el uso y el compromiso de la aplicación.

Integración de la Marca Digital con las Estrategias de Marketing Generales

Para que los esfuerzos de marca digital sean efectivos, deben integrarse sin problemas con tus estrategias de marketing generales:

- **Mensajes Consistentes:** Asegúrate de que todos los esfuerzos de marca digital se alineen con tus mensajes y valores principales de la marca.

- **Coordinación Multicanal:** Coordina campañas en todos los canales para asegurar una experiencia de marca unificada, ya sea que el cliente esté interactuando en línea, en redes sociales o en una tienda física.

- **Retroalimentación y Adaptación:** Recoge y analiza regularmente los comentarios de los clientes sobre los esfuerzos de marca digital y adapta las estrategias en consecuencia para mantener la alineación con las expectativas del cliente y las tendencias del mercado.

* * *

Resumen de los Elementos Esenciales de la Gestión de Marca Digital

Al concluir este capítulo sobre la Gestión de Marca en la Era Digital, es evidente que el panorama digital ofrece amplias oportunidades para que las marcas establezcan, crezcan y mantengan su presencia de manera efectiva. La integración de estrategias digitales en la gestión de marca tradicional no solo es beneficiosa; es esencial para la supervivencia y el éxito en el mercado actual.

Conclusiones Clave

1 La Consistencia es Clave: Ya sea a través de mensajes, identidad visual o experiencia del cliente, la consistencia forma la columna vertebral de una gestión de marca digital efectiva. Garantiza que la marca sea fácilmente reconocible y confiable en todas las plataformas.

2 El Compromiso Impulsa la Lealtad: La interacción activa a través de las redes sociales, el contenido interactivo y la comunicación personalizada ayuda a construir una base de clientes leales. El compromiso debe verse no solo como una herramienta de marketing, sino como un componente esencial de la experiencia de la marca.

3 Aprovecha las Tecnologías Avanzadas: Utilizar tecnologías como la realidad aumentada (AR) para experiencias interactivas, videos para contar historias e inteligencia artificial (IA) para la personalización puede mejorar significativamente la percepción de la marca y la interacción con el cliente.

4 Monitorear y Adaptar: La gestión de marca digital requiere una vigilancia y adaptabilidad constantes. Las herramientas de monitoreo y análisis deben usarse no solo para rastrear el rendimiento, sino para refinar y optimizar continuamente las estrategias.

Direcciones Futuras

A medida que la tecnología digital continúa evolucionando, también lo harán las estrategias y herramientas disponibles para la gestión de marcas. Las tendencias futuras pueden incluir experiencias más inmersivas a través de la realidad virtual, una personalización más profunda mediante el aprendizaje automático y una interacción mejorada con el cliente a través de chatbots inteligentes y plataformas impulsadas por IA.

Implementando lo Aprendido

Al avanzar, considera cómo las estrategias discutidas pueden integrarse en tus propias prácticas de gestión de marca. Comienza con una comprensión sólida de los valores fundamentales de tu marca y las expectativas de los clientes, y construye tu presencia digital desde esta base. Experimenta con nuevas herramientas y técnicas, siempre con la vista puesta en mantener una identidad de marca cohesionada y atractiva.

"El precio es lo que pagas. El valor es lo que obtienes."
- Warren Buffett

CAPÍTULO 14

COMPRENDER EL COMPORTAMIENTO DEL CONSUMIDOR

Comprender el comportamiento del consumidor no se trata solo de monitorear lo que compran; se trata de profundizar en el 'por qué' detrás de sus decisiones, el 'cómo' de su proceso de compra y el 'qué' realmente capta su interés. Esta profundidad de conocimiento es crucial para crear estrategias de marketing que resuenen profundamente y fomenten la participación.

¿Por qué enfocarse en el comportamiento del consumidor? Hablemos de sus beneficios

1 Precisión en el marketing: Imagina poder adaptar tus campañas de marketing con tanta precisión que hablen directamente a los deseos y necesidades fundamentales de cada segmento de tu audiencia. Al comprender el comportamiento del consumidor, puedes afinar tu mensaje para que impacte cada vez.

2 Innovación que da en el blanco: Los productos no existen en el vacío. Se crean para resolver problemas o satisfacer deseos. Cuando entiendes las necesidades cambiantes de tus consumidores, puedes innovar con confianza, sabiendo que lo que creas encontrará un lugar en sus vidas y hogares.

3 Pronóstico de tendencias: El análisis del comportamiento del consumidor no solo es reactivo; también es predictivo. Te permite detectar tendencias antes de que se conviertan en mainstream, dándote una ventaja de pionero que puede marcar la diferencia entre liderar el mercado y seguir a los competidores.

Explorando el viaje psicológico

En su esencia, el comportamiento del consumidor está impulsado por una mezcla compleja de factores psicológicos:

- **Motivación**: ¿Qué impulsa a un consumidor a elegir un producto sobre otro? ¿Es el deseo de estatus, conveniencia, calidad o eficiencia de costos? Cada consumidor tiene motivaciones diferentes, lo que puede influir significativamente en sus decisiones de compra.

- **Percepción**: ¿Cómo ven los consumidores tu producto? ¿Es un artículo de lujo o una necesidad práctica? Su percepción está moldeada por tus esfuerzos de branding y marketing y puede afectar drásticamente el resultado de las ventas.

- **Creencias y actitudes**: A menudo, estos son arraigados y pueden ser difíciles de cambiar. Sin embargo, comprender las creencias y actitudes que impulsan el comportamiento del consumidor puede ayudar a personalizar campañas de marketing que se alineen con estos elementos o los desafíen de manera efectiva.

. . .

Fundamentos sociales y culturales

No son solo factores individuales los que influyen en los comportamientos de compra; los contextos sociales y culturales son igualmente poderosos:

• **Grupos sociales e influencia familiar**: Las decisiones de compra, especialmente las significativas, a menudo están influenciadas por las opiniones de amigos y familiares. Además, los grupos sociales a los que pertenecen los consumidores pueden dictar tendencias y estándares aceptables que afectan el comportamiento de compra.

• **Antecedentes culturales**: La cultura moldea todo, desde las preferencias de color para los productos, el tipo de productos que son aceptables o preferidos e incluso cómo se usan estos productos. Una comprensión matizada de las influencias culturales es indispensable para las estrategias de marketing global.

Técnicas analíticas para descubrir conocimientos sobre el consumidor

Veamos cómo puedes recopilar estos valiosos datos sobre el comportamiento del consumidor:

• **Encuestas y formularios de feedback**: Estas herramientas pueden ser increíblemente reveladoras, especialmente cuando se diseñan para descubrir no solo lo que los consumidores están comprando, sino por qué están tomando estas decisiones.

• **Análisis del comportamiento**: Las herramientas de análisis modernas pueden rastrear cómo los consumidores interactúan con tu sitio web o aplicación, proporcionando información sobre sus preferencias y prediciendo comportamientos futuros basados en acciones pasadas.

* * *

Aplicando Conocimientos del Comportamiento del Consumidor para Crear Estrategias de Marketing Exitosas

Una vez que hayas recopilado conocimientos profundos sobre el comportamiento del consumidor, el siguiente paso es traducir estos conocimientos en estrategias de marketing accionables que puedan impulsar las ventas y mejorar la participación del cliente. Veamos cómo se puede lograr esto de manera efectiva.

1. Mensajes Personalizados

• **Campañas Específicas por Segmento**: Utilizando los conocimientos obtenidos de tu análisis, segmenta tu mercado en función de características, preferencias o comportamientos compartidos. Crea mensajes personalizados que hablen directamente a las preocupaciones y deseos de cada segmento.

• **Conexión Emocional**: Elabora mensajes que conecten emocionalmente, abordando no solo los beneficios prácticos de un producto, sino también cómo hace sentir a los consumidores. Por ejemplo, si tus consumidores están motivados por la sostenibilidad, destaca cómo el uso de tu producto contribuye a la conservación del medio ambiente.

2. Desarrollo e Innovación de Productos

- **Diseño Centrado en el Consumidor**: Diseña tus productos con el consumidor en mente. Por ejemplo, si tu análisis de comportamiento revela que la facilidad de uso es una prioridad para tus clientes, enfócate en simplificar el diseño de tu producto.

- **Anticipar Necesidades**: Mantente un paso adelante utilizando las tendencias de comportamiento del consumidor para anticipar necesidades antes de que se vuelvan mainstream. Este enfoque proactivo puede diferenciar a tu marca como líder del mercado.

3. Mejora de la Experiencia del Cliente

- **Personalización**: Aprovecha los datos para personalizar las interacciones en cada punto de contacto. Desde correos electrónicos personalizados hasta recomendaciones de productos en tu sitio web, la personalización puede aumentar significativamente la satisfacción y lealtad del cliente.

- **Experiencia Sin Fricciones**: Asegúrate de que cada aspecto del viaje del consumidor sea fluido y sin fricciones. Si el análisis muestra que los clientes se abandonan en un punto particular del embudo de ventas, investiga y rectifica estos problemas para mejorar la experiencia general.

Estudios de Caso en Análisis del Comportamiento del Consumidor

- **TechGiant Electronics**: Al analizar el comportamiento del consumidor, TechGiant identificó que sus clientes valoraban altamente el soporte postventa. Renovaron su proceso de servicio al cliente, integrando chatbots de IA para asistencia inmediata y equipos de soporte dedicados para problemas complejos, lo que llevó a un aumento del 40% en los puntajes de satisfacción del cliente.

- **EcoWear Fashion**: EcoWear utilizó conocimientos del consumidor para entender que su mercado objetivo prefería productos amigables con el medio ambiente. Lanzaron una nueva línea hecha completamente de materiales reciclados, comercializada con un fuerte mensaje ambiental, lo que resonó con su audiencia y resultó en un aumento del 25% en las ventas.

Explorando Más Allá: Modelos Predictivos de Comportamiento

Los avances en IA y aprendizaje automático ahora permiten a los mercadólogos no solo entender comportamientos pasados, sino también predecir acciones futuras. Los modelos predictivos pueden pronosticar comportamientos de compra, ayudando a las empresas a ajustar sus esfuerzos de marketing aún más precisamente.

- **Analítica Predictiva**: Implementa herramientas que analicen datos históricos y predigan comportamientos futuros de compra. Esto puede ayudar en la planificación de inventarios, creación de promociones dirigidas e incluso anticipación de tendencias del mercado.

* * *

Aprovechamiento del Análisis Predictivo en el Análisis del Comportamiento del Consumidor

El análisis predictivo transforma los datos crudos de los consumidores en información procesable, permitiendo a las empresas no solo comprender sino anticipar las necesidades y comportamientos de los consumidores. Aquí se explica cómo el análisis predictivo puede integrarse efectivamente en tus estrategias de marketing.

Implementación del Análisis Predictivo

1 Recopilación de Datos: El primer paso es la recopilación de datos de manera exhaustiva. Recopila datos de diversas fuentes, como interacciones en redes sociales, historial de compras, análisis de sitios web y comentarios de los clientes. Cuantos más datos tengas, más precisas serán tus predicciones.

2 Desarrollo de Modelos: Utiliza modelos estadísticos y algoritmos de aprendizaje automático para analizar patrones en los datos. Estos modelos pueden ayudar a predecir diversos comportamientos del consumidor, como la probabilidad de compra, la posible deserción o el éxito de un nuevo lanzamiento de producto.

3 Información Procesable: El objetivo final del análisis predictivo es derivar información que pueda aplicarse directamente para mejorar las estrategias de marketing. Por ejemplo, predecir las tendencias de compra estacionales puede ayudar en la planificación de campañas de marketing y la gestión de inventarios.

Beneficios del Análisis Predictivo en Marketing

• **Campañas de Marketing Dirigidas:** Al predecir qué segmentos de clientes tienen más probabilidades de responder a ofertas específicas, puedes personalizar tus campañas de marketing para que sean más efectivas y rentables.

• **Mejora en la Retención de Clientes:** El análisis predictivo puede identificar a los clientes en riesgo antes de que se vayan. Esto permite a las empresas involucrar proactivamente a estos clientes con estrategias de retención adaptadas a sus necesidades y preferencias.

• **Ofertas de Productos Optimizadas:** Predice qué productos es probable que compren juntos ciertos clientes y crea ofertas agrupadas o recomienda productos relacionados, mejorando la experiencia de compra y aumentando las ventas.

Gilded Garb: Dominando el Marketing Personalizado con Automatización

Gilded Garb, un minorista de moda de alta gama, ha aprovechado el poder de la automatización de marketing para ofrecer experiencias de compra personalizadas a sus clientes. Este estudio de caso explora cómo Gilded Garb implementó técnicas avanzadas de automatización de marketing, el impacto de estas estrategias en la participación y ventas de los clientes, y las lecciones aprendidas de su enfoque.

Antecedentes y Objetivos

Gilded Garb enfrentó el desafío de mantener un toque personalizado con sus clientes en medio de la expansión de operaciones en línea. Sus objetivos principales eran:

1 Mejorar la Personalización: Ofrecer una experiencia de compra personalizada a cada cliente basada en sus preferencias e historial de compras.

2 Aumentar las Conversiones de Ventas: Utilizar estrategias de marketing personalizadas para aumentar las tasas de conversión de clientes potenciales y recurrentes.

3 Mejorar la Lealtad del Cliente: Fomentar la lealtad a la marca mediante la entrega constante de valor a través de comunicaciones y ofertas personalizadas.

Implementación de la Automatización de Marketing

- **Integración CRM:** Gilded Garb integró su sistema de Gestión de Relaciones con Clientes (CRM) con una plataforma sofisticada de automatización de marketing, lo que permitió un seguimiento y análisis fluidos de las interacciones de los clientes en múltiples canales.

- **Campañas de Correo Electrónico Dinámicas:** Implementaron campañas de correo electrónico automatizadas que adaptan el contenido según los comportamientos y preferencias individuales de los clientes, utilizando información basada en datos para ofrecer recomendaciones de productos y promociones relevantes.

Estrategias Empleadas

- **Segmentación y Micro-Targeting:** Los clientes se segmentaron en microgrupos basados en criterios detallados, incluidos el historial de compras, el comportamiento de navegación y la información demográfica. Esto permitió esfuerzos de marketing altamente dirigidos.

- **Personalización en Tiempo Real:** Utilizando datos en tiempo real, Gilded Garb proporcionó recomendaciones de productos personalizadas tanto en su sitio web como en campañas de correo electrónico, mejorando la relevancia de sus comunicaciones.

- **Automatizaciones Basadas en Eventos:** Configuraron flujos de trabajo automatizados para desencadenar acciones de marketing específicas basadas en comportamientos de los clientes, como abandonar un carrito o visitar una página de producto particular varias veces.

Resultados e Impacto

- **Mejora en la Experiencia del Cliente:** Los clientes reportaron una alta satisfacción debido a la relevancia y personalización de las comunicaciones y ofertas.

- **Aumento de Tasas de Conversión:** Las campañas de marketing dirigidas y personalizadas llevaron a un aumento del 35% en las tasas de conversión solo del marketing por correo electrónico. • **Impulso en la Retención de Clientes:** Las estrategias mejoradas de personalización y participación del cliente llevaron a un aumento del 25% en las compras de clientes recurrentes.

Desafíos y Soluciones

- **Cumplimiento de Privacidad de Datos:** Gilded Garb navegó por los desafíos relacionados con la privacidad de datos implementando estrictas medidas de cumplimiento y comunicación transparente sobre cómo se utilizaban los datos de los clientes.

- **Complejidad en la Gestión de Datos:** La complejidad de gestionar grandes volúmenes de datos se mitigó actualizando sus sistemas de procesamiento y almacenamiento de datos, asegurando escalabilidad y capacidad de respuesta.

Lecciones Aprendidas

- **La Optimización Continua es Crucial:** Actualizar y optimizar regularmente las estrategias de automatización de marketing basadas en comentarios de los clientes y tendencias emergentes fue clave para mantenerse relevante.

- **La Inversión en Tecnología Vale la Pena:** Las inversiones iniciales significativas en tecnología y capacitación proporcionaron beneficios sustanciales a largo plazo en eficiencia y satisfacción del cliente.

- **Equilibrio entre Automatización y Toque Humano:** Si bien la automatización mejoró considerablemente la eficiencia, mantener elementos de interacción humana en el servicio al cliente fue crucial para mantener una experiencia de marca de lujo.

Integración del Análisis Predictivo en Todos los Canales

Para maximizar el impacto del análisis predictivo, integra estas ideas en todos los canales de marketing.

- **Marketing por Correo Electrónico:** Utiliza modelos predictivos para personalizar el contenido del correo electrónico, incluidas recomendaciones de productos, tiempos óptimos de envío y ofertas promocionales personalizadas.

Redes Sociales: Personaliza tu contenido en redes sociales y anuncios basándote en los intereses y patrones de participación predichos.

- **Publicidad en Línea:** Optimiza tu gasto en publicidad dirigiéndote a los usuarios que se prevé que sean más receptivos a tus anuncios según su comportamiento en línea y perfil demográfico.

Direcciones Futuras en el Análisis del Comportamiento del Consumidor

A medida que la tecnología evoluciona, también lo hace el potencial para un análisis más profundo y preciso del comportamiento del consumidor. Las innovaciones en IA y análisis de datos continúan empujando los límites, permitiendo a los especialistas en marketing anticipar las necesidades de los consumidores con mayor precisión que nunca.

* * *

Innovaciones Tecnológicas que Están Moldeando el Análisis del Comportamiento del Consumidor

El campo del análisis del comportamiento del consumidor está evolucionando rápidamente, gracias a los avances tecnológicos. Las innovaciones en IA, aprendizaje automático y análisis de datos están transformando cómo los especialistas en marketing entienden e interactúan con los consumidores. Exploremos estas innovaciones y su impacto en el campo.

1 Inteligencia Artificial y Aprendizaje Automático La IA y el aprendizaje automático están a la vanguardia del análisis y la predicción del comportamiento del consumidor. Estas tecnologías pueden procesar grandes cantidades de datos rápidamente y descubrir patrones que serían invisibles para los analistas humanos.

- **Personalización en Tiempo Real:** Los algoritmos de IA pueden ajustar los mensajes de marketing en tiempo real según las interacciones de los usuarios en sitios web o plataformas de redes sociales. Este nivel de personalización mejora el compromiso del usuario y aumenta las tasas de conversión.

- **Servicio al Cliente Predictivo:** La IA puede predecir cuándo un cliente podría encontrar problemas basándose en sus patrones de comportamiento y ofrecer proactivamente soluciones, mejorando la satisfacción y lealtad del cliente.

2 Análisis de Grandes Datos El análisis de grandes datos implica examinar conjuntos de datos grandes para descubrir patrones ocultos, correlaciones y otros conocimientos. Con la tecnología actual, es posible analizar datos de una variedad de fuentes, incluidos dispositivos IoT, redes sociales y transacciones en línea.

- **Segmentación a Gran Escala:** Los grandes datos permiten una segmentación más precisa de las bases de clientes, lo que posibilita estrategias de marketing altamente dirigidas.

- **Análisis de Sentimiento:** Al analizar datos de redes sociales, las empresas pueden obtener conocimientos en tiempo real sobre el sentimiento público hacia su marca o productos, permitiendo ajustes rápidos en la estrategia de marketing.

3 Internet de las Cosas (IoT) El IoT conecta objetos cotidianos a Internet, permitiéndoles enviar y recibir datos. Esta conectividad proporciona a los especialistas en marketing una comprensión más profunda de cómo se utilizan los productos en la vida real.

- **Patrones de Uso:** Los dispositivos IoT pueden rastrear cómo y cuándo los consumidores usan productos, proporcionando conocimientos que pueden impulsar mejoras de productos o el desarrollo de nuevos productos.

- **Marketing Contextual:** Los dispositivos IoT pueden ofrecer oportunidades de marketing específicas del contexto, como ofrecer promociones en cápsulas de café justo cuando una máquina de café inteligente detecta que su suministro está agotado.

SmartHome Inc.: Aprovechando el IoT para Mejorar el Compromiso del Cliente

SmartHome Inc., un proveedor líder de dispositivos inteligentes para el hogar, ha utilizado con éxito la tecnología de Internet de las Cosas (IoT) para revolucionar su compromiso con los clientes y sus estrategias de marketing. Este estudio de caso analiza las tácticas específicas que empleó SmartHome Inc., las tecnologías integradas y los resultados de su enfoque innovador.

Antecedentes y Objetivos

SmartHome Inc. buscaba aprovechar la tecnología IoT no solo para mejorar la funcionalidad de sus dispositivos, sino también para mejorar la interacción y satisfacción del cliente. Sus objetivos incluían:

1 Aumentar la Utilidad del Producto: Incrementar la utilidad y el atractivo de los dispositivos inteligentes para el hogar a través de la integración del IoT.

2 Marketing Basado en Datos: Utilizar los datos recopilados de los dispositivos para personalizar los esfuerzos de marketing y mejorar el servicio al cliente.

3 Aumentar el Compromiso del Cliente: Mejorar el compromiso a través de características interactivas del dispositivo y experiencias de usuario personalizadas.

Implementación del IoT en Dispositivos Inteligentes

• **Conectividad de Dispositivos:** Los dispositivos de SmartHome Inc. están equipados con sensores y conectividad a Internet, lo que les permite recopilar y transmitir datos sobre patrones de uso y condiciones ambientales.

- **Integración de Datos:** Los datos de los dispositivos se integran en una plataforma centralizada donde se analizan para obtener conocimientos sobre el comportamiento y las preferencias del usuario.

Estrategias Empleadas

- **Experiencias de Usuario Personalizadas:** Basado en los datos recopilados, SmartHome Inc. proporcionó recomendaciones personalizadas a través de su aplicación, sugiriendo formas en que los usuarios podrían optimizar el uso de los dispositivos para mejorar la eficiencia energética y la conveniencia.

- **Mantenimiento Predictivo:** Los datos del IoT permitieron a SmartHome Inc. predecir cuándo un dispositivo probablemente necesitaría mantenimiento o reemplazo, lo que les permitió contactar proactivamente a los clientes con soluciones.

- **Campañas de Marketing Dirigidas:** Los conocimientos obtenidos de los datos del IoT informaron campañas de marketing dirigidas, ofreciendo a los clientes mejoras o productos complementarios basados en sus patrones de uso.

Resultados e Impacto

- **Mejora en la Retención de Clientes:** La personalización y el servicio al cliente proactivo llevaron a un aumento significativo en las tasas de retención de clientes.

- **Incremento en Ventas:** La segmentación efectiva y las recomendaciones oportunas basadas en datos del IoT resultaron en un aumento de ventas de mejoras y productos adicionales.

- **Mayor Satisfacción del Cliente:** Los clientes apreciaron los consejos proactivos de mantenimiento y las sugerencias de uso personalizadas, lo que llevó a niveles más altos de satisfacción.

Desafíos y Soluciones

• **Preocupaciones de Privacidad:** Inicialmente, los clientes expresaron preocupaciones sobre la privacidad debido a la cantidad de datos recopilados por los dispositivos. SmartHome Inc. abordó estas preocupaciones implementando medidas de seguridad robustas y políticas de privacidad transparentes.

• **Gestión Compleja de Datos:** La vasta cantidad de datos recopilados presentó desafíos en almacenamiento y análisis. SmartHome Inc. invirtió en soluciones en la nube escalables y software avanzado de análisis para gestionar y derivar conocimientos de los datos de manera efectiva.

Lecciones Aprendidas

• **La Transparencia Construye Confianza:** Una comunicación clara sobre cómo se usan y protegen los datos ayudó a aliviar las preocupaciones de los clientes sobre la privacidad.

• **La Innovación Continua es Clave:** Las actualizaciones y mejoras continuas tanto de los dispositivos como de la plataforma IoT fueron necesarias para mantenerse al día con los avances tecnológicos y las expectativas de los clientes.

• **La Retroalimentación del Cliente es Invaluable:** La retroalimentación regular de los usuarios ayudó a SmartHome Inc. a ajustar sus ofertas y abordar cualquier problema rápidamente, manteniendo altos niveles de satisfacción del cliente.

. . .

Consideraciones Éticas en el Análisis del Comportamiento del Consumidor

A medida que profundizamos en los datos de los consumidores, las consideraciones éticas se vuelven primordiales. Garantizar la privacidad y seguridad de los datos, obtener el consentimiento adecuado para la recopilación de datos y usar los datos de manera responsable son cruciales para mantener la confianza del consumidor y cumplir con las regulaciones.

* * *

Navegando los Desafíos Éticos en el Análisis del Comportamiento del Consumidor

A medida que las empresas dependen cada vez más de datos detallados del comportamiento del consumidor para impulsar sus estrategias de marketing, es imperativo abordar las preocupaciones éticas que surgen. Aquí se explica cómo navegar estos desafíos de manera responsable, manteniendo la confianza y el cumplimiento.

1 Privacidad y Protección de Datos

• **Transparencia:** Sé transparente con los consumidores sobre qué datos se están recopilando y cómo se utilizarán. La comunicación clara es clave para generar confianza. • **Consentimiento:** Obtén siempre el consentimiento explícito de los consumidores antes de recopilar datos, especialmente para datos que podrían considerarse sensibles o personales. • **Seguridad de los Datos:** Implementa medidas de seguridad robustas para proteger los datos de los consumidores de brechas. Las auditorías regulares y las actualizaciones de los protocolos de seguridad son esenciales para salvaguardar esta información.

2 Uso Ético de la IA

• **Prevención de Sesgos:** Los modelos de aprendizaje automático pueden perpetuar inadvertidamente sesgos si no se gestionan cuidadosamente. Revisa y actualiza regularmente los algoritmos para asegurar que no discriminen contra ciertos grupos.

• **Explicabilidad:** Las decisiones de la IA deben ser transparentes y comprensibles para los consumidores. Proporcionar explicaciones para las recomendaciones o decisiones impulsadas por la IA puede ayudar a desmitificar la tecnología y generar confianza entre los usuarios.

3 Respeto a la Autonomía del Consumidor

• **Evitar la Manipulación:** Utiliza los conocimientos sobre el comportamiento para mejorar las experiencias del consumidor, no para manipular indebidamente emociones o decisiones. Las estrategias de marketing deben apuntar a informar y atraer, no a explotar.

• **Empoderamiento a Través de la Información:** Proporciona a los consumidores herramientas e información para tomar decisiones informadas. Por ejemplo, si se utilizan análisis predictivos para sugerir productos, explica claramente por qué estos productos pueden ser relevantes.

FairData Analytics: Pioneros en Prácticas de Datos Éticas en Marketing

FairData Analytics es una empresa que proporciona servicios de análisis de datos con un fuerte énfasis en prácticas éticas. Este estudio de caso explora cómo FairData ha integrado consideraciones éticas en su modelo de negocio, las estrategias empleadas y el impacto en sus operaciones y reputación.

Antecedentes y Objetivos

FairData Analytics opera en una industria a menudo escrutada por cómo maneja los datos de los consumidores. El objetivo de la empresa era diferenciarse construyendo una reputación de uso ético de datos, buscando atraer a clientes que valoran la transparencia y la responsabilidad.

Estrategias Empleadas

• **Prácticas Transparentes de Recolección de Datos:** FairData se asegura de informar a los usuarios exactamente qué datos se están recopilando, cómo se utilizarán y con quién se compartirán.

• **Gestión del Consentimiento:** A diferencia de muchas otras empresas, FairData implementó un sistema de gestión de consentimientos robusto que permite a los usuarios controlar fácilmente sus preferencias de datos y optar por no participar en la recolección de datos.

• **Seguridad y Privacidad de los Datos:** La empresa adoptó medidas de seguridad de última generación para proteger los datos e implementó políticas de privacidad estrictas para asegurar que los datos no se utilicen indebidamente ni se acceda a ellos sin la debida autorización.

Resultados e Impacto

• **Confianza en la Marca:** Al mantener altos estándares éticos en la gestión de datos, FairData construyó una confianza significativa con sus clientes, llevando a una base de clientes leales y atrayendo a nuevos clientes que priorizan la ética de los datos.

- **Cumplimiento Normativo:** Su enfoque proactivo en la ética y seguridad de los datos los ha colocado por delante de los cambios regulatorios, reduciendo riesgos legales y posibles multas.

- **Ventaja Competitiva:** Su compromiso con prácticas éticas se ha convertido en un diferenciador clave en un mercado competitivo, siendo a menudo el factor decisivo para los clientes preocupados por la ética de los datos.

Desafíos y Soluciones

- **Educación de Clientes y Usuarios:** Un desafío importante fue educar a los clientes y usuarios sobre la importancia de la ética de datos y las prácticas específicas que FairData estaba implementando. Esto se abordó a través de extensas campañas de marketing y contenido educativo que destacaba los beneficios de las prácticas de datos éticas.

- **Mantener la Flexibilidad y Facilidad de Uso:** Implementar controles de datos robustos mientras se mantenía una experiencia amigable para el usuario fue un desafío. FairData invirtió en tecnología que simplificó las interfaces de usuario sin comprometer el nivel de control proporcionado a los usuarios.

Lecciones Aprendidas

- **La Proactividad Rinde:** Al anticipar las tendencias regulatorias y alinear sus prácticas en consecuencia, FairData pudo evitar apresurarse para cumplir con los estándares de cumplimiento después de que se promulgaran.

- **La Transparencia Construye Confianza:** Compartir abiertamente información sobre las prácticas de datos ayudó a construir confianza no solo con los clientes, sino también dentro de la comunidad y con los organismos reguladores.

- **Inversión en Tecnología:** La inversión continua en tecnologías avanzadas para la protección y gestión de datos fue esencial para mantener sus estándares éticos y su ventaja competitiva.

Mirando Hacia Adelante: El Futuro del Análisis Ético del Comportamiento del Consumidor

A medida que la tecnología sigue avanzando, también lo harán los desafíos éticos en el análisis del comportamiento del consumidor. Las tendencias futuras pueden incluir una mayor regulación, el surgimiento de modelos de propiedad de datos por parte del consumidor y técnicas avanzadas de anonimización para proteger la privacidad mientras se obtienen conocimientos.

"En el nuevo juego de negocios, los ganadores no son los mejores sino los que dominan mejor el cambio."

- Tom Peters

CAPÍTULO 15

ÉTICA DEL MARKETING Y RESPONSABILIDAD SOCIAL CORPORATIVA

En una era donde los consumidores son más conscientes de las prácticas éticas de las empresas de las que compran, integrar la ética y la responsabilidad social corporativa (RSC) en las estrategias de marketing no solo es moralmente correcto, sino también una necesidad empresarial. Este capítulo explorará cómo las empresas pueden llevar a cabo el marketing de manera ética y adoptar la RSC para construir confianza y lealtad entre los consumidores.

¿Por Qué Centrarse en la Ética del Marketing y la RSC?

1 Lealtad de Marca: El marketing ético y las fuertes iniciativas de RSC pueden fomentar una profunda lealtad de los clientes que priorizan la sostenibilidad y las prácticas éticas en sus decisiones de compra.

2 Ventaja Competitiva: Las empresas que son percibidas como socialmente responsables a menudo disfrutan de una ventaja competitiva sobre aquellas que no lo son.

3 Mitigación de Riesgos: El marketing ético reduce el riesgo de represalias y daños a la reputación que pueden surgir de prácticas engañosas.

Principios Básicos de la Ética del Marketing

- **Transparencia:** Ser abierto y honesto en todas las comunicaciones de marketing para evitar engañar a los consumidores.

- **Equidad:** Asegurar que las prácticas de marketing no exploten a segmentos vulnerables de la población.

- **Responsabilidad:** Asumir la responsabilidad por los impactos sociales de las estrategias y campañas de marketing.

Implementación de la RSC en el Marketing

- **Compromiso con la Comunidad:** Las iniciativas que retribuyen a la comunidad pueden mejorar enormemente la imagen pública de una empresa y fortalecer su marca.

- **Responsabilidad Ambiental:** Incorporar prácticas sostenibles en el desarrollo de productos y el marketing para atraer a consumidores conscientes del medio ambiente.

- **Gestión Ética de la Cadena de Suministro:** Asegurar que todas las partes de la cadena de suministro cumplan con estándares éticos, lo cual puede ser un punto de venta significativo.

Preparando el Terreno para el Marketing Ético y la RSC

- **Política Corporativa:** Desarrollar e implementar una política ética corporativa que guíe las decisiones y estrategias de marketing.

- **Participación de los Interesados:** Involucrar a varios interesados, incluidos empleados, clientes y miembros de la comunidad, para asegurar que las estrategias de marketing se alineen con los estándares éticos y las expectativas de la comunidad.

- **Auditorías Regulares:** Realizar auditorías para asegurar el cumplimiento con los estándares éticos y evaluar la efectividad de las iniciativas de RSC.

* * *

Navegando los Desafíos Éticos en el Marketing

La ética del marketing abarca un amplio espectro de prácticas, asegurando que el marketing de una empresa refleje directamente sus valores fundamentales. Examinemos los desafíos éticos comunes y las estrategias efectivas para navegar estas complejidades.

1 Publicidad Ética • Desafío: Las prácticas publicitarias engañosas pueden llevar rápidamente a la desconfianza del consumidor y a problemas legales.

- **Estrategia:** Comprométete con la honestidad y claridad en todos los esfuerzos publicitarios. Evita las afirmaciones exageradas y asegúrate de que toda la información sea verificable. Utiliza certificaciones de terceros cuando sea aplicable para dar credibilidad a tus afirmaciones.

. . .

2 Privacidad del Consumidor

• **Desafío:** Con el auge del marketing digital, las empresas a menudo enfrentan un escrutinio significativo sobre cómo manejan los datos del consumidor.

• **Estrategia:** Implementa estrictas medidas de protección de datos y sé transparente con los consumidores sobre cómo se recopilan, usan y protegen sus datos. Ofrecer a los consumidores control sobre sus datos aumenta la confianza y el cumplimiento de las regulaciones de privacidad.

3 Segmentación de Poblaciones Vulnerables

• **Desafío:** Ciertas tácticas de marketing pueden explotar o afectar desproporcionadamente a grupos vulnerables, incluidos los niños, los ancianos o las poblaciones económicamente desfavorecidas. • **Estrategia:** Desarrolla directrices que prevengan prácticas explotadoras y aseguren que las campañas de marketing sean apropiadas y respetuosas para todas las audiencias.

Estudios de Caso en Marketing Ético

• **Fair Trade Co.:** La estrategia de marketing de esta empresa se centra en la obtención ética de sus productos. Al destacar su compromiso con el pago de salarios justos a los agricultores, no solo han reforzado su imagen de marca, sino que también han educado a los consumidores sobre la importancia del consumo ético.

• **GreenTech Innovations:** GreenTech ha navegado con éxito los desafíos de la privacidad del consumidor siendo transparente sobre sus prácticas de datos y proporcionando opciones claras y accesibles para que los consumidores controlen su información personal.

Responsabilidad Social Corporativa como Herramienta de Marketing

La RSC no es solo una política empresarial; es una poderosa herramienta de marketing que puede diferenciar a una marca en un mercado saturado.

- **Iniciativas de Impacto Comunitario:** Participar en proyectos que beneficien a la comunidad puede mejorar enormemente la reputación de una empresa. Por ejemplo, una empresa podría patrocinar programas educativos locales o invertir en proyectos de infraestructura comunitaria.

- **Prácticas Sostenibles:** Mostrar esfuerzos para reducir el impacto ambiental puede atraer a consumidores que son conscientes de la sostenibilidad. Esto puede incluir la reducción de residuos, el uso de energía renovable o el uso de materiales ecológicos en los productos.

- **Prácticas Laborales Éticas:** El marketing que enfatiza el compromiso de una empresa con las prácticas laborales justas y los derechos de los trabajadores puede atraer a una audiencia amplia y aumentar el atractivo del producto.

Midiendo el Impacto de la Ética y la RSC en el Marketing

- **Encuestas de Percepción de Marca:** Realiza encuestas regularmente a clientes y al público en general para evaluar cómo se perciben las prácticas éticas y de RSC de la empresa.

- **Métricas de Ventas:** Analiza los datos de ventas para ver si hay una correlación entre las iniciativas de RSC y los cambios en las cifras de ventas.

- **Análisis de Redes Sociales:** Monitorea las plataformas de redes sociales para obtener comentarios y opiniones del público sobre las actividades de RSC de la empresa.

Mirando Hacia Adelante: El Papel de la Ética y la RSC en las Tendencias Futuras del Marketing

A medida que los consumidores se informan más y se preocupan por los problemas globales y sociales, se espera que la importancia de la ética y la RSC en el marketing crezca. Las empresas que adopten tempranamente prácticas éticas genuinas y programas de RSC sólidos probablemente se beneficiarán de una mayor lealtad y apoyo de los consumidores con mentalidad similar.

* * *

Aprovechando la Tecnología para Mejorar la RSC y el Marketing Ético

A medida que la tecnología continúa evolucionando, brinda oportunidades únicas para que las empresas mejoren sus iniciativas de responsabilidad social corporativa (RSC) y promuevan prácticas de marketing ético. Aquí se explica cómo la tecnología puede desempeñar un papel fundamental en este esfuerzo.

1 Blockchain para la Transparencia

- **Aplicación:** La tecnología blockchain puede utilizarse para aumentar la transparencia en las cadenas de suministro. Al mantener un registro inalterable de todas las transacciones, las empresas pueden proporcionar pruebas indudables de abastecimiento ético y prácticas laborales justas.

- **Ejemplo:** Un minorista de ropa puede utilizar blockchain para rastrear el origen de los materiales utilizados en sus prendas, asegurando que todos los productos estén hechos de materiales obtenidos de manera ética.

2 Big Data para Información del Consumidor

- **Aplicación:** El análisis de grandes datos puede proporcionar una comprensión más profunda del comportamiento y las preferencias del consumidor, permitiendo a las empresas adaptar sus iniciativas de RSC de manera más efectiva a los valores y preocupaciones de sus clientes.

- **Ejemplo:** Al analizar los datos de compra y el compromiso en las redes sociales, una empresa puede identificar qué temas de RSC son más importantes para sus clientes y enfocar sus esfuerzos en esas áreas.

3 IA para Marketing Ético Personalizado

- **Aplicación:** La inteligencia artificial (IA) puede ayudar a personalizar los mensajes de marketing basados en las preferencias y comportamientos éticos individuales, haciendo que los esfuerzos de marketing sean más específicos y efectivos.

- **Ejemplo:** Un sistema de IA puede analizar el historial de compras de un cliente para identificar una preferencia por productos ecológicos y luego personalizar los mensajes de marketing para resaltar los beneficios ambientales de nuevos productos.

Desarrollando Directrices Éticas para las Tecnologías Emergentes de Marketing

A medida que continúan emergiendo nuevas tecnologías, es crucial desarrollar directrices éticas para gobernar su uso. Aquí hay consideraciones clave:

• **Privacidad y Protección de Datos:** Establecer directrices estrictas para la recopilación, el uso y la protección de los datos del consumidor, asegurando el cumplimiento con las regulaciones globales de protección de datos.

• **Imparcialidad y Equidad:** Asegurar que los sistemas de IA y los algoritmos estén libres de sesgos que podrían conducir a un tratamiento injusto de ciertos grupos de clientes.

• **Transparencia:** Mantener la transparencia sobre cómo se utilizan las tecnologías en los esfuerzos de marketing y RSC, particularmente en lo que respecta a la recopilación y el análisis de datos.

Midiendo el Éxito de la RSC Mejorada por la Tecnología

Para medir efectivamente el impacto de las iniciativas de RSC mejoradas por la tecnología, las empresas deben considerar las siguientes métricas:

• **Retroalimentación de los Interesados:** La retroalimentación regular de clientes, empleados y socios puede proporcionar información sobre la efectividad y la percepción de las iniciativas de RSC.

- **Niveles de Compromiso:** Analizar las métricas de compromiso en las plataformas digitales para evaluar el interés y la interacción del público con las campañas de RSC.

- **Análisis de ROI:** Evaluar el retorno de la inversión para las iniciativas de RSC impulsadas por la tecnología midiendo los cambios en la lealtad a la marca, la retención de clientes y, potencialmente, la participación en el mercado.

Mirando Hacia el Futuro: Marketing Ético y RSC en la Era Digital

A medida que miramos hacia el futuro, la intersección de la ética del marketing, la RSC y la tecnología solo se volverá más integrada. Las empresas que adopten proactivamente estas prácticas e innoven de manera responsable probablemente liderarán sus industrias en reputación y lealtad del cliente.

"No vendas productos, vende resultados."
- Anonymous

CAPÍTULO 16

TECNOLOGIA Y AUTOMATIZACIÓN DEL MARKETING

utomatización del Marketing: Aprovechando la Tecnología para Mejorar la RSC y el Marketing Ético

La automatización del marketing implica el uso de software para automatizar actividades de marketing. Muchos departamentos de marketing automatizan tareas repetitivas como el marketing por correo electrónico, la publicación en redes sociales e incluso las campañas publicitarias, no solo para aumentar la eficiencia, sino también para proporcionar una experiencia más personalizada a sus clientes. Este capítulo explorará las tecnologías clave que impulsan la automatización y cómo pueden transformar las estrategias de marketing.

¿Por Qué Adoptar la Automatización del Marketing?

1 Eficiencia: La automatización reduce significativamente el tiempo dedicado a tareas repetitivas, permitiendo a los equipos de marketing centrarse en la estrategia y los esfuerzos creativos.

2 Consistencia: Los sistemas automatizados aseguran que las comunicaciones sean consistentes en todos los canales y puntos de contacto con el cliente, manteniendo una voz de marca unificada.

3 Escalabilidad: Las herramientas de automatización ayudan a las empresas a escalar sus esfuerzos de marketing fácilmente a medida que crecen, gestionando una mayor carga de trabajo sin necesidad de recursos adicionales en la misma proporción.

Componentes Básicos de la Automatización del Marketing
• Plataformas de Marketing por Correo Electrónico:

Herramientas como Mailchimp o HubSpot que automatizan las campañas de correo electrónico, segmentan listas basadas en el comportamiento del usuario y personalizan mensajes basados en datos del cliente.

• Sistemas de Gestión de Relaciones con el Cliente (CRM): Sistemas como Salesforce que integran todas las interacciones con los clientes, proporcionando una vista de 360 grados del recorrido del cliente y permitiendo estrategias de marketing personalizadas.

• Herramientas de Gestión de Redes Sociales: Plataformas como Hootsuite o Buffer que automatizan la programación de publicaciones, rastrean el compromiso en redes sociales y analizan el rendimiento de las campañas en redes sociales.

. . .

Integrando la Automatización en tu Estrategia de Marketing

- **Definir Objetivos y Métricas:** Identifica lo que deseas lograr con la automatización (por ejemplo, aumento de leads, mejor retención de clientes) y establece métricas mensurables para rastrear el progreso.

- **Elegir las Herramientas Correctas:** Selecciona herramientas que se ajusten mejor a tus necesidades de marketing y se integren perfectamente con tus sistemas existentes.

- **Monitorear y Optimizar:** Monitorea continuamente el rendimiento de tus campañas automatizadas y utiliza conocimientos basados en datos para optimizar tus estrategias y obtener mejores resultados.

Explorando Herramientas Avanzadas de Automatización del Marketing

Para aprovechar plenamente los beneficios de la automatización del marketing, es crucial comprender la gama de herramientas disponibles y cómo pueden aplicarse a diferentes aspectos del marketing. Aquí se presenta una mirada más profunda a algunas herramientas avanzadas que pueden mejorar significativamente la eficiencia y efectividad del marketing.

1 Plataformas Avanzadas de Marketing por Correo Electrónico

- **Características:** Más allá de la automatización básica, las plataformas avanzadas ofrecen características como análisis predictivo para determinar los mejores momentos para enviar correos electrónicos, pruebas A/B para optimizar la efectividad de las campañas y capacidades de segmentación sofisticadas.

- **Herramientas:** Considera plataformas como Marketo o ActiveCampaign, que proporcionan amplias capacidades de automatización junto con opciones de integración para otras herramientas de marketing.

2 Sistemas CRM Impulsados por IA

- **Características:** La integración de IA en los sistemas CRM puede proporcionar conocimientos predictivos, automatizar interacciones con los clientes y personalizar experiencias a gran escala.

- **Herramientas:** Salesforce Einstein es un ejemplo de CRM que utiliza IA para mejorar los conocimientos sobre datos y automatizar tareas como la entrada de datos y la calificación de leads.

3 Automatización y Análisis de Redes Sociales

- **Características:** Estas herramientas no solo programan publicaciones, sino que también rastrean métricas de compromiso, sugieren contenido basado en el rendimiento y pueden automatizar respuestas a consultas comunes.

- **Herramientas:** Sprout Social y SocialBee ofrecen análisis y características de automatización robustas que ayudan a las empresas a mantener perfiles de redes sociales activos y atractivos sin intervención manual constante.

. . .

4 Automatización de Marketing Multicanal

- **Características:** Las herramientas de automatización de marketing multicanal integran varios canales de comunicación como correo electrónico, redes sociales, SMS y notificaciones web en una sola plataforma.

- **Herramientas:** HubSpot y Pardot proporcionan soluciones integrales que gestionan y automatizan comunicaciones en múltiples canales, asegurando una experiencia cohesiva para el cliente.

TechSavvy Solutions: Simplificando las Interacciones con Clientes con la Automatización Avanzada del Marketing

TechSavvy Solutions, una empresa de software de tamaño mediano, utilizó efectivamente la automatización del marketing para transformar su estrategia de interacción con el cliente. Este estudio de caso explora las técnicas de automatización sofisticadas que implementaron, los resultados de sus iniciativas y las lecciones aprendidas a través del proceso.

Antecedentes y Objetivos

TechSavvy Solutions enfrentaba desafíos con el compromiso del cliente y la eficiencia de sus campañas de marketing. Sus objetivos principales eran:

1 Mejorar la Nutrición de Leads: Mejorar la tasa de conversión de leads a clientes a través de un compromiso más efectivo y personalizado.

2 Automatizar el Soporte al Cliente: Proporcionar soporte oportuno y útil a los clientes existentes para mejorar la satisfacción y la retención.

3 Optimizar los Recursos de Marketing: Reducir el esfuerzo manual y las ineficiencias de costos en sus procesos de marketing.

Implementación de la Automatización del Marketing

• **Integración de CRM y Herramientas de Automatización:** TechSavvy integró su sistema CRM con una plataforma avanzada de automatización de marketing para simplificar los flujos de trabajo y el intercambio de datos entre los equipos de ventas y marketing.

• **Calificación y Nutrición de Leads Automatizada:** Implementaron un sistema de calificación de leads que actualizaba automáticamente las puntuaciones basadas en las actividades y el compromiso del usuario. Los correos electrónicos automatizados y el contenido se adaptaron luego a la puntuación y la etapa de cada lead en el ciclo de compra.

Estrategias Empleadas

• **Campañas de Correo Electrónico Personalizadas:** Desarrollaron campañas de correo electrónico segmentadas que entregaban contenido basado en los intereses específicos y el comportamiento pasado de los leads. Esta estrategia tenía como objetivo mover a los leads a través del embudo de ventas de manera más efectiva.

• **Soporte al Cliente Automatizado:** Utilizaron chatbots y sistemas de tickets automatizados para proporcionar soporte de primer nivel a los clientes, liberando a los agentes humanos para manejar problemas más complejos.

• **Análisis de Rendimiento:** Utilizaron herramientas de análisis dentro de la plataforma de automatización para medir y optimizar continuamente el rendimiento de las campañas de marketing y las interacciones con los clientes.

Resultados e Impacto

• **Aumento de las Tasas de Conversión:** Las campañas de nutrición personalizadas llevaron a un aumento del 40% en las tasas de conversión de leads a clientes.

• **Mejora en la Satisfacción del Cliente:** El sistema de soporte automatizado disminuyó los tiempos de respuesta promedio de 24 horas a 1 hora, mejorando significativamente las puntuaciones de satisfacción del cliente.

• **Eficiencia de Costos:** La utilización de recursos de marketing mejoró, con una reducción del 30% en tareas manuales gracias a la automatización, llevando a menores costos y mayor ROI.

Desafíos y Soluciones

• **Adaptación a la Automatización:** Resistencia inicial del equipo de ventas debido a temores de quedar obsoletos. TechSavvy abordó esto capacitando nuevamente al personal para centrarse en tareas estratégicas que complementaran los procesos automatizados.

• **Mantener la Calidad de la Personalización:** Asegurar que las comunicaciones automatizadas mantuvieran un alto nivel de personalización fue un desafío. TechSavvy revisó y actualizó periódicamente su contenido y estrategias basadas en la retroalimentación y el compromiso del cliente.

Lecciones Aprendidas

La experiencia de TechSavvy Solutions ilustra varios conocimientos críticos:

• **Inversión en Capacitación:** Asegurar que todos los miembros del equipo sean competentes en el uso de nuevas tecnologías y comprendan sus beneficios es crucial para una implementación exitosa.

• **Monitorear y Ajustar:** El monitoreo continuo de los sistemas de automatización y la disposición para ajustar estrategias basadas en datos en tiempo real son claves para mantener la efectividad.

• **Automatización Centrada en el Cliente:** La automatización debe mejorar la experiencia del cliente, no disminuirla. Mantener las necesidades del cliente en el centro al diseñar procesos automatizados es esencial.

Integración de la Automatización del Marketing en las Operaciones Empresariales

Implementar la automatización del marketing requiere una planificación cuidadosa y una integración en los procesos empresariales existentes.

• **Capacitación del Personal:** Asegura que tu equipo esté bien capacitado en las nuevas herramientas, comprendiendo tanto su funcionalidad como su uso estratégico en el marketing.

• **Integración de Datos:** Centraliza los datos de diferentes fuentes para alimentar las herramientas de automatización, asegurando que la información utilizada sea precisa y completa.

• **Monitoreo y Optimización Continuos:** Revisa regularmente los resultados de los esfuerzos de automatización y realiza ajustes según sea necesario. Este proceso iterativo ayuda a mejorar continuamente las estrategias y resultados.

* * *

Superando Desafíos Comunes en la Automatización del Marketing

Aunque la automatización del marketing puede transformar las operaciones comerciales y mejorar la eficiencia, conlleva su propio conjunto de desafíos. Comprender estos desafíos y cómo abordarlos efectivamente es crucial para una implementación exitosa.

1 Calidad e Integración de Datos

• **Desafío:** La mala calidad de los datos o la integración incompleta de datos puede llevar a una automatización ineficaz, como mensajes de marketing irrelevantes o oportunidades de compromiso perdidas.

• **Solución:** Limpia y actualiza regularmente tus datos. Asegúrate de que los sistemas estén integrados correctamente para compartir datos sin problemas, proporcionando una vista completa de cada cliente.

2 Sobreautomatización

• **Desafío:** La dependencia excesiva de la automatización puede llevar a experiencias de cliente impersonales o a la falta de atención a matices sutiles en las interacciones con los clientes.

• **Solución:** Mantén un equilibrio entre las interacciones automatizadas y humanas. Utiliza la automatización para tareas rutinarias mientras reservas la toma de decisiones complejas y las interacciones de alto contacto para la intervención humana.

3 Mantenerse al Día con los Avances Tecnológicos

- **Desafío:** El ritmo rápido del cambio tecnológico puede dificultar mantenerse al día con las últimas herramientas y mejores prácticas.

- **Solución:** Educa continuamente a tu equipo sobre tecnologías emergentes. Considera sesiones de capacitación regulares y asistencia a conferencias de la industria para estar informado sobre las últimas tendencias.

FreshFoods Retail: Mejorando la Experiencia del Cliente con la Automatización del Marketing

FreshFoods Retail, una cadena nacional de supermercados, reconoció la necesidad de mejorar su experiencia del cliente y la efectividad del marketing a través de estrategias avanzadas de automatización. Este estudio de caso examina cómo implementaron la automatización del marketing para abordar desafíos específicos, mejorar el compromiso del cliente y aumentar las ventas.

Antecedentes y Objetivos

FreshFoods enfrentaba desafíos con el compromiso y la retención de clientes en un mercado altamente competitivo. Sus objetivos incluían:

1 Mejorar la Personalización: Ofrecer experiencias de compra y comunicación más personalizadas, adaptadas a las preferencias y hábitos de compra individuales de los clientes.

2 Aumentar la Retención de Clientes: Incrementar la frecuencia de visitas y compras de los clientes a través de campañas de marketing dirigidas.

3 Optimizar los Esfuerzos de Marketing: Utilizar conocimientos basados en datos para optimizar estrategias de marketing y ofertas promocionales.

Implementación de la Automatización del Marketing

- **Consolidación de Datos:** FreshFoods consolidó datos de clientes de varias fuentes, incluidos programas de lealtad, compras en línea y transacciones en la tienda, en un sistema CRM integral.

- **Campañas Automatizadas:** Desarrollaron campañas automatizadas de correo electrónico y SMS que entregaron recomendaciones de productos y ofertas promocionales personalizadas basadas en datos individuales de los clientes.

Estrategias Empleadas

- **Segmentación y Personalización:** Los clientes fueron segmentados según su historial de compras, preferencias y datos demográficos. Los mensajes de marketing se personalizaron para resonar con cada segmento, ofreciendo ofertas y recomendaciones relevantes.

- **Entrega de Contenido Dinámico:** Se configuraron sistemas automatizados para enviar contenido que se actualizaba dinámicamente según los datos más recientes sobre el comportamiento del cliente y los niveles de inventario.

- **Optimización del Recorrido del Cliente:** Cada etapa del recorrido del cliente fue analizada y optimizada con comunicaciones dirigidas diseñadas para mejorar la experiencia de compra y fomentar visitas repetidas.

Resultados e Impacto

- **Aumento del Compromiso del Cliente:** Las comunicaciones personalizadas llevaron a una mayor tasa de compromiso en las campañas de correo electrónico, con tasas de apertura aumentando en un 30% y tasas de clics en un 20%.

- **Mejora de Ventas y Retención:** Las promociones personalizadas y las mejores experiencias del cliente contribuyeron a un aumento del 15% en las ventas mensuales y una mejora del 25% en las tasas de retención de clientes.

- **Eficiencia del Marketing:** Al automatizar tareas repetitivas y optimizar la entrega de campañas, FreshFoods redujo los costos de marketing en un 10% mientras lograba mejores resultados.

Desafíos y Soluciones

- **Problemas de Calidad de Datos:** Inicialmente, las discrepancias en la calidad de los datos afectaron la efectividad de las campañas personalizadas. FreshFoods implementó procedimientos más estrictos de recolección y limpieza de datos para asegurar una alta precisión de los datos.

- **Preocupaciones sobre la Privacidad del Cliente:** Con el aumento de la recolección de datos y la personalización, asegurar la privacidad del cliente se volvió primordial. FreshFoods mejoró sus medidas de seguridad de datos y hizo más transparentes sus políticas de uso de datos para los clientes.

Lecciones Aprendidas

La experiencia de FreshFoods Retail en la implementación de la automatización del marketing destacó varias lecciones clave:

• **La Gestión Continua de Datos es Crucial:** El mantenimiento y la actualización regular de los datos de los clientes son vitales para el éxito del marketing personalizado.

• **Equilibrar la Automatización con la Creatividad:** Mientras que la automatización maneja eficientemente las tareas repetitivas, el aporte creativo sigue siendo crucial para la innovación y el compromiso en las campañas.

• **La Privacidad es Primordial:** Mantener la confianza del cliente requiere una atención rigurosa a la privacidad y la seguridad de los datos, especialmente al manejar información sensible del cliente.

Tendencias Futuras en la Automatización del Marketing

A medida que miramos hacia el futuro, varias tendencias emergentes están preparadas para redefinir cómo se utiliza la automatización del marketing en las empresas:

• **IA y Aprendizaje Automático:** Estas tecnologías continuarán evolucionando, proporcionando capacidades de análisis y automatización aún más sofisticadas. Esto podría incluir análisis predictivos más avanzados para el comportamiento del cliente y la creación automática de contenido.

• **Integración del IoT:** El Internet de las Cosas (IoT) ofrece nuevas vías para la automatización. Por ejemplo, los dispositivos inteligentes pueden proporcionar datos de consumidores en tiempo real, que pueden utilizarse para desencadenar acciones de marketing automatizadas, como ofertas especiales cuando un cliente está cerca de una tienda.

- **Interfaz de Usuario de Voz y Conversacional:** A medida que los dispositivos asistidos por voz se vuelvan más prevalentes, la automatización del marketing se expandirá para incluir interacciones de voz, adaptándose a cómo los diferentes consumidores interactúan con IA como Siri, Alexa o Google Assistant.

* * *

Explorando Aplicaciones Específicas de la Industria en la Automatización del Marketing

La automatización del marketing no es una solución única para todos; sus aplicaciones pueden variar significativamente entre diferentes industrias. Comprender cómo adaptar las herramientas de automatización para satisfacer las necesidades específicas de cada sector puede mejorar drásticamente la efectividad y el ROI. Vamos a profundizar en cómo varios sectores pueden aprovechar la automatización del marketing para obtener resultados óptimos.

1 Salud

- **Aplicaciones de Automatización:** Recordatorios de citas para pacientes, consejos de salud personalizados basados en el historial del paciente y encuestas de seguimiento automatizadas para mejorar la atención y el cumplimiento. • **Beneficios:** Mejora el compromiso del paciente y la adherencia a los planes de tratamiento, aumenta la satisfacción del paciente y optimiza las operaciones administrativas.

2 Servicios Financieros

- **Aplicaciones de Automatización:** Asesoramiento financiero personalizado basado en los activos del cliente y los historiales de transacciones, alertas automáticas para cambios en el mercado y notificaciones de oportunidades de inversión personalizadas.

- **Beneficios:** Incrementa la confianza y satisfacción del cliente, impulsa un mayor compromiso con los productos financieros y asegura el cumplimiento a través de una comunicación consistente.

3 Retail

- **Aplicaciones de Automatización:** Recomendaciones de productos personalizadas basadas en el comportamiento de compra y las preferencias, correos electrónicos promocionales automatizados desencadenados por acciones específicas del cliente y notificaciones de recompensas de lealtad.

- **Beneficios:** Aumenta las ventas a través de marketing dirigido, mejora la lealtad del cliente con experiencias personalizadas y optimiza la gestión de inventarios mediante una mejor previsión de la demanda.

4 Educación

- **Aplicaciones de Automatización:** Recordatorios de inscripción en cursos, contenido educativo personalizado basado en el rendimiento del estudiante y recopilación automática de comentarios después de tareas y exámenes.

- **Beneficios:** Mejora el compromiso y los resultados de los estudiantes, facilita trayectorias educativas personalizadas y mejora la comunicación entre profesores y estudiantes.

<u>AutoAssist Insurance: Transformando el Compromiso del Cliente con la Automatización del Marketing</u>

AutoAssist Insurance, un proveedor especializado en seguros de automóviles, ha aprovechado con éxito la automatización del marketing para mejorar la interacción y retención de clientes. Este estudio de caso explora las estrategias específicas implementadas, las tecnologías utilizadas y los resultados de estas iniciativas.

Antecedentes y Objetivos

AutoAssist Insurance buscaba mejorar su servicio al cliente y las tasas de retención en un mercado altamente competitivo. Los objetivos principales eran:

1 Mejorar la Personalización: Ofrecer comunicación y servicios personalizados basados en los datos y el comportamiento individual de cada cliente.

2 Aumentar la Retención de Clientes: Utilizar comunicaciones dirigidas para mejorar las tasas de renovación y reducir la deserción.

3 Optimizar el Proceso de Reclamaciones: Hacer que el proceso de reclamaciones sea más fluido y fácil de usar para mejorar la satisfacción del cliente.

Implementación de la Automatización del Marketing

- **Integración de Datos:** AutoAssist integró datos de varias fuentes, incluyendo telemetría del vehículo, interacciones con el servicio al cliente e historiales de reclamaciones, en un sistema CRM unificado.

- **Comunicaciones Automatizadas:** Desarrollaron flujos de trabajo automatizados para enviar mensajes personalizados, recordatorios de renovación de pólizas y ofertas promocionales basadas en perfiles y comportamientos individuales de los clientes.

Estrategias Empleadas

• **Recordatorios de Renovación Personalizados:** Utilizando los datos recopilados, AutoAssist envió recordatorios de renovación personalizados que no solo recordaban a los clientes la fecha límite de renovación, sino que también destacaban beneficios únicos adaptados a sus patrones de uso.

• **Upselling Dirigido:** Basándose en el análisis de datos, los clientes fueron segmentados según sus perfiles de riesgo y patrones de uso. Las ofertas de upsell personalizadas, como asistencia en carretera adicional o perdón de accidentes, se automatizaron para coincidir con las necesidades de los clientes.

• **Soporte Proactivo de Reclamaciones:** Para los clientes involucrados en un accidente, el sistema iniciaba automáticamente el contacto, ofreciendo apoyo y orientación a través del proceso de reclamaciones, personalizado según los detalles del incidente y el historial del cliente.

Resultados e Impacto

• **Aumento del Compromiso del Cliente:** Las comunicaciones personalizadas y proactivas llevaron a una mayor participación del cliente, con un aumento significativo en las interacciones a través de canales digitales.

• **Mejora en las Tasas de Retención:** Los recordatorios de renovación personalizados y los esfuerzos de upselling dirigidos resultaron en un aumento del 25% en las renovaciones de pólizas y un aumento del 20% en la aceptación de opciones de cobertura adicionales.

• **Mayor Satisfacción del Cliente:** El proceso de reclamaciones simplificado y de apoyo llevó a puntuaciones más altas de satisfacción del cliente, con una reducción notable en quejas y comentarios negativos.

Desafíos y Soluciones

• **Desafíos de Integración:** La integración inicial de diversas fuentes de datos en un sistema unificado fue compleja y requirió recursos significativos de TI. AutoAssist invirtió en soporte especializado de TI y capacitación para superar estos desafíos.

• **Preocupaciones sobre la Privacidad del Cliente:** Con la mayor integración de datos, la protección de la privacidad del cliente se volvió más crítica. AutoAssist fortaleció sus medidas de protección de datos y aumentó la transparencia con los clientes sobre cómo se utilizaban sus datos.

Lecciones Aprendidas

La experiencia de AutoAssist Insurance subraya la importancia de usar la automatización del marketing no solo para la eficiencia sino también para profundizar las relaciones con los clientes. Las lecciones clave incluyen la importancia de la integración de datos para el marketing personalizado, la necesidad de medidas de privacidad robustas y los beneficios de la automatización en la mejora de los procesos de servicio al cliente.

Estrategias para Implementar la Automatización del Marketing en Diferentes Industrias

• **Personalización a las Necesidades de la Industria:** Adapta las herramientas de automatización para abordar los desafíos y oportunidades específicos de tu industria.

- **Integración con Sistemas Existentes:** Asegura que las herramientas de automatización se integren perfectamente con los sistemas específicos de la industria para mejorar el flujo y la utilidad de los datos.

- **Enfoque en la Experiencia del Cliente:** Utiliza la automatización para mejorar la experiencia del cliente en cada punto de contacto, haciendo que las interacciones sean más oportunas, relevantes y personalizadas.

* * *

Innovaciones Tecnológicas que Impulsan la Automatización del Marketing

A medida que continuamos explorando el panorama de la automatización del marketing, es importante comprender las tecnologías de vanguardia que están moldeando su futuro. Estas innovaciones no solo mejoran las capacidades de automatización existentes, sino que también abren nuevas vías para conectar y servir a los clientes de manera más efectiva.

1 Inteligencia Artificial (IA) y Aprendizaje Automático • Aplicaciones:

La IA y el aprendizaje automático están revolucionando la automatización del marketing al permitir análisis de datos más sofisticados, análisis predictivo y creación de contenido personalizado.

- **Beneficios:** Estas tecnologías permiten la personalización dinámica de los mensajes de marketing, la predicción del comportamiento del cliente y la optimización de campañas de marketing en tiempo real basadas en las interacciones del cliente.

. . .

2 Chatbots y Asistentes Virtuales

• **Aplicaciones:** Estas herramientas impulsadas por IA pueden manejar consultas de clientes, proporcionar recomendaciones de productos y asistir en compras las 24 horas del día, sin intervención humana.

• **Beneficios:** Mejoran el servicio al cliente proporcionando respuestas instantáneas a consultas, reduciendo tiempos de espera y liberando a los agentes humanos para manejar problemas más complejos.

3 Realidad Aumentada (AR) y Realidad Virtual (VR)

• **Aplicaciones:** La AR y la VR pueden integrarse en campañas de marketing para proporcionar experiencias inmersivas, como pruebas virtuales, tours o demostraciones de productos.

• **Beneficios:** Estas tecnologías crean experiencias de cliente atractivas y memorables que pueden mejorar la lealtad a la marca y diferenciar a las empresas de sus competidores.

4 Internet de las Cosas (IoT)

• **Aplicaciones:** Los dispositivos IoT pueden recopilar grandes cantidades de datos de las interacciones de los consumidores, que pueden utilizarse para desencadenar acciones de marketing automatizadas adaptadas a las necesidades y contextos individuales.

• **Beneficios:** El IoT permite un marketing más relevante contextualmente, mejora el compromiso del cliente y proporciona una visión más profunda de los hábitos y preferencias del consumidor.

HomeLux Smart Appliances: Aprovechando el IoT para Mejorar el Compromiso del Cliente y las Ventas

HomeLux, un fabricante líder de electrodomésticos inteligentes, ha integrado de manera efectiva la tecnología del Internet de las Cosas (IoT) en sus productos y estrategias de marketing. Esta integración ha transformado cómo la empresa interactúa con sus clientes, ofreciendo experiencias personalizadas y conocimientos que benefician tanto al consumidor como a la empresa.

Antecedentes y Objetivos

HomeLux buscaba diferenciarse en un mercado competitivo mejorando la funcionalidad de sus electrodomésticos inteligentes a través de la tecnología IoT. Los objetivos eran dos:

1 Mejorar la Satisfacción del Cliente: Proporcionar servicios de valor añadido, como recordatorios de mantenimiento y consejos de uso basados en datos en tiempo real recopilados de los electrodomésticos.

2 Aumentar las Ventas y la Lealtad del Cliente: Utilizar datos de uso para ofrecer upsells y cross-sells oportunos, adaptados a los hábitos y preferencias individuales del usuario.

Implementación del IoT en los Electrodomésticos Inteligentes

Recopilación de Datos: Los electrodomésticos de HomeLux están equipados con sensores que recopilan datos sobre patrones de uso, eficiencia operativa y necesidades de mantenimiento. Estos datos se envían al sistema central de HomeLux para su análisis.

• **Interacción con el Cliente:** A través de la aplicación de HomeLux, los clientes reciben notificaciones personalizadas basadas en los datos recopilados de sus electrodomésticos. Por ejemplo, si una máquina de café detecta que un cliente prepara el mismo café todas las mañanas, la aplicación podría sugerir automatizar esta tarea.

Integración de la Automatización del Marketing

• **Mensajes de Marketing Personalizados:** Utilizando los datos de los dispositivos IoT, el sistema de automatización del marketing de HomeLux envía correos electrónicos y notificaciones de la aplicación personalizadas, sugiriendo características del producto o nuevos productos que se alinean con los patrones de uso existentes del cliente.

• **Mantenimiento Predictivo:** El sistema notifica automáticamente a los clientes cuando un electrodoméstico probablemente necesite mantenimiento pronto, incluyendo la opción de programar una visita de servicio directamente a través de la aplicación.

Resultados e Impacto

• **Aumento del Compromiso del Cliente:** Los clientes interactuaron con más frecuencia con la aplicación de HomeLux, apreciando los consejos personalizados y la conveniencia de recibir alertas de mantenimiento.

• **Mejora en la Retención de Clientes:** Los recordatorios de servicio proactivos y las interacciones personalizadas llevaron a tasas más altas de satisfacción del cliente, reduciendo la rotación y aumentando la lealtad.

- **Crecimiento en Ventas:** El marketing personalizado basado en datos de uso individual resultó en un aumento del 20% en las ventas de productos relacionados, como accesorios y consumibles para los electrodomésticos.

Desafíos y Soluciones

- **Preocupaciones sobre la Privacidad de los Datos:** Algunos clientes inicialmente eran reacios a compartir datos de electrodomésticos. HomeLux abordó estas preocupaciones implementando medidas robustas de protección de datos y comunicando claramente estas protecciones a los clientes.

- **Complejidad de la Integración:** La integración del IoT con los sistemas de marketing existentes fue técnicamente desafiante. HomeLux invirtió en capacitación para su equipo de TI y colaboró con socios tecnológicos para asegurar una integración sin problemas.

Lecciones Aprendidas

La experiencia de HomeLux destaca la importancia de integrar el IoT con la automatización del marketing para mejorar las relaciones con los clientes y fomentar el crecimiento empresarial. Las lecciones clave incluyen el valor de la transparencia en el uso de datos, la necesidad de seguridad robusta de datos y los beneficios de las interacciones personalizadas con los clientes basadas en datos en tiempo real.

Perspectiva Futura: La Convergencia de la Automatización y la Personalización

Mirando hacia el futuro, la convergencia de la automatización del marketing con la hiperpersonalización está destinada a definir la próxima ola de innovaciones en marketing. A medida que las herramientas de automatización se integren más con la IA y el análisis de datos, las empresas podrán ofrecer experiencias de marketing aún más precisas y personalizadas a escala. Es probable que esta evolución vea la automatización del marketing volverse más predictiva y proactiva, anticipando las necesidades del cliente antes de que surjan.

"El contenido construye relaciones. Las relaciones se basan en la confianza. La confianza impulsa los ingresos."
- Andrew Davis

CAPÍTULO 17

ABRAZANDO EL FUTURO DEL MARKETING Y LAS VENTAS

Ahora posees una comprensión fundamental de los principios, estrategias y herramientas que impulsan los esfuerzos exitosos de marketing y ventas. Desde aprender a analizar la dinámica del mercado hasta ejecutar campañas digitales impactantes, este libro te ha equipado con el conocimiento para no solo comprender, sino también participar de manera efectiva en el panorama moderno del marketing y las ventas.

Reflexionando sobre lo que Hemos Aprendido

A lo largo de este libro, hemos explorado varias dimensiones del marketing y las ventas:

• **Comportamiento del Consumidor:** Comenzamos comprendiendo la psicología del comportamiento del consumidor, que es crucial para crear mensajes que resuenen y motiven.

- **Comunicación y Branding:** Profundizamos en las estrategias detrás de una comunicación y un branding efectivos, aprendiendo a contar una historia que se alinee con los valores y necesidades de tu audiencia.

- **Marketing Digital:** El marketing digital fue un enfoque principal, donde aprendiste sobre SEO, marketing en redes sociales y marketing por correo electrónico, herramientas que pueden extender tu alcance y mejorar tu compromiso.

- **Habilidades Analíticas:** También cubrimos las habilidades analíticas necesarias para medir la efectividad de tus campañas y ajustar tus estrategias basándote en conocimientos impulsados por datos.

Implementando tu Conocimiento

Con estas herramientas y estrategias a tu disposición, el siguiente paso es aplicar lo que has aprendido. Comienza con campañas pequeñas y manejables para ganar confianza. Experimenta con diferentes tácticas y herramientas para encontrar lo que mejor se adapte a tu negocio o marca personal. Recuerda, el panorama del marketing y las ventas está en constante evolución, por lo que mantenerse informado y adaptable es clave para el éxito continuo.

Manteniéndote al Día

El mundo del marketing y las ventas no se detiene, y tu aprendizaje tampoco debería. Continuar educándote a través de cursos, talleres y libros relevantes te mantendrá a la vanguardia de este campo dinámico. Hacer networking con otros profesionales del marketing y unirse a grupos de la industria también puede proporcionar ideas y oportunidades para aprender de las experiencias de otros.

Mirando Hacia Adelante

A medida que la tecnología avanza, también lo harán las herramientas y plataformas disponibles para el marketing y las ventas. Innovaciones como la IA y el aprendizaje automático ya están comenzando a dar forma al futuro de cómo las empresas interactúan con los clientes. Estar atento a estos desarrollos y adoptar nuevas tecnologías temprano puede darte una ventaja competitiva.

El marketing y las ventas tratan de conectar con las personas, comprender sus deseos, resolver sus problemas y satisfacer sus necesidades. Tu viaje en el marketing y las ventas puede estar lleno de pruebas y curvas de aprendizaje, pero también es uno de los caminos más emocionantes e impactantes que puedes seguir. Cada paso que tomas se construye sobre el anterior, llevándote a una mayor comprensión y competencia.

Gracias por elegir este libro como tu guía en el mundo del marketing y las ventas. Que las lecciones aprendidas iluminen tu camino hacia adelante y que tus esfuerzos se vean recompensados con éxito y satisfacción. Al cerrar este libro, abre un nuevo capítulo en tu vida profesional, listo para tener un impacto significativo en el mundo del marketing y las ventas.

Brindemos por tu futuro éxito: que sea tan gratificante como próspero.

- *Gerardo Escudero Samara*

ACERCA DEL AUTOR

Gerardo Escudero Samara es un emprendedor, orador internacional y autor galardonado 30 veces a nivel mundial que creció en México, Nicaragua, Costa Rica, Bolivia, Chicago, Miami, Lisboa y Panamá. Tiene una Licenciatura en Administración de Empresas de la UCA y cuatro maestrías: EMBA (Westfield Business School, Miami, FL), Máster Ejecutivo en Administración y Dirección de Empresas (EIG, España), MBA (UNEATLANTICO, España), MBA (UNINI, México), y un Doctorado Honorario en Letras Humanas por la UNT (México).

Ha fundado 7 startups y es considerado uno de los jóvenes emprendedores más premiados a nivel mundial, con 30 premios globales otorgados por el Departamento de Estado de los EE. UU., la Iniciativa de Jóvenes Líderes de las Américas de Barack Obama, CGI U de Bill Clinton, Queen's Young Leaders de la Reina Isabel II, la Universidad de Cambridge, la Universidad de Oxford, la Asociación Internacional de Franquicias (IFA), WYF, el Simposio de St. Gallen, la Organización de Emprendedores, Startup Lisboa, TED, los Premios Globales de Estudiantes Emprendedores, la Fundación Mundial de Alfabetización (WLF), ISDC, la Universidad de Trieste, Youth Opportunities, entre otros.

Sus libros se venden en librerías de Estados Unidos, Canadá, Dinamarca, Italia, Portugal, Japón, Reino Unido, Corea del Sur, Taiwán, Alemania, Bélgica, Brasil, Australia, Nueva

Zelanda, Israel, Kuwait, Sudáfrica, Walmart, Barnes & Noble e Indigo Chapters.

Recibió el Premio de Excelencia del Embajador de Kenia en Tailandia. Y está nominado al Premio de Liderazgo Global Tallberg-SNF-Eliasson.

Ha sido mentorado por íconos como la estrella de Shark Tank Daymond John y el monje budista Matthieu Ricard.

www.ingramcontent.com/pod-product-compliance
Lightning Source LLC
Chambersburg PA
CBHW031606210526
45464CB00004B/1442